MUT. MACHEN. LIEBE.

1. Auflage 2021
© Ueberreuter Verlag GmbH, Berlin 2021
ISBN 978-3-7641-7119-3
Alle Rechte vorbehalten. Das Werk darf – auch teilweise –
nur mit Genehmigung des Verlages wiedergegeben werden.
Übereinstimmungen und Ähnlichkeiten mit lebenden Personen
oder Familien sind rein zufällig und nicht beabsichtigt.
Lektorat: Judith Schumacher
Umschlaggestaltung: Suse Kopp
unter der Verwendung eines Fotos von
iStock / Olga Chetvergova
Druck und Bindung: CPI books GmbH
Gedruckt auf Papier aus geprüfter nachhaltiger Forstwirtschaft.
www.ueberreuter.de

Hansjörg
Nessensohn

MUT.
MACHEN.
LIEBE.

ueberreuter

PROLOG

Der Traum beginnt immer gleich – mit dem Zerbersten von Knochen. Jede verdammte Nacht. Nie hätte ich es für möglich gehalten, dass sich ein Geräusch so unveränderlich in mein Gedächtnis brennen kann. Im Gegensatz zu diesen überrascht aufgerissenen Augen, die im Laufe der Zeit immer mehr unter dem Schleier des Vergessens verschwunden sind.

Sekunden später sind wir auf der Flucht. Auch die gehört unveränderlich zu diesem Traum dazu. Genau wie mein panisches nach Luft Schnappen, die verdächtigen Blutspritzer auf meiner Bluse und die Personenkontrolle mit den Ausweisen unserer Freunde. Manchmal lässt die Polizei uns durch, meistens geht die Hetzjagd durch Köln dann erst richtig los.

Immer durch die gleichen Straßen, immer in die gleichen Verstecke, nur die Menschen, die uns unterwegs begegnen, unterscheiden sich von Mal zu Mal. Was sie jedoch vereint: Sie weisen mich angeführt von meiner Mutter alle darauf hin, dass unser ganzes Leben eine einzige, große Lüge war.

Und obwohl ich sogar im Schlaf weiß, dass sie es sich zu einfach machen, und dass, wenn man es überhaupt so nennen will, wir alle für diese Lüge verantwortlich sind, lasse ich ihre Aussagen traumstumm über mich ergehen. Weil ich ihm nach unserer Ankunft hier versprochen habe, nie wieder darüber zu reden. Weder über die Nacht noch über die Monate zuvor.

Doch jetzt ist er weg. Und bevor ich ihm folge, muss ich seine Geschichte einmal erzählen. Laut und vollständig, ohne dabei meine Fehler auszulassen. Weil die Welt sonst vergisst und weil es notwendig ist, dass mehr als zwei Menschen wissen, wer er hätte sein können.

1.

> Hey Jonas, ich weiß, dass du mich gesehen hast. Ich weiß auch, dass du weißt, dass ich dich/euch gesehen hab. Es ist okay. Ist es nicht. Muss es aber sein, weil unsere Freundschaft und das, was da noch war, ewig lang her und kaum noch wahr ist. Anderes Leben. Ruf also nicht mehr an. Bin jetzt eh für ein paar Wochen weg. Vermutlich willst du dich (mal wieder) entschuldigen. Ist unnötig. Grüße vom Flughafen, Paul

14:22

....
....

»Na, was geht? Das sagt ihr doch so, oder?«

Ich drehe reflexartig den Kopf und nehme meine Kopfhörer aus dem Ohr. Eine grauhaarige Frau in grellen Outdoor-Klamotten steht fröhlich lächelnd neben meinem klapprigen Liegestuhl und scheint zu warten, dass ich ihr den Stuhl neben mir anbiete. Aber das wird garantiert nicht passieren.

Was geht? Hat die sie noch alle?

Der Garten meiner Unterkunft ist menschenleer, soll sie sich doch setzen, wohin sie will. Und reden, mit wem sie will. Aber nicht neben mich. Und nicht mit mir. Ich will allein sein. Musik hören, ein bisschen pennen und mich wie die letzten Stunden auch über meine bescheuerte Idee ärgern, im viel zu heißen Frühsommer 30 Tage durch die Toskana bis nach Rom zu latschen.

Heute ist Tag eins. Fuck!

Vier Stunden war es nur bergauf gegangen. Und schon nach den ersten Kilometern fühlten sich meine Beine wie Pudding an. Die Blasen an beiden kleinen Zehen erledigten irgendwann den Rest. Sonnenbrand habe ich auch und meine Wirbelsäule, die sich die letzten 19 Jahre nie über irgendwas beschwert hat, besteht nur noch aus übereinandergestapelten Tuc-Keksen, die bei der kleinsten Berührung drohen in sich zusammenzubröseln. Danke, Mark Forster.

Weil der mal in einem Interview gesagt hat, wie gut ihm solche Wander- oder Pilgerreisen tun, wie intensiv man beim Laufen nachdenken kann, wie erleichternd es dann aber ist, wenn sich diese Gedanken plötzlich in Nichts auflösen und in dieser Leere dann Platz für Neues entsteht, bin ich jetzt hier.

Was für ein riesengroßer Mist. Von Nichts und Leere ist nämlich rein gar nichts zu spüren, nur von Schmerzen und Wut und dem dringenden Wunsch, Mark Forster von meinen ganzen Spotify-Listen zu löschen.

Ja, okay, ich habe mich echt beschissen schlecht auf diese Reise vorbereitet. Das ärgert mich natürlich am allermeisten. Wenn ich nicht nur das Interview und ein paar Foreneinträge durchgelesen hätte, hätte ich vermutlich auch rausgefunden, dass weiße Sneakers für knapp 600 Kilometer Auf und Ab eine echt schlechte Schuhwahl sind. Oder dass ein 15 Kilo schwerer Rucksack, wie auf der Anzeige am Flughafen stand, mindestens fünf Kilo verlieren muss. Hätte, hätte … Es musste halt schnell gehen. Ich wollte weg.

Immerhin habe ich in den Foren aber erfahren, dass es auf dem Weg Mitwanderer geben soll, die einem ungefragt das Ohr blutig quatschen. Und jetzt, so scheint es, habe ich genauso eine Kandidatin neben meinem Liegestuhl stehen. Ich bleibe also stumm und hoffe, dass die alte Frau mich für einen der deutschen Sprache nicht mächtigen Touristen hält und einfach wieder abzieht. Doch von meinem schweigenden Desinteresse lässt die Seniorin sich kein bisschen abschrecken und setzt sich ungefragt neben mich.

»Was für eine Aussicht. Ich heiße übrigens Liz.«

Angestrengt beobachte ich aus den Augenwinkeln, wie die Alte sich's auf dem Stuhl neben meinem gemütlich macht und ein Notizbuch rauskramt, um dann parallel zu mir über die grünbraunrote italienische Hügellandschaft zu schauen, als wären wir hier bei einer hippen Sundowner-Verabredung auf einem Frankfurter Parkhaus.

»Fehlt nur noch ein Schlückchen Sekt, was? Oder dieses rote Zeugs, das ihr jungen Leute immer trinkt. Wie heißt das gleich noch mal?«

Ich reagiere immer noch nicht, zucke nur entschuldigend mit den Schultern und massiere weiter an meinen Füßen rum, die mir noch nicht mal nach dem krassesten Fußballspiel ever so weh getan haben.

Sie werden alle recht behalten. Das ärgert mich noch mehr als die schlechte Vorbereitung. Die paar Leute zu Hause, die von meiner Wanderreise wissen, und die mir ihre Bedenken ungefragt mit auf den Weg gegeben haben. Viel zu krass anstrengend, das schaffst du nie, fahr lieber ans Meer, total verantwortungslos.

Der letzte Kommentar kam natürlich von meinem Vater, der wahrscheinlich immer noch sauer ist, dass ich das Praktikum im Büro seines Steuerberaters wegen diesem ›idiotischen Urlaub‹ abgebrochen habe. Ob ich vielleicht auch mal irgendwas bis zum Ende durchziehen würde, hat er mich vorwurfsvoll gefragt. Wenn was Sinn macht schon, war meine angepisste Antwort gewesen. Mit der Wanderung wollte ich's ihm beweisen, doch meine Überzeugung, dass dieses Vorhaben in irgendeiner Weise sinnvoll ist, ist futsch. Und dieser Frust kommt zu meinem ganzen anderen Ärger noch dazu. Da kann die Sonne noch so schön untergehen.

»Die kommen heute Nacht aber nicht ins Zimmer.«

Ich lasse meine Hand wieder sinken, mit der ich gerade dabei bin, die Kopfhörer zurück in meine Ohren zu stöpseln, und frage mich, ob der Satz mir galt. Oder ob ich mich verhört habe, weil er ja gar keinen Sinn ergibt. Doch während ich noch grüble, unauffällig natürlich, um ja kein Gespräch zu provozieren, sehe ich, wie Liz mit ihrem spitzen Zeigefinger auf meine durchgeschwitzten Airs deutet.

»Die riechen ja sogar an der frischen Luft, als ob da drin eine Maus verwest. Das ist bei meinem Enkel auch so, der hat Schweißfüße, schlimm. Wir haben sogar einmal den Kammerjäger in den Keller geschickt, wirklich wahr, und dann kam raus, dass …«

»Hab ich gesagt, dass Sie sich hierherlegen sollen?« Ich war direkt auf 180, das schaffen nur die wenigsten.

»Oha, es spricht.«

»Ja, tut es. Es chillt aber gerade und hat keinen Bock auf Dauerbeschallung, okay?«

Alte Leute, echt.

»Okay! Verstanden!« Demonstrativ verschließt Liz ihren Mund mit einem unsichtbaren Schlüssel, zwinkert mir zu und fängt an, in ihrem Buch zu blättern.

Will die mich verarschen? Ich hasse wenig mehr als das Gefühl, verarscht zu werden. Und von einer fremden Oma verarscht zu werden, steht ab sofort ganz oben auf der Hassliste. Aber wie kontert man einer Frau, die vermutlich dreimal so alt ist wie man selbst, ohne in den Verdacht zu geraten, der absolute Vollassi zu sein?

Ich schlucke jeden Kommentar runter, drücke mich nur energisch aus meiner Liegeposition hoch und stelle, ohne Liz eines weiteren Blickes zu würdigen, meine angeblich stinkenden Schuhe auf die andere Seite meines Liegestuhls. Dann drehe ich ihr den Rücken zu.

Die erhoffte Ruhe ist aber nur von kurzer Dauer. Denn genau in dem Augenblick, in dem mir nun der Geruch meiner Sneakers in die Nase steigt (es war heute wirklich sehr heiß), realisiere ich, was Liz zu mir gesagt hat. Ruckartig drehe ich mich wieder zu ihr um.

»Welches Zimmer?«

Liz presst ihren Mund weiter zusammen und tut so, als würde sie sich an das vereinbarte Schweigen halten. Ich hasse sie – und als sie schließlich doch antwortet, erst recht.

»Na, unseres. Wir teilen uns ein Zimmer heute Nacht. Signora Valeria war so nett, uns Deutsche in ein gemeinsames Zimmer zu stecken.«

Das darf doch alles nicht wahr sein. Dieser schreckliche Tag scheint kein Ende zu nehmen.

»Keine Sorge, ich schnarche nicht. Und ist doch eigentlich ganz lustig, dass sich die älteste Pilgerin und der jüngste ein Zimmer teilen.«

»Hm, voll. Und ich bin kein Pilger.«

»Was dann?«

Ich spare mir eine Erklärung.

Schon bei der Ankunft in dieser Herberge habe ich erfahren, dass das Bett neben meinem nicht frei bleiben würde. Das hat mir die Signora an der Rezeption in einem Mix aus Deutsch, Italienisch und Englisch ausführlich erklärt. Und das ist ja auch völlig okay, weil billiger, und weil ich schon oft irgendwo mit Fremden in einem Zimmer übernachtet habe. Meistens dann ja sogar in einem Bett. Aber auf diese dauerquatschende Frau, die sich für wahnsinnig witzig hält und mich auch noch erziehen will, habe ich wirklich keinen Bock. Nicht heute. Nicht morgen. Nie.

»Wie war gleich noch mal dein Name? Hab ich schon wieder vergessen. Ist in meinem Alter ja nicht mehr so einfach, sich alles zu merken.«

»Hab ihn noch gar nicht gesagt.«

»Ach so?«

Ich nehme Liz diese Vergesslichkeitsnummer kein bisschen ab. Ihre grünen Augen blitzen dafür viel zu aufmerksam. Trotzdem gebe ich nach. Warum auch immer.

»Paul. Ich heiße Paul.«

»Schön, dich kennenzulernen, Nicht-Pilger Paul. Wo kommst du her?«

»Frankfurt.«

»Ich aus Köln. Also ich bin in Köln geboren und aufgewachsen. Aber die meiste Zeit habe ich in Amerika gelebt. Kennst du Köln?«

»Nee, da war ich noch nie.«

Nur eine kleine Notlüge, denn mein einziger Besuch in Köln ist zwar noch gar nicht lang her, aber er war so kurz, dass er gar nicht gilt. Das ist die offizielle Entschuldigung fürs Lügen. Die inoffizielle: Eigentlich will ich mir ihre Nachfragen und ihr meine gestammelten Antworten darauf ersparen. Es gibt schönere Erinnerungen.

Ich tippe auf meinem Handy rum. Falls das Gequatsche jetzt so weitergeht, kann ich mich immer noch in irgendwelche sinnlosen Newsfeeds vertiefen.

»Da musst du unbedingt mal hin. Ich denk da immer noch gern dran zurück. An die Zeit, als ich ungefähr so alt war wie du. Das waren so im Rückblick wirklich schöne und unbeschwerte Jahre.«

»Hm.«

Es nimmt wirklich kein Ende. Ich öffne einen Artikel über die neuen Klimaziele der Bundesregierung, um keinen Zweifel an meinem Desinteresse aufkommen zu lassen. Eine unüberlegte Nachfrage und ich bin in ihrer Lebensgeschichte gefangen, vergleichbar ungefähr mit der Situation, wenn Freunde ganze Netflix-Serien nacherzählen. Dabei sind die Serien im Zweifel ja noch spannend.

»… und nein, es war damals noch nicht alles gut. Wirklich nicht. Dafür war der Krieg mit seinen schrecklichen Bombennächten noch viel zu nah und die Stadt noch viel zu zerstört. Aber wir hatten so eine Zuversicht, also alle in meinem Freundeskreis, in meiner Clique, wie ihr das nennt, wir waren uns wirklich sicher, dass es in unserem Leben nur eine Richtung gibt: bergauf.«

Ich scrolle durch die Promimeldungen, aber die Frage, ob Oliver Pochers Ehe in Gefahr ist, ist auch nicht gerade die Ablenkung, die mich begeistert. Dafür grummelt mein Magen, und ich verlagere meine Gedanken auf das Thema Essen. Ob ich heute meine erste italienische Pizza in Italien essen soll? Auf jeden Fall. Und die Möglichkeit, dass ich mich damit von Liz vorerst verabschieden kann, macht meinen Hunger noch größer. Ich stecke mein Handy also wieder ein. »Sorry, ich geh …«

Aber Liz scheint mich gar nicht zu hören. Oder hören zu wollen.

»Und dann«, sie holt tief Luft, »dann gab es von jetzt auf gleich kein Zurück mehr.«

Ich schaue hoch und erschrecke über den abwesenden Ausdruck in Liz' Gesicht, der sie um Jahre älter wirken lässt. Habe ich gerade was verpasst?

»Wie? Wovon denn?«

Der Vorsatz mit den Nachfragen ist vergessen.

Liz flüstert fast, als sie weiterspricht. »Wir mussten Köln bei Nacht und Nebel verlassen, sonst hätten sie ihn umgebracht.«

Ich kapiere kein Wort. Aber da blättert Liz in ihrem Buch schon kommentarlos auf die erste Seite zurück und beginnt mir das, was da handschriftlich steht, vorzulesen. Mein Hungergefühl ist auf der Stelle verschwunden.

....
....

Helmut rannte am Dom vorbei, ohne ihn eines Blickes zu würdigen. Er war viel zu sehr damit beschäftigt, weder den Zylinder seines Vaters noch dessen Anzughose, die ihm mit Sicherheit zwei Nummern zu groß war, zu verlieren. Glatt und kalt war es zu allem Übel auch noch. Nicht so kalt wie im letzten Winter, als der Rhein zugefroren war, aber trotzdem so eisig, dass sein rasselnder Atem dem Rauch einer Dampflok glich. Schlitternd überquerte er die Straße. Leute, die ihm auf dem schmalen Bürgersteig entgegenkamen, sprangen erschrocken zur Seite.

Eine Kirche schlug acht. Verdammt, er war wirklich viel zu spät dran. Und das ausgerechnet heute. Marlene, seine Freundin, hatte ihm zu seinem 21. Geburtstag sündhaft teure Eintrittskarten für eine Karnevalssitzung in den Sartory-Sälen geschenkt, und sollte er wegen seiner Verspätung Willy Millowitsch auf der großen Bühne verpassen, würde er sich das nie verzeihen. Und sie ihm garantiert auch nicht.

Es war wie jedes Mal, wenn er pünktlich gehen wollte. Kurz vor Feierabend, als würde er es riechen, kam sein Chef ins Büro und knallte ihm einen Stapel Unterlagen auf den Tisch, die bis zum nächsten Tag geprüft werden mussten. Kostenvoranschläge verschiedener Baufirmen, die korrekt erfasst werden mussten, um sicherzustellen, dass die internen Bauprojekte der Stadt Köln neutral und kostengünstig verteilt wurden. Helmut hatte es jedoch noch nie erlebt, dass seine Empfehlung in irgendeiner Form berücksichtigt wurde. Die Zuschläge erhielten immer Baufirmen, deren Chefs mit seinem Chef per Du waren. Und obwohl ihn diese Vorgehensweise ärgerte, hätte er sie nie laut infrage gestellt. Weil er den Lohn brauchte, um sich, seine Mutter und seine beiden Schwestern über die Runden zu bringen. Weil er Marlenes Vater keinen Ärger machen wollte, der ihm den Posten mit Aussicht auf eine Beamtenlaufbahn besorgt hatte, damit seine Tochter nicht mit einem ungelernten Hilfsarbeiter liiert war. Und weil es sich einfach nicht gehörte.

Helmut beschleunigte sein Tempo noch mal.

Seit drei Jahren waren Marlene und er nun ein Paar. Sie hatten sich über eine Flamme seines besten Freundes Gerdi kennengelernt, die jedoch schnell wieder erloschen war. Marlene aber war ihrem Freundeskreis erhalten geblieben und Helmut hatte als einer der Letzten kapiert, dass er der Grund dafür gewesen war. Eigentlich erst, als sein Freund Martin ihn eifersüchtig zur Rede gestellt hatte. Bis zu diesem Augenblick war Marlene für ihn nur ein unglaublich hübsches Mädchen gewesen, mit dem man erstaunlich viel lachen und prima über alles Mögliche reden konnte. Fast wie ein Kumpel. Und deswegen wäre er nie auf die Idee gekommen, dass sie Interesse an ihm hätte haben können – sie, die Direktorentochter an ihm, dem ungebildeten und mehr oder weniger mittellosen Schulabbrecher, der noch nie eine Freundin gehabt hatte. Aber es war so. Und als er dann auch noch miterlebt hatte, wie Marlene gegen den Widerstand ihrer Eltern für ihre Beziehung gekämpft hatte, hatte er sich dankbar auch in sie verliebt.

Seither tat er alles, um sie glücklich und stolz zu machen. Und verheimlichte ihr gleichzeitig, dass er manchmal schrecklich unglücklich war, weil es sich seit dem Tod seines Vaters vor sieben Jahren anfühlte, als wäre er nur dafür da, die Erwartungen anderer Menschen zu erfüllen. Die seiner Mutter, die seines Schwiegervaters, die seiner Kollegen … Es waren kurze, beklemmende Momente, in denen er so dachte, und er hasste sich jedes Mal dafür, weil er sich dabei schrecklich egoistisch und undankbar vorkam. Zum Glück waren die Momente wirklich sehr kurz.

Helmut bog in die Friesenstraße ein und übersah beinah einen Radfahrer, der ihm ohne Licht entgegenkam.

»Aus dem Weg!«

Er rettete sich zwar mit einem Sprung zur Seite, sein Zylinder rutschte dabei aber endgültig vom Kopf und landete zielgenau in einer Pfütze aus Dreck und Schneematsch.

»Verdammt!« Genervt hob er die triefende Kopfbedeckung von der Straße auf und wischte sie notdürftig sauber. Irgendwie schien sich heute alles gegen ihn verschworen zu haben. Jetzt war er nicht nur zu spät dran, sondern sah auch noch aus wie eine Vogelscheuche.

Doch bevor er sich weiter darüber ärgern konnte, wurde neben ihm lautstark die Tür einer Kneipe aufgerissen. Ein Mann landete unsanft vor ihm auf dem Asphalt.

»Spaghettifresser haben hier nichts zu suchen. Und unsere Frauen sind tabu. Verstanden?«

Aus der Kneipe drang zustimmendes Gemurmel, bevor die Tür mit Karacho wieder ins Schloss fiel. Der Mann auf dem Boden wälzte sich stöhnend auf den Rücken, und Helmut er-

kannte sofort, dass es sich um einen jungen Gastarbeiter aus Italien handelte, wie sie jetzt tausendfach zum Arbeiten nach Deutschland kamen. Es war kein Geheimnis mehr, dass es mit denen ständig irgendwo Ärger gab.

»Stronzo!« Der Ausländer setzte sich auf und wischte sich mit seinem Handrücken eine Blutspur aus dem Mundwinkel.

Helmut verstand kein Italienisch, aber er ahnte, dass es sich bei diesem ausgespuckten Wort um keine Entschuldigung handelte. Es war ihm egal.

Und trotzdem konnte er es nicht lassen, diesem Fremden einen Rat zu geben. »Steh lieber auf, bevor der noch mal rauskommt. Der meint das ernst.«

Keine Reaktion. Der Kerl blieb einfach sitzen. Er schien es darauf anzulegen.

»Verstehst du mich?« Helmut betonte jede Silbe. »Der kommt raus, dann bumm und du Kopf kürzer.«

Wieder nichts, nur ein verärgertes Brummen. Er schaute die Friesenstraße runter, ob er Marlene entdecken konnte. Sie würde ihn gleich auch einen Kopf kürzer machen. Trotzdem streckte er seine Hand aus, es war eher ein Reflex als ein bewusstes Handeln.

»Hoch mit dir. Los. Und dann verschwinde.«

Nach kurzem Zögern griff der Italiener zu und ließ sich hochziehen. Doch statt abzuhauen, wie Helmut es ihm mit Handzeichen verdeutlichte, feuerte er in Richtung der Gastwirtschaft eine unverständliche Schimpftirade ab.

Helmut ging entsetzt dazwischen. »Bist du verrückt? Sei still.«

Seine Beruhigungsversuche hatten jedoch eine gegenteilige Wirkung, denn plötzlich trat der Italiener auch noch mit voller Wucht gegen einen schwarzglänzenden Opel Kapitän, der auf der Straße parkte. Keine Sekunde später wurde die Kneipentür wieder aufgerissen und ein bulliger Kerl stürmte direkt auf sie zu.

»*Finger weg von meinem Auto. Euch Dreckspack werde ich's zeigen.*«

Helmut realisierte grade noch, dass er plötzlich mit diesem verrückten Ausländer in einen Topf gesteckt wurde, als er schon die Faust des Angreifers im Gesicht hatte. Ihm wurde schwarz vor Augen und er ging in die Knie. Der Schmerz kam zeitgleich mit dem metallischen Geschmack in seinem Mund.

Er versuchte wieder aufzustehen, doch seine Beine wollten ihm nicht gehorchen. Alles war wie im Nebel, nur von ganz weit entfernt drang italienisches und deutsches Gebrüll zu ihm durch. Er öffnete seine Augen, schon allein diese Bewegung tat höllisch weh. Er presste sich seine Hand gegen den Kopf, damit der Schwindel aufhörte. Das Gebrüll wurde lauter.

»*Du bist tot!*«

»*Cretino!*«

»*Ich mach dich kalt, du verdammter Itaker.*«

Die beiden Männer jagten sich um das Auto. Sollten sie sich doch gegenseitig umbringen. Er würde jetzt zu Marlene gehen. Und zu Willy Millowitsch.

Helmut rappelte sich hoch und musste sich kurz an der Hauswand festhalten, um das Schwindelgefühl endgültig abzuschütteln. Dabei merkte er, dass er auf seinem Zylinder stand, der jetzt nicht mehr nur schmutzig, sondern auch noch völlig zerbeult war.

Und genau in diesem Augenblick überkam ihn eine Wut, die er selten spürte. Die sich von seinem Bauch aus im ganzen Körper ausbreitete, bis er zu explodieren drohte. Weil einfach alles schieflief. Und weil dieser dämliche Muskelprotz kein Recht hatte, ihn grundlos niederzuschlagen.

Ohne nachzudenken rannte Helmut los und rammte dem Kneipenschläger sein ganzes Körpergewicht in die Seite. Der war auf den Angriff nicht vorbereitet, weil er sich nur noch auf den Italiener konzentriert hatte, und ging keuchend zu Boden. Helmut landete ungebremst auf ihm.

»Brauchst du Hilfe, Ernst?«

Aus der Kneipe traten zwei weitere Männer. Helmut sprang auf und stellte sich ihnen in drohender Kampfposition entgegen. Dummerweise war genau jetzt seine Wut wie weggeblasen und die zurückkehrende Vernunft sagte ihm, dass er trotz des Boxtrainings mit Martin keine Chance hatte. Seine Gegner schienen mehr oder weniger Profis zu sein, die nicht den Eindruck machten, als würden sie Spaß verstehen. Er prüfte die nicht vorhandene Fluchtmöglichkeit, als plötzlich jemand seinen Namen schrie.

»Helmut?!«

Marlene. Ihre Stimme war kaum zu erkennen, sie war so hoch wie nie. Helmut drehte sich zu ihr um. Sie stand auf der anderen Straßenseite und schaute erschrocken zu ihnen rüber.

»Was ist hier los? Oh Gott, Helmi, wie siehst du aus?«

Helmut bemerkte, dass die Männer schnell auf ihn zukamen.

»Packt ihn«, stöhnte der ausgeknockte Kollege.

Doch bevor die beiden den Befehl ausführen konnten, sprang der Italiener auf Helmut zu, riss ihn am Arm und zog ihn mit sich. »Scappa!«

Die ersten Meter stolperte Helmut mehr oder weniger nur hinter dem Fremden her, bis er kapierte, dass er genau jetzt um sein Leben rennen musste. Und das tat er dann auch.

Kreuz und quer rannten sie durch das Friesenviertel, an der Gereonskirche vorbei und quer durch die Gerling-Baustellen. Sie hielten erst an, als sie sich sicher waren, die Verfolger abgeschüttelt zu haben. Außer Puste versteckten sie sich in einem dunklen Hauseingang.

Helmut konnte keinen klaren Gedanken mehr fassen. Marlenes entsetztes Gesicht blitzte kurz auf, dann kam der Schwindel zurück und er musste sich setzen.

»Ce l'abbiamo fatta.«

»Nix capito!«

Eigentlich wollte Helmut diesem dämlichen Ausländer wütend sagen, dass er einfach seinen Mund halten sollte, dass er verschwinden und ja nie wieder auftauchen sollte, doch was er sah, als er kurz aufschaute, traf ihn völlig unvorbereitet. Sein Gegenüber grinste ihn an, so fröhlich, als würde gleich der Rosenmontagszug um die Ecke biegen. Und mit derart strahlend schwarzen Augen, die komischerweise auch in der Dunkelheit leuchteten, dass er einfach vergaß, was er sagen wollte.

»Come ti chiami?«

»Was?«

Der Italiener kniete sich neben ihn. »Name?«

»Helmut.«

Sein Grinsen wurde breiter. »Ciao, El Mut. Grazie per l'aiuto. Mi chiamo Enzo.«

Helmut verstand gerade mal den Vornamen. Doch während Enzo ihm wie selbstverständlich mit einem Stofftaschentuch die blutende Nase sauber tupfte, verstand er noch was ganz anderes: Das hier war einer von den wenigen Momenten im Leben, die so perfekt gut oder so schrecklich waren, dass sie sich für immer auf der Netzhaut des Herzens einbrannten. Und genau so war es blöderweise auch.

....
....

»Wie jetzt?«

Ich warte irritiert darauf, dass Liz weitererzählt, oder liest, keine Ahnung, was das eben eigentlich war, doch sie blinzelt nur dem letzten Rest der Sonne nach, die dabei ist, hinter den runden Hügeln der Toskana zu verschwinden.

»Und wer bringt wen um?«

Liz bleibt stumm und hängt ihren Gedanken nach, und ich nutze die Gelegenheit, ihr Gesicht etwas genauer zu studieren. Sie sieht nicht mehr ganz so alt aus wie noch vor wenigen Minuten, aber trotzdem bin ich mir mittlerweile sicher, dass sie älter sein muss, als ich zunächst angenommen habe. Mitte 70 vielleicht, weil sie ja auch vorhin irgendwas vom Krieg gefaselt hat. Aber ist es überhaupt möglich, in diesem Alter so einen steilen Weg zu laufen, wie ich ihn heute auch hinter mir habe? Ihre Wanderschuhe lassen keinen anderen Schluss zu als den, dass sie auch zu Fuß unterwegs ist. Ein bisschen schäme ich mich plötzlich für mein Gejammer.

»Ich will dich mal lieber nicht länger mit meinen ollen Kamellen langweilen. Sagt man das noch?«

»Was? Olle Kamellen?«

»Hm.« Liz klappt ihr Buch zu und steht auf.

»Na ja, zum Jugendwort des Jahres wird's sicher nicht mehr gewählt. Aber ich versteh's schon.«

»Und wie sagt ihr Jungen dazu?«

»Keine Ahnung. Vielleicht lame story, oder so?«

»Gut, dann will ich dich mal nicht länger mit meiner lamen story langweilen.«

»No worries, so lame war sie jetzt auch wieder nicht.«

Liz lächelt und ich muss widerwillig zurückgrinsen. Widerwillig, weil ich sie weiterhin nervig finden will. Es aber irgendwie gar nicht mehr tue. Keine Ahnung, ob es daran liegt, dass sie beim Erzählen der Geschichte gerade so verletzlich gewirkt hat, oder daran, dass sie gar keine Anstalten mehr macht, mich weiter zu erziehen.

»Wir sehen uns später. Ich geh mal ins Zimmer und schreib noch ein paar Sachen auf. Sonst ist morgen alles weg.« Liz tippt sich dabei an den Kopf.

»Wie alt sind Sie eigentlich?«

»Ich dachte, wir sind beim Du.«

»Okay, wie alt bist du?«

Alte Leute duzen, wenn sie nicht gerade Oma oder Opa sind, hat immer was Komisches.

»80. Plusminus.«

»Fuck! Was?«

Ich fasse es nicht. 80. Nicht mal meine Großeltern sind so alt. Ich kenne überhaupt niemanden persönlich, der oder die so alt ist. Vielleicht diese komische Nachbarin zu Hause in Frankfurt, die mit ihren zwei verfilzten Rauhaardackeln immer die Straße auf und ab läuft und alle Kita-Kinder, die ihr zu nah kommen, anschreit. Die könnte eventuell so alt sein, aber die braucht für 100 Meter Gassi gehen auch fast drei Stunden. Und ganz sicher würde sie nicht bei Backofentemperaturen durch Italien wandern. Doch bevor ich noch mal nachfragen kann, geht Liz schon zurück ins Haus.

»Ich nehme dieses ›Fuck‹ mal als Kompliment.«

Mein entgeistertes Nicken sieht sie schon nicht mehr.

Als sie verschwunden ist, öffne ich direkt WhatsApp. Von dieser Begegnung muss ich unbedingt meinem Stiefbruder Finn und unserem besten Freund Jakob erzählen, weil ich weiß, dass von Jakob irgendein bescheuerter GILF-Kommentar zurückkommen wird. Aber ich lasse es dann doch bleiben, weil eine neue Nachricht angezeigt wird, eine Antwort von Jonas.

> Moin Paul, unsere Freundschaft und das, was da noch war, wie du schreibst, ist echt schon ewig lang her. Und ehrlich gesagt, weiß ich gar nicht, ob ich dich noch kenne. Ist einfach ziemlich viel passiert in der Zwischenzeit. Hätte es gern rausgefunden. Schönen Urlaub, Jonas 19:54

Ich starre aufs Display und dann in den orangeroten Abendhimmel. Viel passiert, das kann man wohl sagen. Und auch, dass ich heute ein Anderer bin als damals, woran Jonas ja wirklich nicht ganz unschuldig ist. Der Hauptschuldige, um genau zu sein.

Schönen Urlaub.

Vermutlich ist diese Nachricht das endgültige Aus zwischen uns. Ich bin froh darüber, endlich kann ich mich auf die Zukunft konzentrieren. Genau das, was ich wollte. Nach vorne schauen. Was essen.

Ich stecke mein Handy zurück in die Hosentasche und quäle mich aus dem Liegestuhl. Und in dieser Bewegung, halb aufrecht, halb sitzend und dementsprechend nicht besonders sexy, kapiere ich, dass Jonas und ich, so unterschiedlich wir mittlerweile auch sein mögen, doch noch eine Gemeinsamkeit haben: Ich möchte verdammt noch mal auch rausfinden, wer ich heute bin. Denn wenn ich ganz ehrlich bin, habe ich seit über vier Jahren nicht den Hauch einer Ahnung davon.

2.

Nach dem Abendessen schleppe ich mich zurück in mein Zimmer. Es ist noch nicht mal halb zehn, aber ich bin so müde, als hätte ich zwei Nächte durchgefeiert. Schon als meine riesige Pizza serviert wurde, musste ich mich zusammenreißen, um nicht am Tisch einzuschlafen. Was vermutlich nur mir selbst, nicht aber meinem französischen Sitznachbarn aufgefallen wäre, der mir in merkwürdigem Englisch und mit weit aufgerissenen Augen von seinem Pariser Mitbewohner erzählt hat, der auch Paul heißt und angeblich schlagkräftige Beweise dafür gefunden hat, dass die Erde eine Scheibe ist. Er selbst ist jetzt unterwegs, das zu überprüfen. Erst habe ich nur gelacht, dann gestaunt und mich schließlich einfach weggesetzt, weil er mir die Beweisführung an meiner Pizza vorführen wollte.

Mir reicht der Beweis, schon der zweite heute, dass die Foreneinträge mit den verrückten, quatschenden Menschen wirklich der Wahrheit entsprechen. Und ich kann nur hoffen, dass dieser Irrsinn nicht irgendwann auf mich überspringt. Vielleicht ist das durch die Gegend Laufen ja wirklich so ungesund, wie es sich gerade in meinen Beinen anfühlt.

Die Zahnbürste im Mund und mein Kontaktlinsenmittel in der Hand nicke ich auf dem Flur ein paar spätankommenden Wanderern zu und bin mittlerweile ziemlich froh, dass alle Plätze in den Schlafsälen reserviert waren, als ich hier ankam. Auch wenn Liz zur Kategorie Foreneintrag gehört, wird die Nacht allein mit ihr sicher ruhiger werden. Wobei ich beim Zähneputzen auch kurz darüber nachgedacht habe, wie es sein wird, mit einer so alten Frau allein in einem Zimmer zu schlafen und was ich machen würde, sollte sie, weil man ja ab einem gewissen Alter nie weiß, die Nacht nicht überleben. Eine Antwort bin ich mir schuldig geblieben und hoffe nun einfach mal auf die geringe Wahrscheinlichkeit, dass der Tod bei einer amerikanischen Kölnerin nach 80 Jahren in Italien zuschlägt.

Ich öffne leise die Tür unseres Zweibettzimmers und blicke auf den von zwei Leuchtstoffröhren erhellten neongrünen Fleecepulli-Rücken meiner Mitbewohnerin. Liz sitzt an dem kleinen Tischchen am Fenster und schreibt ihr Notizbuch voll. Auf ihrem Bett liegt ein Stapel Postkarten – bereit zum Abschicken. Ihr Mitteilungsdrang scheint sich wirklich nicht nur aufs Quatschen zu beschränken.

Ich räume meinen Rucksack zur Seite, blase das mitgebrachte Kopfkissen auf und frage mich, wem sie die ganzen Karten wohl schickt. Ihrer Familie? Einen Enkel hat sie vorhin erwähnt. Freunden? Hat man mit 80 überhaupt noch Freunde? Wenn es so weitergeht wie bei mir, dann eher nicht, denn seit dem Abi wird mein Freundeskreis immer kleiner. Viele Leute, die früher extrem wichtig waren, existieren nur noch als vermutlich ungültige Handynummern in meinem Leben. Klar, es gibt auch einige Menschen, die neu dazukommen. Meistens Dates, die aber nie über den Status Bekannte hinausgehen. Kaum vorstellbar, wie klein der Kreis erst mal wird, wenn im Alter auch noch der Faktor Tod bei dieser Minimierung mitspielt.

Ich krame meine Schlafshorts raus und muss bei dem bescheuerten Gedanken schmunzeln, einem dieser Date-Bekannten statt einer Chat-Nachricht eine Postkarte zu schicken. ›Hey Kev, Wetter ist schön, Essen gut, die Erde eine Scheibe. Viele Grüße aus Italien, Paul.‹ Der würde mich für völlig verrückt erklären und sich garantiert nie wieder bei mir melden. Was jetzt irgendwie auch kein großer Verlust wäre.

»Willst du schlafen?« Liz dreht sich zu mir um und gleich wieder weg, als sie sieht, dass ich nackt bin. »Oh, sorry.«

Ich ziehe schnell meine Shorts hoch.

»Jetzt.«

»Wollte dir nichts wegschauen.«

»Ja, ja, das sagen alle.«

»Wirklich. Ich habe da ja auch schon ganz andere Sachen gesehen.«

»Äh, ist gut jetzt.« So weit kommt's noch, dass Liz ihre jahrzehntelange Erfahrung mit nackten Männern vor mir ausbreitet. »Ich penn dann mal.«

»Und ich bin gleich fertig, dann mache ich das Licht aus.«

»Kein Thema. Bin so fertig, würd heute auch unter einem Scheinwerfer einschlafen.«

Liz wendet sich wieder ihrer Schreibarbeit zu, und ich lege mich ins Bett. Besser gesagt auf ein als Bett getarntes Brett, aber egal. Hauptsache, ich kann liegen und schlafen und darauf hoffen, dass ich mich morgen körperlich wieder wie 19½ fühle.

Verschwommen, weil ich ohne Brille und Kontaktlinsen höchstens 50 cm scharf sehen kann, beobachte ich Liz noch ein bisschen, die mit ihrem grauen, fast weißen Pferdeschwanz, der vorhin hochgebunden war und jetzt locker über ihrem Rücken baumelt, doch ein bisschen wie eine Bilderbuchoma aussieht. Mal abgesehen von dem neongrünen Pulli, der eher an eine Bilderbuchhexe erinnert.

»Und wie ist dieser Paul aus Frankfurt so?«

Als ich meinen Namen höre, reiße ich meine gerade zugefallenen Augen wieder auf. Mein Herz rast, wie es das immer tut, wenn ich überraschend und unsanft aus dem Halbschlaf geweckt werde.

»Was?«

»Na, ich muss doch ein bisschen was über meinen Bettnachbarn wissen, sonst kann ich ja gar nichts über ihn schreiben.«

»Nicht nötig. Dafür bin ich viel zu uninteressant.«

Ich lasse meinen Kopf wieder fallen und schaue der schemenhaften Liz zu, wie sie sich schwungvoll und scheinbar kein bisschen müde in ihr Bett legt. Für eine 80-Jährige ist das echt nicht normal.

»Und was macht dich da so sicher?«

Ich presse ein lautes Gähnen raus, um nicht antworten zu müssen, doch mein müdes Ablenkungsmanöver erzielt keine Wirkung. Liz scheint nicht im Traum daran zu denken, ihre Frage zurückzuziehen.

Ihre Frage?

Es ist ja auch meine Frage, die mir vorhin nach Jonas' Nachricht durch den Kopf geschossen war. Scheiß Zufälle.

»Äh, kein Plan. Vielleicht weil ich noch viel zu jung bin und nichts erlebt oder erreicht hab im Leben.«

»Sagt wer?«

»Na, ich.«

»Was willst du denn erreichen? Oder anders gefragt: Muss man immer was erreichen im Leben?«

»Keine Ahnung.« Ich wünsche mich in einen der Schlafsäle, wo garantiert nur geschnarcht und nicht geredet wird. »Glaube schon. Ist doch alles darauf ausgerichtet. Auf Erfolg und ein perfektes Leben und so. Und wenn man nicht mitmacht, dann …«

»Dann gehört man nicht dazu?«

»Ja.«

»Willst du mitmachen und dazugehören?«

»Nein. Ja. Irgendwie schon.« Jetzt wäre der richtige Moment, den Mund zu halten. Aber das Echo meiner gestammelten Wörter klebt im Raum, und ich will vermeiden, dass Liz die Panik darin hört. »Mein Dad fragt mich das halt auch ständig. Was ich mal werden will und wie ich mir mein Leben vorstelle und so … Aber woher soll ich das denn wissen, wenn ich keine Ahnung habe, wer ich überhaupt bin?«

Mein Herz rast, ich bin hellwach. Laut ausgesprochen klingt dieses Nichtwissen, wer man eigentlich ist, noch viel dämlicher, als wenn man nur darüber nachdenkt. Und zurücknehmen lässt es sich auch nicht mehr, wenn es mal in der Welt ist.

»Irgendwie kommt mir das bekannt vor. Aber danke, damit ist immerhin meine erste Frage beantwortet.«

»Bitte.« Mein Ton ist gereizt.

Und um ein Zeichen zu setzen, dass für mich das Gespräch beendet ist, knautsche ich mein Kissen zurecht, was bei einem aufblasbaren Kissen nicht unbedingt die erwünschte Wirkung erzielt. Doch selbst als ich anschließend auf dem Bauch liegend meinen Kopf demonstrativ zur anderen Seite drehe, macht Liz mit ihrer Befragung weiter, als hätte sie noch nie was von Körpersprache gehört.

»Und was ist mit der Liebe?«

Meine Gegenfrage ist mehr ein Stöhnen. »Was soll damit sein?«

»Spielt die auch eine Rolle in deinem erhofften perfekten Leben?«

Es wird immer schlimmer.

»Falls Sie … Falls du wissen willst, ob ich in einer Beziehung bin? Nein. Keine Lust drauf.«

Ein nachgeschobener Halbsatz für den ich mir am liebsten eine Ohrfeige geben würde. Weil ich ahne, dass diese Hobby-Psychologin direkt wieder darauf einsteigen wird. Doch merkwürdigerweise passiert nichts. Und weil ich die plötzliche Ruhe auch nicht ertragen kann, drehe ich den Kopf zurück zu ihr und sehe verschwommen, wie sie mich aufmunternd anlächelt.

»Ist alles nicht einfach, was?«

Ich nicke schweigend.

»War's noch nie. Es war anders, aber nie einfach, das kannst du einer alten Schachtel wie mir glauben.«

....
....

Helmut liebte es, wenn sich Sonnenstrahlen in seine Haut brannten und hinter seinen geschlossenen Lidern die Flammen, die über seinen ganzen Körper tanzten, hellrot loderten. Es war immer ein Gefühl, als würde er sich auflösen. Oder fliegen. In eine Welt, die ganz anders war als diese hier. Und in die er sich in letzter Zeit wieder häufiger zurückzog, weil dort seine wiederkehrenden, unglücklichen Bauchgefühle keinen Zutritt hatten. Und auch keine dunklen, leuchtenden Augen. Die schon gar nicht.

Dass er in Gedanken gern auf Reisen ging, war nichts Neues. Als Kinder hatten sein bester Freund Gerdi und er sich oft auf eine Wiese gelegt, den Schulatlas aufgeschlagen und sich vorgestellt, was sie an einem x-beliebigen Ort alles erleben würden. Neu war nur, dass Helmut es jetzt allein tat, ohne Atlas, ohne Abenteuergedanken und ohne Gerdi. Er ließ sich einfach treiben und in der Sonne gelang ihm das besonders gut.

Und darum war er genau jetzt auch nicht mehr am Escher See, wo er mit Marlene und seinen Freunden den ersten warmen Frühlingssonntag verbrachte. Auch nicht mehr in Köln. Er war unterwegs in dieser anderen Welt, die heute nur aus einem grünen, runden Hügel bestand, den er federleicht hochrannte. Dieser Welt, in der die Luft in seinen Lungen so klar und voller Leben war, dass er auf dem höchsten Punkt sogar noch genug Energie hatte, um wild umherzuwirbeln. Die Aussicht war grandios und er begann damit, auf dem höchsten Punkt des Hügels ein Gebäude zu bauen, ein lichtdurchflutetes Gebäude ganz nach seinen Vorstellungen, das die Menschen um ihn herum zum Jubeln brachte, weil …

»Da bist du ja!« Gerdi schob ein paar Brombeersträucher zur Seite. *»Wir haben schon gedacht, du bist untergegangen.«*

Helmut fuhr hoch. Seine Reise war auf einen Schlag zu Ende, sein Fantasiehaus eingestürzt und die Landung unangenehm hart. Er rieb sich die Augen und versuchte unauffällig, wieder im Hier und Jetzt anzukommen.

»Quatsch. Hab mich nach dem Schwimmen nur kurz zum Trocknen hierhergelegt.«

»Ist das Wasser nicht noch viel zu kalt?«

»Geht schon. Man darf halt kein Weichei sein.«

»Das sagt der Richtige.« Gerdi setzte sich neben Helmut. *»Aber sei froh, dass du schon im Wasser warst. Martin ist gerade gekommen.«*

Helmut wusste sofort, was Gerdi damit meinte. »Und, hat der Herr Wachtmeister schon wieder das offizielle Badeverbot ausgesprochen?«

Gerdi bestätigte augenrollend. »Der geht hier doch selber ab und zu rein.«

»Aber nur an den ungefährlichen Stellen. Bei mindestens 22 Grad. Und nur bis zu den Knien.«

»Weil er nicht schwimmen kann, der Vogel. Soll er mich doch anzeigen.«

Die beiden lachten über Martin, der seinen Beruf bei der Polizei für ihren Geschmack manchmal etwas zu ernst nahm. Und während Gerdi sich eine Zigarette anzündete, weil er vor seiner neuen Freundin Jutta nicht rauchen durfte, musterte Helmut ihn. Und er fragte sich, ob Gerdi auch noch diese Reisen unternahm. Oder ob das nur eine übrig gebliebene, lächerliche Kindheitsangewohnheit von ihm war.

Er könnte die Frage einfach laut aussprechen, weil sie sich seit über zehn Jahren fast alles erzählten. Eigentlich genau seit dem Moment, als sie wegen einer Schulzusammenlegung in eine Klasse gesteckt wurden und deswegen aufhören mussten, auf den Straßen und in den Bombenruinen von Nippes in unterschiedlichen Banden gegeneinander zu kämpfen. Das war der Start ihrer Freundschaft. Von da an hatten sie alles zusammen gemacht. Lernen nur im Notfall, ihre Atlas-Reisen häufig, Mädchen aus ihrer Klasse ausspionieren eigentlich immer, gemeinsam auf Helmuts Schwestern aufpassen, wenn es nötig war. Und als sie alt genug waren, waren sie dreimal pro Woche nach Deutz in die Werkstatt und zur Tankstelle von Gerdis Vater geradelt und hatten als jüngste Tankwarte Kölns die wohlhabenden und meistens spendablen Autobesitzer bedient. Sie waren auch Freunde geblieben, als Helmut nach dem Tod seines Vaters die Schule verlassen und Geld verdienen musste, während Gerdi widerwillig das Abitur machte. Und weder Marlene noch eine von Gerdis wöchentlich wechselnden Freundinnen konnten ihrer Freundschaft was anhaben.

»Jemand zu Hause?« Gerdi wedelte mit seiner Kippe vor Helmuts Gesicht.

»Ja, warum? Bin nur noch ein bisschen verschlafen.«

»Du wirkst in letzter Zeit oft etwas verschlafen. Darum.«

Helmut wich Gerdis Blick aus. Es war ihm unangenehm, dass er das ansprach.

»Ist nur die Arbeit. Ist gerade etwas viel. Überall wird gebaut, wir sind zu wenig Leute, die Oper muss fertig werden, ich muss für meine Beamtenprüfung lernen …«

»Aha.«

»Und meiner Mutter geht's gerade auch nicht so gut.«

Gerdi glaubte ihm nicht, das spürte Helmut. Aber was sollte er ihm sonst für eine Geschichte auftischen? Dass eine kurze, zufällige Begegnung an Karneval der Auslöser dafür war, dass seine unglücklichen Gefühle jetzt viel häufiger auftauchten als früher? Genau wie diese Bilder, die meistens nachts in seinem Kopf herumgeisterten und für die er sich tagsüber schrecklich schämte? Garantiert nicht, sie erzählten sich schließlich nur fast alles. Und das gehörte garantiert nicht dazu. Dann lieber doch das andere Thema.

»Kannst du dich noch an unsere Reisen erinnern?«

»Oh Mann, klar, waren wir da noch jung. Und dumm.« Gerdi drückte lachend seine Zigarette aus und spickte den Stummel in die Büsche. »Wie kommst du da jetzt drauf?«

Helmut lachte unwohl mit. »Keine Ahnung. Ist mir nur vorher eingefallen, weil wir da zwar dumm waren, aber auch so … unbeschwert.«

»Und jetzt bist du's nicht mehr?«

Der Themenwechsel hatte überhaupt nichts gebracht.

»Doch, schon. Komm, lass uns zu den anderen zurück.«

Helmut wollte schon aufstehen, doch Gerdi blieb sitzen.

»Ist mit dir und Marlene alles in Ordnung?«

»Natürlich. Was soll nicht in Ordnung sein?«

»Sag's du mir. Ich finde, ihr wirkt beide nicht mehr so glücklich seit ein paar Wochen.«

»Keine Ahnung.«

Natürlich war Helmut das auch schon aufgefallen. Er war ja schließlich der Grund dafür, dass sie sich nicht mehr so oft sahen. Vordergründig war die Arbeit schuld, insgeheim aber sein schlechtes Gewissen, dass er ihr etwas verheimlichte, was keinerlei Bedeutung hatte und trotzdem so viel Raum einnahm.

»Vielleicht hat sie ja erkannt, dass ich ihr nie das Wasser reichen kann.«

»Das ist es also.« Gerdi packte Helmut an den Schultern. »Du denkst, dass die sich irgendwann einen reichen Kerl angelt, der bei ihrem Vater in der Bank arbeitet? Dass sie dich aussortiert, weil du nicht studieren kannst wie einer von den Schnöseln?«

»Kann sein.«

Die Gedanken waren Helmut tatsächlich nicht fremd, weil er sich bis heute nicht erklären konnte, was Marlene eigentlich genau an ihm fand.

»Du bist ein Trottel. Ehrlich. Marlene ist die beste Frau, die es gibt. Also nach Jutta. Sie liebt dich, sie hat für eure Beziehung gekämpft und wenn ihr was egal ist, dann ist es das Geld, das du verdienst. Davon haben ihre Eltern wirklich mehr als genug.«

Helmut schämte sich direkt wieder dafür, dass er so undankbar war, weil jeder Punkt stimmte, den sein Freund aufgezählt hatte.

»Vielleicht wärst du jetzt einfach mal an der Reihe, einen Schritt weiterzugehen?«

»Wohin?«

»In Richtung Zukunft, du Holzkopf. Marlene wartet doch nur darauf, dass du um ihre Hand anhältst.«

»Meinst du?«

Gerdi stöhnte und gab Helmut eine Kopfnuss. Dann stand er auf und zog Helmut ebenfalls hoch.

»Das meine ich nicht nur, das ist so. Sei mal ein Mann, Kumpel. Und jetzt los.«

Helmut ging voraus und bahnte ihnen den Weg durch die stacheligen Brombeerbüsche, die das ganze Ufer des Sees überwucherten. Gerdi hatte vermutlich recht. Er musste langsam, aber sicher wirklich einen Schritt weiter gehen. Vielleicht war das auch der Grund, warum er sich in letzter Zeit manchmal so verloren vorkam. Weil er wie Marlene nicht genau wusste, wohin es mit ihnen gehen sollte. Das war es. Das musste es sein.

»Schlaft ihr schon miteinander?«

Gerdi war direkt hinter ihm.

»Natürlich nicht.« Helmuts Antwort kam wie aus der Pistole geschossen. »Ihre Eltern würden mich umbringen. Blöde Frage.«

»Blöde Frage.« Gerdi äffte ihn nach. »Ich sag dir was, Helmi: Sex ist wie fliegen. Also zumindest der Sex mit Jutta. Aber mit Marlene sicher auch. Macht das mal, dann merkst du, dass unsere Reisen damals wirklich nur Kinderkram waren. Sex ist quasi die tausendfache Steigerung davon.«

Helmut nickte nur, froh darüber, dass er vorneweg lief. So konnte Gerdi seinen roten Kopf nicht sehen, den er immer bekam, wenn es um dieses Thema ging. Schon allein das Wort Sex trieb ihm die Farbe ins Gesicht. Natürlich küssten Marlene und er sich, aber zu mehr war es einfach noch nicht gekommen. Es gehörte sich nicht und das hatten sie beide so akzeptiert. »Ich denke drüber nach.«

»Nicht nur denken, Helmi, machen. Und wenn ihr eh heiratet, ist es doch auch egal, wann ihr es tut.«

Gerdi ging an ihm vorbei auf die kleine Wiesenfläche, auf der sich Marlene, Martin und Jutta sonnten. Helmut setzte ein Lächeln auf, das seine Verwirrung kaschieren sollte, und folgte ihm.

»Na endlich, Schatz, ich hab mir schon Sorgen gemacht.«

Marlene hielt ihre Arme auf und Helmut tat so, als würde er sich mit seinem ganzen Gewicht auf sie drauf fallen lassen. Doch er stützte sich rechtzeitig ab und gab Marlene einen ähnlich leidenschaftlichen Kuss, wie Jutta ihn von Gerdi bekam.

»Du musst dir keine Sorgen um mich machen. Bin nur kurz eingeschlafen.«

Während Marlene Helmut überrascht zurückküsste, und er nur noch darüber nachdenken konnte, was Gerdi eben zu ihm gesagt hatte, konzentrierte Jutta sich wieder auf ihre Diskussion mit Martin.

»Ich finde das trotzdem nicht gut. Ihr macht genau das, was die Nazis auch gemacht haben.«

»Du hast doch keine Ahnung, wovon du redest.« *Martin standen Schweißperlen auf der Stirn und er wurde immer lauter.* »Es ist gesetzlich verboten, weil es pervers und unnatürlich ist. Das hat nichts mit den Nazis zu tun. Ich verbiete dir, dass du so was sagst.«

»Du kannst mir gar nichts verbieten.«

Gerdi mischte sich neugierig in den Streit ein. »Worum geht's denn?«

»Ach«, *Jutta verdrehte die Augen,* »Martin ist stolz drauf, dass sie heute Nacht 15 175er festgenommen haben.«

»Bin ich. Weil ich nicht will, dass unsere Stadt verkommt. Weißt du, was die in öffentlichen Toiletten oder unten an der

Hohenzollernbrücke treiben? Die befummeln sich überall, die knutschen miteinander, mal mit dem einen, dann wieder mit einem anderen, Junge und Alte, und das ist noch lang nicht alles, was da läuft. Und alles im Schatten von unserem ehrwürdigen Dom. Widerlich.«

»Wo sollen sie es denn sonst machen?«

»Gar nicht!«

Helmut ließ sich auf die Seite fallen. Er wollte das nicht hören, er wollte auch nicht sehen, wie Gerdi angeekelt das Gesicht verzog, er wollte einfach nur, dass sein Herz aufhörte zu rasen, als würde es in diesem Gespräch um ihn gehen.

»Aber sie können nichts dafür, dass sie so sind.« Jutta verschränkte ihre Arme, als würde das Martin beeindrucken.

Tat es nicht.

»Woher weißt du da eigentlich so genau Bescheid?« Er winkte direkt ab. »Ich will es gar nicht wissen. Wahrscheinlich dein Onkel wieder. Ich weiß nur, dass Unzucht zwischen zwei Männern verboten ist. Das hat sogar das Bundesverfassungsgericht gerade erst bestätigt. Von wegen Nazis. Der Paragraf 175 steht mit unserem Grundgesetz im Einklang. Punkt. Aus. Da kannst du noch so viel dagegen sagen. Wir werden in nächster Zeit in Köln aufräumen. Und wir haben sogar die Stadt auf unserer Seite, stimmt's, Helmut.«

Helmut starrte Martin an, weil er keine Ahnung hatte, was er darauf sagen sollte. Er räusperte sich und suchte noch nach den richtigen Worten, als Gerdi ihm zuvorkam.

»Ich finde das schon eklig. Mitten in der Stadt. In einem Klohäuschen. Also wirklich, das macht man nicht. Die sollten es sich einfach verkneifen …«

Er schüttelte sich, um seinen Widerwillen Ausdruck zu verleihen. Und Helmut entging nicht, wie falsch sich diese Moralpredigt ausgerechnet aus Gerdis Mund anhörte.

Trotzdem schloss er sich ihm an. »Find ich auch. Und darum will ich auch gar nichts mehr von dem widerlichen Zeugs hören. Gut, wenn diese Perversen weggesperrt sind. Wer kommt mit ins Wasser? Ist zwar kalt, aber wirklich schön.«

»Ich.« Marlene ließ sich von Helmut hochziehen. »Ich glaube, Abkühlung tut uns allen ganz gut.«

Nachdem sie auch Jutta überredet hatten, mit in den See zu kommen, weil sie zunächst bockig zurückbleiben wollte, trabten sie in merkwürdig angespannter Stimmung zum Wasser und lachten erst wieder ausgelassen, als Martin seine obligatorische Warnung aussprach.

»Aber nur bis zu den Knien!«

Natürlich hielt nur er sich daran.

....
....

Jonas grinst mich an. Zurückhaltender als früher, aber immer noch als würde er was planen. Irgendeinen Scheiß mit seinem besten Freund. Mit mir. Ich denke ›endlich‹ und frage cool ›Was geht?‹. Sein Display wackelt, er rückt näher ans Handy. Jetzt erkenne ich, dass sein Lächeln nicht zurückhaltend, sondern traurig ist. Kein Wunder. ›Nicht viel‹ flüstert er. ›Same here‹ bekomme ich noch raus, bevor ich mich räuspern muss. Fieberhaft überlege ich, was ich als Nächstes sagen kann. Keine Vorhaltungen, dass er mich seit Monaten ghostet. Ich will nicht, dass er genervt auflegt. Lieber was zur

Schule vielleicht? Einen Witz über unser schrecklich schlechtes Fußballteam? Oder erwartet er, dass ich nach seiner kleinen Schwester frage, ob es eine neue Spur zu ihr gibt? Ich weiß es nicht, ich weiß nur, dass ich ihn einfach umarmen will. Trösten. Vielleicht auch küssen. Wie damals am Strand.

›Ich muss ständig daran denken‹, flüstert er noch leiser als eben. ›Ich auch.‹ Wir schauen uns an. Sekunden, die sich wie Minuten anfühlen. Und in denen alles ausgesprochen wird, ohne was zu sagen. Jonas unterbricht die Stille. ›Können wir es wiederholen?‹ ›Was?‹ ›Du weißt schon.‹ ›Wann?‹ ›Jetzt.‹ Nein. Ja. Natürlich. Sicher tausendmal habe ich mir ausgemalt, wie es beim zweiten Mal werden wird. Diese Version war nicht dabei. Aber sie macht mich an, ich will nicht warten. Und ich will Jonas nicht warten lassen.

Schnell schließe ich meine Zimmertür ab, ziehe mein Shirt aus, setze mich zurück vors Handy. Es ist ein Fehler, ich weiß es einfach. Aber ein Fehler, der sich wahnsinnig gut anfühlt. ›Ich will sehen, wie du's dir machst.‹ Er spricht meine Gedanken aus. Ich kann nicht glauben, dass das nach Monaten Funkstille gerade passiert. Meine Hand fährt in meine Hose, ich kippe das Handy, damit er alles sieht und sage laut ›Man, ich hab dich echt vermisst.‹

Er fängt an zu lachen. Ich lache mit. Gelöst. Bis ich merke, dass wir gar nicht allein sind. Dass von allen Seiten das Lachen kommt, weil unser Chat nicht mehr intim ist, sondern plötzlich Tausende Teilnehmer hat. Jonas? Er verschwindet. Und jetzt kapiere ich auch, dass die anderen nicht mit mir lachen, sie lachen mich aus. Schrill, boshaft, tödlich. Sie zeigen auf mich. Und das Handy filmt erbarmungslos weiter. Ich bekomme es nicht zu fassen. Keinen Zentimeter kann ich mich bewegen. Mein nackter Körper ist wie gelähmt. Nur meine riesige Erektion pocht weiter in die Kamera. Sie sehen alles. Ich winde mich, stöhne, sie sollen aufhören, wegschauen, mich in Ruhe lassen. Ich würge so was wie einen Schrei aus mir raus …

Und reiße die Augen auf.

Die Morgensonne blendet mich, in ihren Strahlen tanzt der Staub der Nacht. Ich versuche mich zu orientieren. Italien. Es ist alles gut. Der Herzschlag in meinen Ohren wird leiser. Ich bin in Sicherheit.

Fuck! Nein, nichts ist gut. Mein Herzschlag wird wieder lauter. Wütender. Nicht mal hier, nicht mal nachdem wir ein für alle Mal einen Schlussstrich gezogen haben, lässt Jonas, lässt dieser Albtraum mich los. Er war doch schon so gut wie weg – jetzt kommt er wieder.

Ich linse zu Liz rüber und hoffe, dass sie nichts mitbekommen hat. Hat sie nicht, das Bett neben meinem ist leer. Überrascht sehe ich, dass ihre ganze Zimmerseite leer ist. Der Rucksack, ihre Schuhe, alles ist mitsamt der Besitzerin verschwunden. Sie muss sich schon im Morgengrauen leise auf den Weg gemacht haben. Vermutlich werde ich sie nie wiedersehen.

Draußen im Flur herrscht Aufbruchsstimmung, irgendjemand schrammt an meiner Zimmertür vorbei. Ich sollte mich besser auch mal beeilen, bevor die Temperatur wieder auf über 30 Grad steigt. Beim Aufstehen spüre ich den Muskelkater. Die Lähmung aus meinem Traum war echt. Noch mal Fuck!

Und dann sehe ich sie. Die Postkarte, die am Fußende meines Bettes liegt. Also ist die alte Dame doch nicht spurlos verschwunden. Hätte mich irgendwie auch gewundert.

Ich nehme die Karte in die Hand, eine alte Stadtansicht von Köln, und lese die Nachricht, die Liz mir hinterlassen hat.

Wohin reist du, wenn du deine Augen schließt?

Es stimmt, dass wir mit dem Herzen meistens besser sehen. Ist nicht von mir, trotzdem gut. Liz

Und was tue ich? Ich schließe tatsächlich kurz meine Augen, sehe Dinge, die ich nicht sehen will, und öffne sie sofort wieder. So ein verdammter Blödsinn, ich bin schon so verrückt wie alle hier.

Ohne die Karte eines weiteren Blickes zu würdigen, schiebe ich sie in die Seitentasche meines Rucksacks zu meiner Notfall-Bifi, die dort geduldig vor sich hin schwitzt.

Dann mache ich mich auf den Weg ins Bad.

3.

Ich sehe Liz pink leuchten, als ich nach zehn Kilometern bergab und tausend wilden Gedankensprüngen eine Pause mache. Sie sitzt an einem Bach etwas abseits des Weges, kühlt ihre Füße und schaut in die entgegengesetzte Richtung. Es sieht aus, als würde sie die Zypressen zählen, die entlang der geschlängelten Straße Spalier stehen. Oder die Wolken, die als kleine weiße Tupfer dem Himmel seine Form geben.

Auf jeden Fall wirkt sie sehr entspannt. So entspannt, wie ich mich gern fühlen würde, es aber nicht tue, weil mein Kopf seit den ersten Schritten am Morgen auf Hochtouren arbeitet. Eigentlich schon seit dem Aufwachen.

Es ging los mit dem Bild, das ich nicht mehr sehen wollte, aber mit geschlossenen Augen wiedergesehen habe. Ich vor einigen Wochen in Köln, voller Vorfreude auf das Wiedersehen mit Jonas, um dann zu erkennen, dass ich zu spät gekommen bin. Oder dass er mir zu wenig Zeit gelassen hat. Oder dass es einfach eine Schnapsidee war, nach all den Jahren und allem, was passiert ist, irgendwo anknüpfen zu wollen. Es ging weiter mit diesem realen Moment aus meinem beschissenen Traum, der alles verändert hat. Als das Video online gegangen war, das schuld daran ist, dass ich die Spur verloren habe, die ich bis heute suche. Und statt mich aufs Finden zu konzentrieren, habe ich dann lieber Jonas geschrieben. Ausgerechnet ihm. Ich versteh's selber nicht, dieses Laufen macht gaga. Wenn das so weitergeht, breche ich spätestens übermorgen ab. Oder zusammen.

> 10:19 Kenn ich dich denn überhaupt noch? P.

> 10:21 Hab ich dich überhaupt jemals gekannt?

Er blieb offline, dafür stand mein Gedankenkarussell nach dieser kurzen Unterbrechung nur noch mehr unter Strom. Es jagte mich durch ein paar leidliche Beziehungsversuche der letzten Jahre. Musikschnipsel, die mir in den Sinn kamen, erinnerten mich daran, dass wohl mein größter Berufswunsch aufgrund von fehlendem Talent keine Zukunft haben würde. Dazwischen funkten beängstigende Schlagzeilen aus der Welt und die Frage, ob es in Zukunft überhaupt noch eine Zukunft geben wird. Und über allem hing wie immer das schlechte Gewissen mit der Stimme meines Vaters, die mir sagt, dass ich gar kein Recht hätte, nicht zu wissen, was ich will, weil mir nahezu alle Möglichkeiten offenstehen würden.

So viel also zum Thema ›beim Laufen lässt es sich leichter nachdenken und loslassen‹. Ich habe vielmehr den Eindruck, als scheucht jeder Schritt einen weiteren Gedanken in den entlegensten Ecken meines Gehirns auf, der dann ungefiltert durch meinen Kopf rasen muss. Und der gleichzeitig alles andere platt walzt, auch die schöne Gegend, die ich nur sporadisch wahrnehme. Derart aufmerksam hätte es für meine Wanderung auch der Frankfurter Stadtwald getan. Wäre auf jeden Fall kühler und billiger gewesen.

»Nicht-Pilger Paul aus Frankfurt. Hallo.«

Liz hat mich entdeckt und winkt mir zu.

Ich greife nach meiner Wasserflasche und meinem Rucksack und balanciere ein paar Meter den Bach entlang. Ungesehen weitergehen ist keine Option mehr.

Sie begrüßt mich herzlich und entspannt – war ja klar.

»Gut geschlafen?«

»Glaub schon.«

»Hab ich gehört.«

»Schnarch ich?« Ich setze mich direkt neben sie.

»Hat dir das noch niemand gesagt?«

»Nein.«

Mir entgeht natürlich nicht, dass sie zweifelt. Zu Recht, aber das gebe ich nicht gern zu. Schuld daran sind meine Nasenpolypen, die schon längst hätten operiert werden müssen, aber irgendwie ist mir das nicht ganz geheuer.

»Wirklich nicht. Ich schwöre. Bist du deswegen so früh losgelaufen?«

»Nein, nein, ich brauch für die Strecken einfach länger und will so weit wie möglich kommen, wenn's noch nicht so heiß ist.«

Ich ziehe meine Sneakers aus und stelle sie betont weit von unserem Sitzplatz weg. Ein kleiner Gefallen, den Liz amüsiert zur Kenntnis nimmt.

»Danke für die Karte übrigens.«

Das kalte Wasser an den Füßen tut extrem gut.

»Woher wusstest du das?«

»Was wusste ich?«

»Das mit Köln.«

Ich spüre ihren Blick und wünsche mir mal wieder, ich hätte meine Klappe gehalten. Aber es ist zu spät. Mein gestotterter Rettungsversuch macht es nicht besser. »Und das, was du geschrieben hast. Mit dem Sehen. Ausgerechnet, also, auf einer Köln-Karte.«

»Ich weiß nicht, was du meinst.«

»Ach, ist auch egal. Blöder Zufall halt.«

»Gibt es Zufälle?«

»Klar, ist ja wohl einer, dass wir uns hier wiedergetroffen haben, oder?«

»Hm.«

Selber hm. Was soll es auch sonst sein? Ich reagiere nicht mehr darauf, sondern krame zwei belegte Panini aus meinem Rucksack, die ich mir im letzten Dorf gekauft habe.

»Magst du auch eins?«

Liz verneint. »Ist nett, danke, ich hatte schon was.«

Zum Glück. Ich genieße stumm vor mich hin, und als mir meine Füße signalisieren, dass sie wieder Normaltemperatur haben, und die Stille um uns nur vom Plätschern des Wassers und einem weit entfernten Traktor gestört wird, realisiere ich, dass auch meine rasenden Gedanken etwas zur Ruhe gekommen sind. Der Platz scheint perfekt dafür zu sein, das schweigende Nichtdenken zu üben. Liz sieht das anders.

»Magst du mir davon erzählen? Von der Köln-Sache?«

Irgendwie habe ich diese Frage schon erwartet.

»Nee, lass mal. Ist nur alter Kram.«

»Alter Kram, der mitwandert.«

»Meinst du dich?«

Liz lacht laut auf und boxt mir auf die Schulter. »You're an idiot.«

Ich lache mit, weil ich froh bin, dass sie den Witz verstanden hat. Weiß man bei alten Leuten ja nie. Und weil sich gerade die Gelegenheit bietet, stelle ich ihr mal eine Frage, um nicht immer der Typ im Kreuzverhör zu sein. »Wo in Amerika lebst du eigentlich?«

»Ach, wir sind viel umgezogen. Am Schluss waren wir in New York.«

»Am Schluss?«

»Mein Mann ist gestorben und dann wollte ich auch nicht mehr dableiben.«

»Okay.«

Tolle Frage, die ich mir da ausgedacht habe, denn eine einfühlsame Erwiderung auf ihre Antwort fällt mir schon nicht mehr ein. Irgendwie klingt darauf doch alles falsch. Tut mir leid, zum Beispiel? Dafür kenne ich Liz doch viel zu wenig, um es ernst zu meinen. Und vielleicht gibt es ja auch gar keinen Grund für Mitleid, wer weiß das schon. Doch als ich nach einer höflichen Pause aufschaue, sehe ich, dass genau das Gegenteil der Fall ist. Und dann fällt mir doch noch etwas Kluges ein, also jetzt nicht nobelpreisverdächtig, aber immerhin der Situation angemessen.

»Ihr wart lang verheiratet, oder?«

Liz nickt. »Fast sechzig Jahre.«

»Krass.«

Ich rechne schnell nach und komme zu der Erkenntnis, dass ich in den kommenden drei Jahren heiraten müsste, um das mit der durchschnittlichen Lebenserwartung eines Mannes noch erreichen zu können. Allerdings bin ich Realist genug, um zu wissen, dass die Chancen auf eine Hochzeit in naher Zukunft eher gering sind, weil ich es noch nicht mal eine Woche mit jemand aushalte und, wie gesagt, die Sache mit den Polypen auch noch nicht geklärt ist.

»Wenn du das machst, also mit geschlossenen Augen reisen, reist du dann zu deinem Mann?«

Noch mal so was Kluges, ich bin von mir selbst beeindruckt. Doch Liz antwortet nicht. Sie starrt erst ruhig vor sich hin, als würde sie überlegen, und beginnt dann einfach wieder zu erzählen. Nicht von sich, sondern von Helmut und Enzo und dem Freundeskreis, zu dem sie allem Anschein nach auch gehörte. Ich akzeptiere das, weil es mich ehrlich interessiert und ablenkt und weil ich schließlich auch nicht mit jedem Dahergelaufenen über meine privatesten Sachen reden würde.

....
....

Mittlerweile war der Frühling richtig und dauerhaft in Köln angekommen. Und mit ihm Tausende Touristen, die im Deutzer Rheinpark die gerade eröffnete Bundesgartenschau besuchen wollten. Vorzugsweise mit der Seilbahn, die seit einigen Tagen das rechte und linke Rheinufer miteinander verband. Alle wollten mit dieser einmaligen Attraktion fahren und Köln und den Rhein von oben sehen. Auch Helmut und Marlene. Darum reihten sie sich an diesem ersten Mai-Sonntag in der Nähe des Zoos in eine nicht enden wollende und ziemlich aufgedrehte Menschenschlange ein. Überall um sie herum wurde gelacht und geschwatzt und sobald eine Gondel über ihnen in den Himmel stieg, wurde sie mit einem großen Hallo verabschiedet.

Im Vergleich zu allen anderen war Helmut auffällig schweigsam und komplett nass geschwitzt. Nicht nur wegen der Temperaturen, sondern auch vor Angst, weil er gleich das erste Mal so richtig und nicht nur in Gedanken fliegen würde. Die meiste Aufregung kam aber daher, dass heute Marlenes Geburtstag war und er ihr auf der mehrminütigen Fahrt nach Deutz die Frage stellen musste, die er sich die letzten Wochen tausendfach mal laut, mal leise eingetrichtert hatte: Willst du mich heiraten? Es war alles genau geplant. Auf der anderen Rheinseite warteten ihre Freunde Jutta, Gerdi und Martin, um mit ihnen ihre Verlobung zu feiern, sofern er trotz seiner Höhenangst den entscheidenden Satz rausbringen und Marlene Ja sagen würde.

»Sollen wir nicht doch lieber mit dem Fahrrad fahren? Damit wären wir sicher schneller in Deutz.« Marlene fächerte sich mit einem in 4711 getränkten Taschentuch Luft zu und zählte die Menschen, die vor ihnen standen. »Wahrscheinlich wären wir sogar zu Fuß schneller. Wenn die alle Gondeln mit vier Personen besetzen, was sie nicht tun, sieht man ja, sind wir trotzdem erst an neunzehn, zwanzig, einundzwanzigster Stelle.«

Helmut schüttelte energisch den Kopf.

»Auf keinen Fall, wir warten. Das geht ganz schnell. Außerdem ist das dein Geburtstagsgeschenk.«

Marlene lächelte liebevoll und reichte ihm ihr parfümiertes Taschentuch. »Willst du auch? Du siehst aus, als könntest du es gebrauchen.«

»Lass mal.«

Helmut mochte den Geruch noch nie. Aber weil Marlene in der Buchhaltung dieser Parfumfirma arbeitete, hatte sie immer eine Flasche bei sich.

»Lieber eine Zigarette?«

»Danke, mir ist schon schlecht.«

»Wirklich?«

»Nein, war nur ein Witz.«

Helmut grinste bemüht unbekümmert. Doch Marlene inspizierte ihn genau.

»Siehst aber tatsächlich so aus. Wirklich alles in Ordnung?«

»Ja. Wirklich. Ich weiß halt nur nicht, was mich erwartet. Ist schon ziemlich hoch.«

»Was soll denn passieren?«

»Es könnte wackeln.«

Marlene stöhnte belustigt auf. »Ich sag doch, lass uns mit dem Rad fahren.«

»Nein.«

»Aber wehe du übergibst dich.«

»Ich bin ein Mann, Männer übergeben sich nicht.«

»Aha. Und was war das in der Nacht nach deiner Karnevalsprügelei?«

»Da hatte ich eine Gehirnerschütterung. Das habe ich dir schon hundertmal erklärt.«

»Aha.«

»Sag nicht immer Aha.«

Marlene schaute ihn an, wie sie ihn in den letzten Monaten oft angeschaut hatte, und rückte in der Schlange einige Schritte auf. Helmut atmete einmal tief durch. Bitte nicht jetzt. Jedes

Mal, wenn sie auf diesen verdammten Abend zu sprechen kamen, reagierte er so unkontrolliert harsch, dass es ihm schon Sekunden danach leidtat. Und trotzdem war es nicht selten der Fall, dass sich daraus ein Streit um Nichtigkeiten entwickelte, obwohl sie sich früher nie gestritten hatten. Das durfte jetzt auf keinen Fall passieren. Schnell griff er nach Marlenes Hand und gab ihr einen Kuss auf die Wange.

»Ich werde mich nicht übergeben. Versprochen.«

Marlene gab ihm einen Kuss zurück. »Und wenn es passiert, liebe ich dich nicht weniger.«

Helmuts Herz machte einen Satz. Und er hoffte, dass es ein fröhlicher war, weil Marlene ihm quasi jetzt schon die Antwort auf seine Frage gegeben hatte. Doch ganz sicher war er sich nicht. Seit diesem Abend im Februar war er sich mit gar nichts mehr sicher. Auch nicht, ob der Schritt nach vorn, den er dank Gerdis Ansage gleich wagen würde, in die richtige Richtung ging. Immerhin wurden die Bilder, die ihn nachts heimsuchten, seit seiner Entscheidung für den Antrag weniger. Es muss also die richtige Richtung sein und der Aussetzer seines Herzens war garantiert ein fröhlicher.

»Helmi, hast du es dir doch anders überlegt?«

Marlene war schon wieder drei Meter vor ihm. Sie sah wieder mal unbeschreiblich gut aus in ihrem gepunkteten Sommerkleid. Helmut schloss eilig auf, während sie sich in ein aufgeregtes Gespräch mit der Familie vor ihnen vertiefte.

Er kramte nach den 4 Mark in seiner Tasche, die er gleich für die Tickets bezahlen musste. Eigentlich kostete die Fahrt nur 3 Mark 40 für zwei Personen, aber Helmut war gestern schon hier gewesen und hatte mit dem Kassierer dieses hor-

rende Trinkgeld ausgehandelt, damit Marlene und er auch ja eine Gondel für sich allein haben würden. Keinesfalls wollte er seine Frage vor Publikum stellen.

»Wir sind gleich an der Reihe. Ging doch schneller als gedacht, was?« Jetzt war Marlene auch nervös.

»Hab ich doch gesagt.«

»Schlauberger. Viel Spaß!«

Sie winkte der Familie zu, die jetzt durch eine schmiedeeiserne Absperrung zur Einstiegsstelle durchgelassen wurde, während Helmut die Fahrkarten bezahlte und der Kassierer ihm verschwörerisch zuzwinkerte.

»Gute Wahl, Junge.«

Das Kompliment galt natürlich Marlene, die sich verständlicherweise wunderte. »Was meinte der gerade?«

Helmut tat ahnungslos. »Keine Ahnung. Dass wir mit der Seilbahn fahren wahrscheinlich.«

Marlene gab sich mit der Antwort zufrieden. Sie schlängelten sich durch das kleine Eisentor, zeigten ihre Fahrkarten vor und dann ging alles ganz schnell, fast zu schnell. Sie wurden im Abfahrtsbereich positioniert, beobachteten, wie ihre Gondel auf der gegenüberliegenden Seite glückliche Menschen auswarf und dann langsam zu ihnen herüberschlingerte, stiegen ein, mussten nervös lachen, weil es tatsächlich wackliger war, als sie gedacht hatten und wurden mit einem Ruck hochgezogen.

»Oh mein Gott.«

Marlene war völlig aus dem Häuschen. Die Menschen unter ihnen wurden kleiner, das Panorama um sie herum immer weiter.

»Schau mal, Helmi, der Dom. Und da, das Hansahochhaus. Ist das schön, alles. Und da drüben ist Mülheim. Helmi, das ist wirklich das schönste Geschenk, das ich jemals bekommen habe.«

Helmut folgte Marlenes Fingern, die in alle Himmelsrichtungen zeigten, und war von seinem ersten Mal echtes Fliegen nicht weniger fasziniert. Doch schon nach kurzer Zeit hatten sie die Mitte des Rheins erreicht und er realisierte, dass er handeln musste, sonst wäre die Fahrt vorbei und seine Frage ungestellt. Er griff nach der kleinen Schatulle in seiner Jacke und kniete sich in der engen Gondel, so gut es ging, vor Marlene hin.

Sie reagierte erschrocken. »Oh nein, ist dir jetzt doch schlecht?«

Helmut verneinte. »Ich muss dich was fragen und ich muss schnell sein, weil wir ja gleich drüben ankommen.«

Er räusperte sich einen Frosch aus dem Hals, der immer da war, wenn die Nervosität kaum auszuhalten war.

»Liebe Marlene, du bist die schönste und lustigste und klügste Frau, die es gibt. Und obwohl ich nicht genau weiß, was du ausgerechnet an mir findest, aber weil du der wichtigste Mensch in meinem Leben bist und ich dieses Leben nur mit dir verbringen möchte und ich dich liebe und mir schrecklich leidtut, dass ich in letzter Zeit manchmal komisch war, und ich verspreche, dass sich das ab sofort wieder ändert, will ich dich fragen, ob du meine Frau werden willst.«

Helmut klappte die Schatulle mit dem Verlobungsring seiner Mutter auf und traute sich dann zum ersten Mal, Marlene in die Augen zu schauen. Ihr liefen Tränen über die Wangen und Helmut hatte für wenige Sekunden Angst, dass sie seinen An-

trag nicht annehmen würde. Doch unter ihren Tränen strahlte sie übers ganze Gesicht.

»Ja, ich will.«

»Wirklich?«

»Natürlich. Wen soll ich denn sonst heiraten wollen.«

Marlene beugte sich zu Helmut runter und gab ihm einen leidenschaftlichen Kuss. Und ohne dass sie es merkten, fuhren sie küssend in die Zielhaltestelle ein. Dort war das Gejohle groß, denn ihre Freunde standen wie verabredet bereit, um sie in Empfang zu nehmen.

Marlene war fassungslos. »Hast du das alles geplant?«

»Sicher.«

Helmut konnte nicht beschreiben, wie erleichtert er war, dass alles so reibungslos geklappt hatte. Er war verlobt mit der besten Frau der Welt, er würde ein tolles Leben führen, er würde eine eigene Familie haben, er würde ab sofort rundum glücklich sein, weil er genau das hatte, was sich viele andere wünschten.

»Bei deinem Vater habe ich übrigens schon um deine Hand angehalten, er ist nicht begeistert, aber einverstanden.«

»Ohne mich vorher mal zu fragen?«

»Er meinte nur, dass du eh nicht auf ihn hörst.«

»Das stimmt«, *lachte Marlene.*

Glücklich stiegen sie aus der Gondel und nahmen die Glückwünsche ihrer Freunde entgegen. Marlene zu ihrem Geburtstag, sie zusammen zu ihrer Verlobung. Es war genauso ausgelassen und fröhlich, wie Helmut es sich die ganze Zeit vorgestellt hatte.

Und dann besuchten sie gemeinsam die Bundesgartenschau. Sie bestaunten mit vielen anderen Menschen das Blüten-

meer des Rheinparks, der noch vor wenigen Jahren ein einziger Schutthaufen gewesen war. Sie gönnten sich einen Kuchen und stießen mit Sekt an, wie es die Reichen aus Düsseldorf taten. Und sie standen vor den faszinierenden Wasserspielen und waren sich sicher, dass Köln und das Leben in dieser Stadt von nun an von Jahr zu Jahr nur noch schöner werden würde.

Helmut und Marlene hielten sich dabei fast den ganzen Tag an den Händen, weil sie ihr Glück nie wieder loslassen wollten. Erst auf dem Rückweg zur Seilbahn, mit der sie im Sonnenuntergang zurück zum linken Rheinufer fahren wollten, ließ Helmut Marlene kurz mit den anderen allein. Er wollte sich bei allen für diesen Tag bedanken, der so unvergesslich war, und stellte sich bei einem Eisverkäufer an, der sich mit seinem Fahrrad durch die Menschenmassen klingelte. Es war ein teurer Tag, aber jeder Pfennig hatte sich gelohnt, deswegen kam es auf die eine Mark auch nicht mehr an.

Helmut schaute zu Marlene, winkte ihr verliebt zu und wollte schon seine Bestellung aufgeben, als er eine bekannte Stimme hörte.

»El Mut! Retter! Endlich! Ciao, wie gehen dir?«

Helmut hob langsam seinen Kopf und es war, als ob die Welt um ihn herum einstürzte. Diese Augen, dieses Lächeln, er starrte wie hypnotisiert auf Enzos Gesicht.

»Bin jetzt Eismann. Gibt alles. Schoko, Vanille, Erdbeere …«

Er hörte gar nicht richtig zu, weil er viel zu beschäftigt damit war, die Bilder unter Kontrolle zu halten, die in seinem Kopf durcheinanderwirbelten. Sie kamen doch normalerweise nur nachts. Und überhaupt hatte er sie doch schon längst überwunden.

Ein Mann aus der Schlange beschwerte sich lautstark. Helmut musste sich zusammenreißen. Er versuchte so zu tun, als wäre nichts, und konzentrierte sich wie versteinert auf die Eisauslage.

»Ich hätte gern fünf…«

Es funktionierte nicht. Wie magnetisch angezogen schaute er wieder hoch. Enzo zwinkerte ihm mit einem Eisportionierer in der Hand zu, und in diesem Augenblick kapierte Helmut, dass es nicht nur seine Bilder waren, die seinen Kopf beinah zum Platzen brachten, sondern dass Enzo sie auch sah.

Wortlos drehte er sich um und ging zitternd zurück zu den anderen.

....
....

»Schöne Scheiße.«

Damit meine ich nicht die Geschichte von Helmut und Enzo, sondern Liz' verdrehtes Knie, das uns seit ein paar Minuten am Weiterlaufen hindert.

Wir wollten gerade los, als sie auf den glatten und glitschigen Ufersteinen ausrutschte, stolperte und beinah in den Bach stürzte. Zum Glück konnte ich sie noch festhalten.

Leicht grün im Gesicht sitzt sie jetzt an ihren Rucksack gelehnt im Gras.

»Das ist gleich wieder gut. Ich muss es nur kurz ruhig halten. Und kühlen.«

Als ob. Wenn alte Menschen stolpern, ist es doch nie gleich wieder gut.

»Das wird aber schon ganz dick.«

Liz ignoriert meinen Kommentar, genauso wie sie wohl auch ihre Schmerzen ignoriert, und weil ich in meinem schweren Rucksack alles, aber keinen Kältespray dabeihabe, suche ich nach einem gebrauchten T-Shirt, um ihr mit dem kalten Bachwasser wenigstens einen kühlen Verband machen zu können.

»Vielleicht hilft das ja.«

Während ich diese provisorische Notversorgung durchführe, grübele ich, was ich denn jetzt tun soll. Unser eigentliches Vorhaben, dass nun jeder in seinem Tempo weitermarschiert, ist hinfällig. So viel steht fest. Ich kann Liz auf keinen Fall allein weitergehen lassen, weil ich mir ja noch nicht mal sicher bin, dass sie überhaupt weitergehen kann. Und wenn nicht? Ein Taxi findet man in dieser italienischen Abgeschiedenheit vermutlich noch schwerer als einen Orthopäden.

»Denk gar nicht daran, einen Krankenwagen zu rufen.«

»Hab ich doch gar nicht gesagt.«

»Ich habe dir angesehen, was du gedacht hast.«

Ich knote das nasse Shirt um ihr Knie und setze mich neben sie.

»Das soll jetzt wirklich nicht unhöflich sein, aber in deinem Alter sollte das vielleicht echt mal von 'nem Profi untersucht werden.«

»Das ist unhöflich.« Liz tut entrüstet, klopft danach aber zuversichtlich auf den Verband. »Du nimmst gleich dein Shirt und gehst weiter. Ich komm schon zurecht.«

»Vergiss es. Ich lass dich hier sicher nicht allein sitzen.«

»Dann stell ich dir so lange Fragen, bist du schreiend davonläufst.«

»Versuch's doch. Ich bin ziemlich gut im Weghören.«

Ich halte Liz' Blick stand, bis wir lachen müssen. Wahrscheinlich weil wir beide wissen, dass es nicht stimmt.

»Sag aber hinterher nicht, dass ich dich nicht gewarnt hätte.«

Ich nicke und ziehe mein Handy aus der Tasche. Irgendwie ist es an der Zeit für ein Selfie. Wahrscheinlich, weil wir zum ersten Mal so richtig zusammen gelacht haben, vielleicht aber auch, weil ich seit über einer Stunde nicht über meine eigenen Themen nachgedacht habe. Rekord.

Ich lege meinen Arm um Liz' Schultern, presse meine Zungenspitze zwischen die Schneidezähne, weil ich das immer mache, um auf unnatürlichen Fotos natürlich zu wirken, und drücke den Auslöser.

Das Foto sieht fröhlich aus, zumindest ist das mein Eindruck. Blöderweise nur meiner.

»Bist du glücklich?«

»Oh Mann«, stöhne ich und vergrößere das Foto auf dem Display.

»Frag mich doch so Sachen, wie meine Eltern heißen zum Beispiel. Oder wie mein Abischnitt war.«

Liz spielt ein Gähnen vor. »Mich interessiert aber mehr, warum deine schönen grauen Augen nicht so lachen, wie sie für jemand in deinem Alter lachen sollten.«

Verärgert stecke ich mein Handy wieder weg. Ich ahne, was sie meint. Nicht mal meine Zungenakrobatik kann darüber hinwegtäuschen, dass ich fröhlich aussehend traurig wirke. Verdammt.

»Augen sind der Spiegel der Seele.«

»Ja, danke. Reicht jetzt.«

Das war das erste und letzte gemeinsame Foto.

Liz versucht, ihr Knie zu beugen und zu strecken und macht den T-Shirt-Verband ab.

»Die Kälte hat gutgetan. Sollen wir los?«

»Wenn's geht.«

Ich mache das Shirt noch mal nass, helfe Liz bei ihrem professionell gepackten 7-Kilo-Rucksack und schultere dann meinen. Froh darüber, dass sie nicht länger auf meinem angeblich trüben Seelenspiegel rumhackt.

»Tut mir leid, dass ich deinen nicht auch tragen kann. Geht's wirklich?«

Sie nickt, hakt sich bei mir unter und zieht nur beim ersten Schritt die Luft durch die Zähne.

»Ja, wirklich.«

Die ersten Meter sind wackelig, auch weil wir uns erst aneinander gewöhnen und einen gemeinsamen Rhythmus finden müssen. Doch Schritt für Schritt wird es harmonischer. Nur meine Befürchtung bleibt, dass wir in diesem Tempo niemals unser heutiges Etappenziel erreichen werden.

4.

Hey Paul, nein, vermutlich kennst
du mich auch nicht mehr richtig.
Wäre nach vier Jahren auch verrückt.
Aber irgendwie glaube ich, dass ich
im Kern noch der Alte von damals bin.
Also dein bester Freund, in den du
dich mal verliebt hast.
Gesülze. Sorry. J 15:37

....
....

»Ich hab keinen Grund, nicht glücklich zu sein.« Das, was Liz vorhin am Bach gesagt hat, lässt mir einfach keine Ruhe.

»Also keinen offensichtlichen Grund«, füge ich unnötigerweise noch hinzu.

Liz wackelt neben mir her, mittlerweile ohne meine Unterstützung, und sagt erstmal nichts dazu. Sie scheint sich ganz auf ihre Schritte zu konzentrieren. Vor eineinhalb Stunden waren wir durch ein kleines Dorf gekommen, wo ich sie noch mal dazu gedrängt habe, nach einem Arzt zu fragen. Doch davon wollte sie natürlich nichts wissen. Mit der Großeltern-Weisheit ›Bewegung ist die beste Medizin‹ quatschte sie mich zu und ich habe mich wohl oder übel gefügt und verschwiegen, wie gelegen mir eine weitere Pause gekommen wäre.

Wir haben nämlich immer noch fünf Kilometer vor uns. Und meine Blasen fühlen sich nach dem kühlenden Fußbad doppelt so groß und mein Rucksack doppelt so schwer an, dafür scheinen meine ohnehin schon dünnen Sneakers-Sohlen nur noch halb so stabil zu sein. Aber wie soll ich auf meine eigenen Befindlichkeiten aufmerksam machen, ohne dabei lächerlich zu wirken, wenn es mir die ganze Zeit vorkommt, als würde ich mit einem weiblichen Captain America durch Italien wandern?

»Und was sind nicht offensichtliche Gründe?«

Ahhhhh. Ich tue erstmal so, als wäre ich von der Landschaft viel zu abgelenkt, um direkt antworten zu können. Dabei laufen wir gerade durch ein Waldstück, das zwar angenehm schattig, aber ziemlich unspektakulär ist. Zumindest unspektakulärer als alle Weingüter, Dörfer und alte Klöster zusammen, die wir heute schon gesehen haben.

Aber irgendwann wird es peinlich, wenn das Ignorieren ignoriert wird. Und Liz ist eine Meisterin im Ignorieren vom Ignorieren. Ich spüre, wie sich ihr Blick in meine Schläfe bohrt.

»Alles halt. Findest du, dass die Welt einem zurzeit viele Gründe liefert, um total grenzenlos happy zu sein?«

»Viele nicht, aber ein paar schon.«

»Und welche?«

Liz macht mit ihren Armen eine ausladende Bewegung, als ob sie jemand zuwinken will. »Das hier zum Beispiel.«

Ein bisschen enttäuscht mich die Antwort, weil das ja ungefähr so ist, wie wenn jemand auf die Frage, welche Musik hörst du gern, mit alles antwortet.

»Das meine ich aber nicht.«

»Was dann?«

»Ich mein die Sachen, die so passieren. Krankheiten, Kriege, Klima, dieser ganze apokalyptische Scheiß. Und das ist ja nur der große Rahmen. Die ganzen Rahmen in der eigenen kleinen Welt kommen ja noch dazu, die irgendwie immer mehr werden und in die man sich versucht reinzuquetschen, weil man sonst aus dem, äh, Rahmen fällt.« Ich muss unwillkürlich lachen. »Abgefahren, passt ja voll.«

Liz schmunzelt ebenfalls vor sich hin. »Das kann ich alles verstehen. Aber so ganz beantwortet das meine Frage noch immer nicht, warum du nicht glücklich bist. Du persönlich.«

Ich trotte weiter neben Liz her und denke über meine Antwort nach. Das stimmt schon alles. Manchmal fühle ich mich einfach wie eingesperrt in die ganzen Rahmen und habe trotzdem die Aufgabe, Entscheidungen fürs Leben zu treffen. Für mein Leben, an das ich und viele andere hohe Erwartungen haben. Aber ständig verschieben sich diese Rahmen. Und man muss sich neu positionieren, obwohl man eigentlich gerade eine ganz bequeme Stellung eingenommen hat. Mir ist nur nicht ganz klar, wie ich Liz das erklären kann, die in einer ganz anderen Zeit und Welt so alt war wie ich.

»Weißt du eigentlich, dass das Streamen von Netflix so viel Strom verbraucht, wie eine mittelgroße Stadt im Jahr benötigt? Das ganze Geschwafel von Umweltschutz ist also total fürn Arsch, wenn man eine Serie nach der anderen bingt.«

Liz schaut mich fragend an.

»Du weißt: Netflix, wo die Serien laufen.«

»Das ist mir auch klar, ich lebe ja nicht hinterm Mond. Ich kapiere nur nicht, was du mir damit sagen willst.«

»Na, die Rahmen eben. Ich bin voll für Umweltschutz und gucke trotzdem jede verdammte Serie. Das passt null zusammen, aber ich mach's trotzdem. Wie alle andern auch. Das ist doch voll verlogen, findest du nicht?«

Ich sehe sie erwartungsvoll an und lasse es, als ich ihren verständnislosen Blick sehe, bleiben. Es ist der falsche Weg, ihr meine Rahmenproblematik zu erklären.

»Ach, egal, war nur so dahergesagt.«

Sie hakt sich wieder bei mir unter. Ich finde das mittlerweile kaum noch komisch, obwohl wir uns erst seit knapp 24 Stunden kennen. Und obwohl sie eine uralte Frau ist.

»Und was ist jetzt mit dem Glück? Mit deinem Glück, Nicht-Pilger Paul aus Frankfurt?«

Eine uralte neugierige Frau.

Ich bleibe kurz stehen. »Nicht jetzt. Erzähl du lieber was.«

»Was? Von den Rahmen, in die Helmut und Enzo eingequetscht waren? Die gab's damals nämlich auch schon und ich glaube sogar, die waren teilweise viel enger und starrer, als sie es heute sind.«

»Das kann gut sein. Aber es gab insgesamt weniger, oder?«

Ich erhalte keine Antwort, stattdessen gestattet sie mir nur einen weiteren instagrammäßigen Einblick in dieses längst vergangene Leben.

....
....

Helmut wusste nicht mehr weiter. Seit dem Abend im Rheinpark tauchten die Bilder wieder häufiger auf. Regelmäßig. Auch tagsüber. Unkontrollierbar. Er verfluchte seinen Kopf dafür und wusste gleichzeitig gar nicht, ob der überhaupt schuld war. Manchmal hatte er das Gefühl, als würde sein ganzer Körper dahinterstecken. Er war verdammt nochmal ein Mann. Und es war unnatürlich, dass ein Mann von einem anderen Mann so durcheinandergebracht wurde. Das gab es einfach nicht. Das war falsch. Kriminell. Pervers.

Mit voller Wucht knallte Martins rechte Faust jetzt schon zum zweiten Mal in sein Gesicht. Ungebremst stürzte Helmut auf den harten Boden ihres provisorischen Boxrings.

»Mensch Helmi, du bist gar nicht bei der Sache.«

Helmut öffnete die Augen und musste sich in der schummrig beleuchteten Autowerkstatt von Gerdis Vater erst mal neu orientieren. Er fühlte den Schmerz in seinem Kiefer und ließ ihn knacken.

»Was ist los, Mann?« Martin stand über ihm und reichte ihm seine Hand. »Bist du verletzt? Du hast ja echt alles verlernt.«

Seit seiner Verlobung trainierte er wieder regelmäßiger mit Martin. Und es tat gut. Die Prügel, die er dabei immer kassierte, waren genau das richtige Mittel, die Bilder wenigstens für ein paar Augenblicke zu verscheuchen. Meistens klappte es, heute jedoch nicht.

»Bin unkonzentriert.«

Er ergriff Martins Hand und schmeckte gleichzeitig Blut in seinem Mund – wie damals auf der Friesenstraße.

»Wenn du dich von Marlene auch so in den Sack stecken lässt, dann gute Nacht«, lachte Martin blöd.

»*Was soll das denn heißen?*«

»*Nichts, nichts.*«

Martins Worte klangen nach, und Helmut starrte auf den blutigen Fleck auf seinem Handtuch. Er spürte, wie die Wut plötzlich in ihm hochkochte. Auch wie damals. Was war heute bloß los?

»*Sag schon, hast du ein Problem? Bist du immer noch eifersüchtig auf Marlene und mich?*« *Er stellte sich herausfordernd vor seinen kleineren, aber doppelt so muskulösen Freund.* »*Wenn du ein Problem hast, dann lass es uns hier und jetzt klären.*«

Martin drehte sich jedoch nur mit einer überheblichen Geste von Helmut weg. »*Lass gut sein, Helmi. Ich will dir nicht noch mal wehtun.*«

Aber genau darauf legte Helmut es an. Er wollte sich prügeln. Er wollte seine Wut loswerden. Darum reizte er Martin weiter.

»*Dann akzeptier das mit Marlene und mir endlich. Kann ja nichts dafür, dass du keine abkriegst. Schau dich mal an. Wie war dein Spitzname früher gleich noch mal? Zwerg Nase? Wird sich echt jede Frau zweimal überlegen, ob sie mit so einem Pimpfling was anfangen …*«

Mit einem Satz war Martin wieder bei Helmut und packte ihn am Hals. Schnell wie ein richtiger Boxer, sodass Helmut keine Chance hatte, sich zu wehren.

»*Halt's Maul, Helmi. Du bist eine Wurst. Du kannst Marlene rein gar nichts bieten. Weder finanziell noch körperlich. Also, werd ja nicht übermütig. Heiratet ihr mal. Die Abrechnung, wer von uns beiden eine Frau glücklich machen kann, kommt später. Verstanden?*«

Martin ließ schnaubend von Helmut ab und ging sich umziehen. Helmut rieb sich seinen Hals und kam sich auf der Stelle wie ein richtiger Arsch vor, weil er diesen Kinderkram gegen seinen Freund verwendet hatte, um sich selber besser zu fühlen. Er wusste genau, wie sehr Martin unter seiner geringen Körpergröße litt.

Er prüfte schweigend seine Verletzungen im Seitenspiegel eines verbeulten Unfallwagens und wollte gerade entschuldigend einlenken, als er im Spiegel sah, wie Martin sein verschwitztes Hemd auszog. Helmut blieb wie versteinert in seiner gebückten Position stehen, vergaß seine Entschuldigung und starrte nur auf den nass glänzenden Rücken seines Freundes, auf dem sich jeder Muskel zu bewegen schien. Es war ein anderer Mann, es war eine andere Situation, aber es war wie eins der Bilder, die ihn immer und immer wieder daran erinnerten, dass irgendwas mit ihm nicht stimmte. Gern hätte er einfach losgebrüllt, um das Bild zu verscheuchen. Noch lieber wäre er weggelaufen, bis zum Rhein runter und immer weiter, damit niemand sah, schon gar nicht Martin, wie groß seine Angst in solchen Momenten war, endgültig die Kontrolle über sich zu verlieren.

»Komm, vergessen wir's. Noch auf ein Kölsch? Geht auch auf mich.«

Das plötzliche Versöhnungsangebot von Martin riss Helmut zurück in die Realität. Er richtete sich ertappt auf und wich dem irritierten Blick seines Freundes aus.

»Ist was?«

»Nein.« Helmut stopfte das blutige Handtuch und die Boxhandschuhe in seine Tasche.

»Mensch Helmi, jetzt sei nicht sauer. Du weißt, dass ich das hasse, wenn man mich klein nennt. Schon immer.«

»Ja.«

»Ihr werdet sicher richtig glücklich. Du und Marlene. Das mit der Wurst war gerade nur so aus der Wut ...«

»Ja, mir tut's auch leid.«

Martin kam auf Helmut zu und legte ihm versöhnlich eine Hand auf die Schulter. »Schon vergessen. Also noch ein Bier? Fahr dich später auch nach Hause.«

Doch Helmut wollte nur noch weg. »Ein anderes Mal, ich muss los.«

Bevor Martin protestieren konnte, schob Helmut schon das knarrende Metalltor auf und verabschiedete sich. Es war noch hell draußen und der Wind, der seit einigen Tagen aus dem Süden kam, machte die Luft angenehm warm. Und sauber. Doch sein einmaliges tiefes Durchatmen brachte ihm auch keine Erleichterung. Und schon als er mit seinem Rad aus dem Werkstatthof fuhr, wusste er, dass er wie immer nicht die kürzeste Strecke auf die linke Rheinseite nehmen würde. Er würde einen Umweg zur Hohenzollernbrücke nehmen, am Messegelände vorbeifahren, das Staatenhaus umrunden, nur um am Hintereingang der Bundesgartenschau einen schnellen Blick in den Rheinpark zu werfen.

Und für diesen verdammten Drang in sich, nur für den Bruchteil einer Sekunde Enzo mit seinem Eisfahrrad sehen zu können, hasste er sich am allermeisten.

....
....

Die Sonne steht mittlerweile schon ziemlich tief und ich bin froh, dass das Ziel unserer gemeinsamen Etappe langsam näher rückt. Und mit langsam meine ich extrem langsam. Wir laufen wie zwei Schildkröten, deren einzige Tagesaufgabe es ist, einem niemals flüchtenden Salatkopf hinterherzujagen. So langsam.

Seit einer kurzen Trinkpause, bevor es nur noch durch dichte Wälder bergab gegangen war, hinkt Liz wieder stärker. Doch sofern sie das nicht kommentiert, schweige ich auch. Sie ist schließlich alt genug, um zu wissen, was gut oder schlecht für sie ist.

Ich denke noch mal über diesen unbekannten Helmut nach. Und komme nicht zum ersten Mal zu der Erkenntnis, dass es ziemlich bescheuert ist, dass man Gefühle nicht einfach per Knopfdruck abstellen kann. Damit würden sich so viele Probleme von selbst lösen. Helmut hätte Enzo vergessen und wäre sehr wahrscheinlich mit Marlene glücklich geworden. Ich selbst hätte Jonas schon längst auf einem Stapel Erinnerungen abgelegt, ohne diesen Stapel wie einen Wäscheberg ständig wieder durchwühlen zu müssen, als wäre ich auf der Suche nach meinem Lieblingspullover.

»An wen denkst du gerade?«

Liz zieht getrocknete Apfelringe aus ihrer Hüfttasche und bietet mir welche an.

»Wieso an wen? Vielleicht denk ich ja auch an was.«

Doch schon als ich es ausspreche, merke ich, wie wenig Lust ich habe, ständig nur um den heißen Brei herumzureden. Vermutlich wird Liz' und mein Weg sich spätestens bei unserer Ankunft in Stia trennen. Was weniger an den getrennten Unterkünften für die kommende Nacht liegen wird als vielmehr an Liz' Verletzung, mit der sie am nächsten Tag garantiert nicht weiterlaufen kann. Und weil genau das auf natürlichem Weg zahlreiche Nachfragen verhindern wird, entschließe ich mich, ihr zum Abschied noch ein bisschen meiner Geschichte zu verraten.

»Jonas. Er heißt Jonas. Aber eigentlich hab ich gerade gar nicht so viel an ihn gedacht, sondern, dass es toll wäre, wenn wir Gefühle abstellen könnten. So auf Knopfdruck.«

»Und wegen diesem Jonas würdest du diesen Knopf drücken?«

»Vermutlich.«

»Aber was wären wir dann, wenn wir das könnten? Wären wir dann noch Menschen oder schon Maschinen?«

Ich will keinesfalls klein beigeben. »Glücklicher wären wir, weil Verletzungen schneller heilen würden zum Beispiel.«

Liz schweigt, doch ich sehe an ihren zappeligen Fingern, dass sie nachdenkt. So gut kenne ich sie immerhin schon.

»Ich glaube, ich wäre nicht glücklicher, wenn ich alle Verletzungen, Trennungen und Tränen einfach so beiseite hätte wischen können. Weil ich dann heute ja gar nicht genau wüsste, was Glück ist.«

»Muss man denn immer Unglück und Traurigkeit kennen, um zu kapieren, dass man zwischendurch auch mal glücklich ist? Das ist doch voll bescheuert. Geht's denn nicht auch andersrum?«

»Das liegt ganz allein an dir. Und daran, was hier drin passiert.« Liz tippt mir auf die Brust. »Was hat dieser Jonas denn gemacht?«

»Ach«, so richtig will ich jetzt doch nicht mehr reden. »Der war einfach nicht so nett zu mir. Wir waren mal beste Freunde, dann minimal kurz so was wie verliebt und zusammen und dann sind Sachen passiert, die nicht so schön waren.«

Das muss reichen. Doch Liz wartet natürlich darauf, dass ich mehr verrate.

»Nicht so schön?«

Ich schüttele den Kopf. »Nicht so wichtig.«

»Weil es noch wehtut?«

»Ein erzwungenes Outing hört nie auf, wehzutun.«

»Das hat er getan?«

»Ja. Mit einem Video. Für alle sichtbar.«

»Shit. Warum?«

»Weil er seine kleine Schwester verloren hat. Und weil er danach alles kaputt machen musste, was irgendwie noch gut war in seinem Leben.«

Liz schüttelt ihren Kopf. »Nicht schön.«

»Sag ich ja.«

Keine Ahnung, ob sie kapiert, was es bedeutet, mit 16 nackt über den Social-Media-Schulhof gejagt zu werden. Und zwar im wahrsten Sinne nackt. Und schutzlos. Vermutlich nicht. Weil die wenigsten Menschen kapieren, was es bedeutet, an einem Tag noch der coole Typ zu sein und am anderen Tag die absolute Lachnummer. Verarscht vom besten Freund, in den man blöderweise auch noch verliebt ist, verarscht von allen anderen. Es stellt dein Leben auf den Kopf. Und es tut weh. Verdammt weh. Ganz tief drin an einem Ort, der eigentlich für schöne Gefühle reserviert sein soll.

»Wann war das?«

Ich muss nicht lang überlegen. »Vor fast vier Jahren.«

Von Liz kommt keine Reaktion und ich bin froh drüber, weil ich sonst hätte zugeben müssen, dass diese Arschlochaktion von Jonas seit vier Jahren mein Leben im Griff hat. Vier Jahre von 19, ein ziemlich mieser Schnitt.

Natürlich kann Liz selber rechnen. »Und wie lang soll das noch dauern?«

»Was?«

»Bis dein gebrochenes Herz wieder verheilt ist?«

Ich stoße einen merkwürdigen Laut aus, der ein abfälliges Lachen hätte sein sollen. Es klingt aber mehr nach einer Mischung aus Husten und Niesen, weil der Begriff gebrochenes Herz so abgedroschen ist, dass er sogar auf meiner Songtext-Worthülsen-Blacklist steht. Das Dumme ist nur, dass er in dem Fall genau den Punkt trifft.

»Keine Ahnung, wie lang so was dauert. Sag du's mir. Du hast ja schon ein bisschen mehr Erfahrung.«

Liz humpelt voraus und ich folge ihr. Die kleine Stadt ist zum Glück schon in Sichtweite, sonst würde ich aus Solidarität vermutlich bald auch das Hinken anfangen.

»Du musst rausfinden, was dein Herz nicht heilen lässt.«

»Äh, vielleicht der Vertrauensmissbrauch? Das Lachen der anderen? Dass alles kacke läuft seither? Dass ich Jonas mit 'nem anderen Typen gesehen habe, gerade als ich bereit war, uns noch mal eine Chance zu geben. Das alles?«

»Das kapiere ich jetzt nicht.«

Liz bleibt stehen und blitzt mich unangenehm durchdringend an. Man kann dieser Frau einfach nichts vormachen.

»Was?« Ich will nur noch meinen Rucksack abnehmen, duschen und mich aufs Bett legen. Ohne reden zu müssen.

»Das mit der zweiten Chance.«

Ohne mit der Wimper zu zucken, hat sie den Knackpunkt meiner Geschichte entdeckt, weil ich selber nicht mehr genau weiß, warum ich vor einigen Wochen nach Köln gefahren bin und mich dadurch noch verletzlicher gemacht habe.

Meine Schultern sinken nach unten und schleifen wie bei einer Comicfigur auf dem Boden hinter mir her. So fühlt es sich jedenfalls an. Es ist einfach alles eine verquirlte Scheiße. Und es ist noch beschissener, dass diese Scheiße ausgerechnet hier in Italien von dieser fremden Person als Scheiße identifiziert wird.

»Du bist doch hierhergekommen, um es zu verstehen. Oder?«

Liz nimmt meine Hände in ihre und ich lasse es zu. Vermutlich sieht es aus, als würde ich ihr oder sie mir einen Heiratsantrag machen, aber im Augenblick ist mir selbst das egal.

»Jeder, der so einen Weg geht, will etwas verstehen. Auch wenn er sich selbst als Nicht-Pilger bezeichnet. Das sind nur Worte, das macht keinen Unterschied.«

Aus irgendeinem Grund schießen mir Tränen in die Augen. Tränen, obwohl ich heute jeden Tropfen Körperflüssigkeit ausgeschwitzt habe. Tränen, obwohl ich die seit damals so gut es geht unterdrücke. Zum Glück bleiben sie im Auge und laufen mir nicht total peinlich über die Wange. Eine 19-jährige Heulsuse zu sein, das fehlt mir gerade noch zu meinem Glück.

Aber natürlich werden sie von Liz bemerkt. Und ich merke, dass sie es bemerkt, weil sie meine Hände fester drückt.

»Ich bin hierhergekommen, um rauszufinden, was ich mit meiner Zukunft anfangen soll«, antworte ich trotzig und nur halb ehrlich, »sonst nichts.«

Und das in Ruhe, denke ich mir noch dazu, spreche es aber nicht aus.

»Aber wie soll das denn funktionieren, wenn du vor so vielen Dingen, die dich ausmachen, davonläufst. Tu das nicht. Stell dich ihnen, erst dann kann es nach vorne gehen. In deine Zukunft.«

Mir schwirrt der Kopf. Liz hat scheinbar den Beschleunigungshebel meines Gedankenkarussells gefunden, das jetzt dabei ist, mit unkontrollierbarer Geschwindigkeit komplett aus der Verankerung zu fliegen. Und eins ist mir auch in diesem Zustand klar: Wenn ich nicht sofort die Notbremse reinhaue, durchlöchern die durch die Gegend schießenden Schrauben meine Schädeldecke. Ich lasse ihre Hände los und blinzle meine Tränen weg.

»Darum meinte ich ja das mit dem Knopf. Wäre doch alles viel einfacher, wenn ich den jetzt drücken könnte.«

Sie nimmt den letzten Schluck Wasser aus ihrer Trinkflasche und schaut mich nachdenklich an. Stumm nachdenklich, was jetzt nicht gerade zu meiner Beruhigung beiträgt, weil ich ahne, dass gleich wieder was kommt.

Um ihr zuvorzukommen, versuche ich, meine These weiter zu untermauern. »Meinst du nicht, dass Helmut den in seiner Situation auch benutzt hätte?«

Liz verstaut ihre Flasche und strafft sich für den Endspurt.

»Hat er gemacht. Und leider mehr als einmal.«

5.

Helmut lief mit Marlene und seinem Schwiegervater Ludwig durch die erste Etage der Marienburger Villa. Die drei Einzelwohnungen, die bis vor Kurzem noch ausgebombte Stadtflüchtlinge beherbergt hatten, würden jetzt wieder zu einer zusammengefasst werden, sodass Marlene und ihm fünf riesige Zimmer, ein extrem großes Badezimmer und eine nagelneue Küche zur Verfügung stehen würden. Vom Garten ganz zu schweigen. Dass Marlene als Einzelkind die Wohnung nach ihrer Hochzeit beziehen würde, war schon klar, als es ihn noch gar nicht in ihrem Leben gab. Helmut wusste also noch vor seinem Antrag, worauf er sich einlassen würde. Und trotzdem fiel es ihm schwer, sich auf ihr neues Zuhause zu freuen. Weil er genau wusste, dass er nicht der Traumschwiegersohn war, den sich Marlenes Eltern gewünscht hatten. Er wurde akzeptiert, seit Marlene ihren Vater davon überzeugen konnte, dass er sich seit sieben Jahren fürsorglich um seine Familie kümmerte. Das war's dann aber auch schon.

Dass er genau aus diesem Grund keine einzige Mark zum Umbau und zur neuen Einrichtung beisteuern konnte, machte sein Auftreten gegenüber Ludwig jedoch nicht selbstbewusster. Und je weiter die Bauarbeiten fortschritten, desto enger fühlte sich die Wohnung trotz der vielen Quadratmeter an. Enger als die Dachwohnung, in der er seit dem Tod seines Vaters mit seiner Mutter und seinen beiden Schwestern lebte.

»Ich kann's kaum erwarten.« Marlene krallte sich an Helmuts Arm fest. »Hier können wir nur glücklich sein. Freust du dich denn auch? Du bist schon wieder so ruhig.«

Helmut gab ihr einen flüchtigen Kuss auf die Wange, weil er es immer noch unangenehm fand, sich von Ludwig oder sonst wem bei Zärtlichkeiten beobachten zu lassen.

»Ich bin nur überwältigt. Das wird ein richtiges Zuhause.«

»Mit Platz für jede Menge Enkelkinder.« Ludwig zwinkerte Marlene zu und faltete den Bauplan auseinander.

Helmut spürte gleichzeitig, wie Marlenes Griff an seinem Arm fester wurde, weil ihr Vater endgültig dabei war, ihrer Beziehung den Segen zu geben.

»Also, diese Zwischenwand hier kommt raus. Dann habt ihr im Wohnzimmer von morgens bis abends Sonne. Wenn ihr aber lieber zwei kleinere Zimmer behalten wollt, könnten wir auch nur eine Flügeltür einziehen. Die Wand zwischen Bad und Abstellkammer kommt ja auf Marlenes Wunsch auch raus und eigentlich müsst ihr jetzt nur noch entscheiden, wo ihr euer Schlafzimmer und wo die Kinderzimmer haben wollt, weil der Elektriker morgen kommt.«

Marlene schaute Helmut fragend an, der schaute ebenso fragend zurück.

»Vielleicht das Schlafzimmer gleich am Eingang gegenüber vom Bad? Bei euch unten ist es doch auch gleich das erste Zimmer, wenn man in die Wohnung kommt, oder?«

Ludwig zeichnete in seinem Plan etwas ein und zeigte mit seinem Bleistift auf Helmut. »Richtige Entscheidung. Du hast ja doch was drauf, Schwiegersöhnchen. Wann ist eigentlich deine Prüfung zum Beamten?«

»Kurz vor der Hochzeit, Ende Sommer.«

»Schon gelernt?«

»Hm.«

»Lüg mich nicht an, ich durchschau das.«

»Papa!« Marlene zog ihren Vater mit sich in den nächsten Raum, um Helmut eine kurze Verschnaufpause zu gönnen. *»Helmi ist alt genug. Er weiß schon, was er zu tun hat.«*

»Ich will ja nur, dass er nach der Hochzeit für dein Auskommen sorgen kann, und du nicht mehr arbeiten musst.«

»Ich arbeite aber gern.«

»Papperlapapp. Du hast dann mit dem Haushalt genug zu tun. Meine Tochter soll als Ehefrau nicht mehr arbeiten müssen. So weit kommt's noch.«

»Ja, werden wir ja dann sehen.«

Helmut blieb zurück, die Stimmen wurden leiser. Doch statt zu verschnaufen, schnürte es ihm seinen Hals noch stärker zu. Er war ein Lügner, Ludwig hatte recht. Auch wenn er die größere Lüge des Nachmittags nicht durchschaut hatte. Es stimmte nämlich nicht, dass ihn die Wohnung überwältigte, ihn überwältigten die Erinnerungen an einen Abend vor zwei Tagen. Und nicht mal das war die ganze Wahrheit. Ihn überwältigte seine Überwältigung, das traf am exaktesten zu.

Es war Montagabend, als Helmut wieder auf dem Heimweg vom Boxen war. Wieder mit dem Rad, wieder auf Umwegen, wieder mit einem chaotischen Gefühlsmischmasch aus Nervosität, Selbsthass und Ratlosigkeit, warum er es einfach nicht lassen konnte und fast schon automatisch den falschen Weg einschlug. Der einzige Unterschied war, dass das Training mit

Martin heute länger gedauerte hatte und der Hintereingang zur Bundesgartenschau schon völlig verwaist war. Helmut fuhr trotzdem langsamer, schaute nach rechts in die Parkanlage und fiel fast vom Rad, als Enzo von links seinen Namen rief.

»El Mut!« Er saß rauchend auf einer Mauer, als hätte er auf Helmut gewartet. Hatte er wohl auch. »Habe schon gedacht, du nicht kommen heute.«

Helmut schaute Enzo an. Diese Augen. Sein Herz raste, als wäre er auf der Flucht. Innerlich war er das auch. Äußerlich versuchte er, so entspannt wie möglich zu wirken.

»Was soll das heißen: Du nicht kommen heute?«

Enzo tätschelte auf die Mauer neben sich, doch Helmut blieb auf sein Rad gelehnt stehen. Er lehnte auch die Zigarette ab, die er angeboten bekam. Er wollte eine Antwort, weil er nicht kapierte, was Enzo meinte.

»Wieder geprügelt?« Enzo deutete auf das Veilchen, das Helmut noch vom letzten Training mit Martin geblieben war. »Sieht aus wie in Februar.«

Helmut schüttelte den Kopf. »Ist von letzter Woche. Beim Boxen passiert. Wie hast du das gemeint, was du eben gesagt hast?«

Enzo fixierte Helmut eindringlich, doch erst als er zu grinsen begann, kapierte Helmut, dass er durchschaut war. Ihm wurde auf der Stelle heiß. Und schlecht.

»Hab dich gesehen. Fünfmal auf deinem Rad. Immer abends. Hab gehofft, du suchst mich.«

Obwohl leugnen völlig sinnlos war, lachte Helmut spöttisch auf, was jedoch eher schrill als spöttisch klang. »Spinnst du? Warum sollte ich das machen?«

Er wusste selbst nicht, welche Antwort er eigentlich erwartete. Die, die kam, zog ihm die letzten Reste des eh schon brüchigen Bodens unter den Füßen weg.

»Weil du mich magst.«

»*Du*«, *Helmut schüttelte den Kopf, als würden sich dabei die richtigen Wörter lösen,* »*du hast einen Knall, echt. Das hier ist mein Heimweg. Ich muss jetzt auch weiter.*«

Er wendete hektisch sein Rad und stolperte dabei fast über die Pedale. Lässig war anders, aber darauf konnte er gerade keine Rücksicht nehmen. Er dachte an Marlene, er zwang sich, an Marlene zu denken. Seine Freundin. Seine Verlobte. Seine Zukunft. Aber in seinem Kopf rotierte es und sein Magen schien sich auf merkwürdige Art und Weise dem Kopf anzuschließen. Ihm war wirklich kotzübel. Was fiel diesem Gastarbeiter ein. Er ihn mögen, lächerlich. Und was hatte er davor gesagt? ›Hab gehofft, du suchst mich.‹ Hatte dieser Enzo das überhaupt gesagt? Oder hoffte er nur, das verstanden zu haben? Blödsinn, nein, natürlich hoffte er das nicht. Plötzlich spürte er eine kräftige Hand auf seinem Arm. Sie brannte sich in seinen ganzen Körper. Enzo war unbemerkt von seiner Mauer gesprungen.

»Laufe nicht davon. Bleib. Kurz.«

Helmut drehte sich ruckartig zu Enzo um. Er musste hier weg, bevor ihn jemand sah. Bevor ihm jemand ansah, was hier gerade vor sich ging.

»Finger weg.«

Enzo ließ los und machte eine beschwichtigende Geste. »Nur reden.«

»Wir haben uns nichts zu sagen.« *Helmut musste den Blick abwenden, weil er es nicht ertragen konnte, von Enzo ange-*

starrt zu werden, als könnte er seine wahren Gedanken lesen und die Bilder sehen wie vor ein paar Wochen im Park. »Wir kennen uns nicht. Wir sind uns nur ein paarmal zufällig begegnet.«

»*Es gibt Zufälle nicht.*«

»So ein Blödsinn. Was soll es denn sonst sein?«

»*Destino.*«

»Was?«

»*Schicksale.*« *Enzo schrie Helmut regelrecht an, weil genau in diesem Augenblick ein Bierlaster an ihnen vorbeiratterte.*

Doch Helmut nahm von dem LKW kaum Notiz. Enzos laute Stimme hallte in ihm nach. Tausendfach und kaum zu bändigen. Schicksal!

»Du redest dummes Zeug.«

»*Kein dummes Zeug. Wahrheit. Wir können uns kennenlernen. Jetzt.*«

Enzos italienischer Akzent klang plötzlich wieder so sanft, dass Helmut das Bedürfnis verspürte, sich darin wie in eine warme Wolldecke einzuwickeln.

»Nur kennenlernen.«

Er könnte jetzt einfach Ja sagen, sich mit diesem Italiener auf die Mauer setzen, reden, wie er vor allem mit Gerdi, manchmal auch mit Martin redete. Erfahren, woher Enzo kam, warum er hier war, seit wann er hier war, warum er plötzlich so gut Deutsch konnte. Von sich erzählen, von seinem verstorbenen Vater, von seiner Mutter und seinen Schwestern, die ihn brauchten, von seiner Arbeit und … natürlich auch von Marlene.

Marlene!

Es war kein Schicksal! Es gab kein Schicksal. Nur Unvernunft.

Helmut streifte die Wolldecke energisch ab.

»Nein. Es ist strafbar.«

»Was? Reden?«

Helmut biss sich auf die Zunge. Das natürlich nicht. Aber alles, was aus diesem Reden resultieren könnte. Aus dem sich besser kennenlernen. Doch das würde er niemals zulassen. Und schon gar nicht aussprechen.

»So streng ist Deutschland nicht.« Enzo streckte strahlend seine Hand aus und machte eine einladende Geste. »Komm.«

Doch Helmut dachte nicht daran. Ohne Abschiedsgruß, ohne Enzo überhaupt noch mal anzuschauen, schwang er sich auf sein Rad und trat wütend in die Pedale. Wütend auf sich, auf diesen Italiener und auf die Situation, in die er sich selbst manövriert hatte.

»Ich warte hier, El Mut. Immer nach Feierabend.«

Helmut wollte das nicht hören. Er verschloss seine Ohren, sein Herz und trat stärker in die Pedale, als könnte er allein durch schnelles Fahren allem entfliehen. Doch dann am Ende des Messegebäudes, kurz bevor er zum Rhein abbog, tat er das, was er unter keinen Umständen tun wollte: Er schaute kurz zurück. Und sah, wie Enzo versteinert dastand, die Hand noch zu einem letzten Gruß erhoben. Es sah aus, als würde er einem guten Freund hinterhertrauern – genauso, wie Helmut sich fühlte.

In der Marienburger Villa knallte eine Schraubenschachtel scheppernd zu Boden, Ludwig fluchte und Helmut schüttelte gerade noch rechtzeitig seine Erinnerungen ab. Denn Marlene kam durch die Wohnzimmertür schon verschwörerisch auf ihn zu.

»Wir müssen uns unten verschiedene Fliesen fürs Bad anschauen. Meine Mutter hat extra Ausstellungsstücke aus italienischem Marmor liefern lassen. Soll angeblich der letzte Schrei sein. Sag bitte, dass dir das nicht gefällt. Auf mich hört sie nicht.«

Helmut zog Marlene energisch an sich. »Da kannst du Gift drauf nehmen. Ich will auch nichts Italienisches in der Wohnung.«

Marlene lächelte verschwörerisch, weil sie einer Meinung waren. Helmut versuchte, es genauso zu erwidern.

....

Es gibt Cappuccino zum Frühstück und irgendein pappsüßes Gebäck dazu. Normalerweise frühstücke ich gar nicht. Und wenn überhaupt, dann nur Cornflakes, nicht weil ich sie so lecker finde, sondern weil ich morgens einfach zu müde zum Kauen bin.

Aber heute Morgen auf dem kleinen Marktplatz in Stia habe ich einen Bärenhunger. Mein Abendessen war ausgefallen, weil ich, nachdem Liz mit Erzählen aufgehört hat und ich sie bei ihrer Pension abgeliefert habe, nur noch in mein Zimmer getorkelt, aufs Bett gefallen und eingeschlafen war. Und durchgeschlafen habe, bis mich um 5 Uhr 30 einer meiner drei schwedischen Mitbewohner geweckt hat, indem er sich besorgt – und ehrlich gesagt auch etwas gruselig – über mich beugte, weil er sichergehen wollte, dass ich noch am Leben war.

Und darum sitze ich jetzt also in aller Früh hier, belausche den Café-Besitzer, der mit seiner Frau oder Freundin oder ganz vielleicht auch Tochter streitet und versuche, mich für die kommenden 16 Kilometer zu motivieren. Aber irgendwie will das nicht so recht gelingen. Weniger, weil es heute wieder viel bergauf gehen soll, sondern eher, weil ich nicht weiß, was mit Liz ist. Wird sie aussetzen, abbrechen, weitergehen?

Ich beschließe, während ich den mehrfach gefallenen und scheinbar ziemlich wichtigen Satz ›Vai a farti fottere!‹ in mein Handy tippe, auf jeden Fall noch mal in Liz' Pension vorbeizugehen, bevor ich mich auf den Weg mache.

Auf meinem Display erscheint die Übersetzung: ›Geh und fick dich!‹

Ich muss lachen, weil es auf Italienisch eher wie ein schnulziger Songtitel klingt. Einen Song über das Wiedersehen mit der ersten Liebe nach vielen Jahren. Vai a farti fottere! Inhaltlich aber wohl passender zu einem Lied über die fieseste Trennung aller Zeiten.

Genau so könnte ich einen Song über Jonas nennen. Darin würde ich dann den Moment beschreiben, in dem aus unserer Freundschaft Liebe und danach Hass wurde. Und am Ende die Frage stellen, was bleibt, wenn der Hass wieder verschwindet. Was mich, wie ich gestern festgestellt habe, immer noch zum Flennen bringt. Vai a farti fottere!

Natürlich schreibe ich keinen Song darüber, keinen weiteren, um genau zu sein, obwohl Liz mir das gestern Abend noch geraten hat. Also nicht explizit das mit dem Songtext, sondern dass ich reden soll. Genau wie Helmut mit Marlene hätte reden müssen. Den Zünder mit Worten stoppen und nicht die Bombe ewig weiterticken lassen, so hat sie es genannt. Aber wie? Und mit wem? Mit Jonas selber? Never. Die paar Nachrichten müssen reichen. Ehrlich gesagt sind auch die schon zu viel.

Ich schaue über den Marktplatz. Einige Wanderer nicken mir zu. Sie sehen meinen Rucksack und glauben zu wissen, wer ich bin. Sie schauen auf meine dreckigen Sneakers und sind sich sicher, dass sie mich kennen. Aber wie soll das funktionieren, wenn ich gleichzeitig das Gefühl habe, mir immer fremder zu werden? Dieser Tour hier bringt genau eins: nichts.

Ich nehme mein Handy wieder zur Hand, auf dessen Display mir, nachdem ich die Bildschirmsperre ausgeschaltet habe, noch immer ein ›Geh und fick dich!‹ entgegenblinkt. Aber ein zweites Mal lache ich nicht drüber. Ich öffne WhatsApp und antworte Jonas.

> 07:10 Kein Gesülze, Jonas, nur zwei Fragen: Gehörte das Video damals auch zu deinem Kern? Und was sonst noch?

Nach dem Abschicken lese ich die Nachricht noch mal und noch mal und rede mir dabei ein, dass ich das mit den Fragen von Liz übernommen habe. Ausgemachter Kackblödsinn. Ich weiß genau, warum ich Fragen stelle: Ich will, dass er mir antwortet.

6.

Als ich in Liz' Übernachtungspension ankomme, ist gerade der Arzt bei ihr. Und leider spaziere ich genau in dem Moment in den Frühstückssaal, als sich dessen Spritze unter ihre Kniescheibe bohrt. Am liebsten hätte ich auf der Stelle zwischen die halb leer getrunkenen Kaffeebecher und zurückgelassenen Obstschalen gekotzt. Spritzen kann ich einfach nicht sehen. Konnte ich noch nie.

»Nicht-Pilger Paul, was machst du denn hier? Ich dachte, du bist schon längst unterwegs. Heute soll's richtig heiß werden.«

Ich nicke nur und drehe mich schnell zu der Terrassentür um, die in einen Garten voller Zitronenbäume führt. Es soll interessiert wirken. Aber meine Gesichtsfarbe verrät mich.

»Ist dir schlecht?«

»Nicht schon wieder fragen, bitte.« Ich höre mich selbst kaum.

»Ich mag auch keine Spritzen. Nur wenn's sein muss. Der Doktor meint, dass ich vielleicht heute schon, spätestens aber morgen wieder starten kann. È vero, dottore?«

»Sì, sì.«

Aufgrund der knappen und vielleicht sogar etwas genervten Antwort des Arztes kann ich mir vorstellen, was er vor meiner Ankunft ertragen musste: Liz' ganze Überzeugungskraft, dass er ihr Knie mit allen ihm zur Verfügung stehenden Mitteln gesund machen muss.

»Dovrebbero comunque stare attenti.«

Er nimmt das Geld, das Liz ihm entgegenstreckt, und verabschiedet sich erleichtert von seiner Patientin. Dann schenkt sie mir ungefragt Kaffee in einen sauberen Becher.

»Kann wieder losgehen.«

»Wer's glaubt.« Ich setze mich neben sie. »Attenti hat doch sicher was mit Vorsicht zu tun.«

Liz überhört meinen berechtigten Einwand mal wieder.

»Sag lieber, wie's dir heute geht?«

»Gut, war fix und fertig gestern. Vermutlich vom vielen Reden.«

»Und da?« Sie tippt erneut auf mein Herz, wie sie es gestern schon getan hat.

»Hey«, ich rücke etwas von ihr ab, »vai a farti fottere!«

Sie schaut mich entrüstet an, ich zwinkere ihr zu.

»Hab ich eben gelernt.«

»Wow, bin stolz auf dich.«

»Danke.«

»Ich glaube, man sagt aber eher vaffanculo. Wenn es das ist, was du meinst.«

»Das andere klingt schöner.« Wir stoßen mit unseren Tassen an. »Kannst aber wirklich stolz auf mich sein. Ich hab Jonas geschrieben. Stelle mich also dem alten Kram, wie du gesagt hast.«

Dass ich ihm nur Fragen gestellt habe, mit denen ich ihn quasi um eine Antwort angebettelt habe, verschweige ich lieber.

»Und fühlst du dich gut dabei?«

»Hm. Und bevor du noch mal nachfragst: Mein Herz ist ruhig, entspannt und hat im Gegensatz zu anderen Organen hier im Raum keine Spritze nötig.« Ich belasse es bei dieser organischen Wahrheit und bin froh darüber, dass Liz den Rest nicht überprüfen kann. »Sag lieber mal, wie's dir geht?«

»Gut. Das Knie war nur ein bisschen überdehnt.«

»Und du willst wirklich weitergehen?«

Sie schaut mich mit ihren grünen Augen an, als wäre ich einer dieser verrückten Wander-Freaks. »Natürlich. Spätestens morgen bin ich wieder auf der Piste.«

»Na, dann.«

Ob das wohl Altersstarrsinn ist? Schließlich könnte Liz die Strecke ja auch wie tausend andere Touristen mit dem Bus fahren. Oder zur Not auch mit dem Taxi. Sie sieht in ihrer bunten Outdoor-Ausrüstung zumindest nicht aus, als würde sie sich das nicht leisten können.

»Hat das einen Grund, warum du unbedingt laufen willst? Also willst du auch was verstehen? Das hast du gestern ja zu mir gesagt.«

Liz nimmt ihre Tasse, hievt sich hoch und humpelt in Richtung Garten. »Komm, lass uns rausgehen, falls du noch einen Moment Zeit hast. Die räumen hier sicher gleich auf.«

Ich folge ihr und bin überrascht, wie klein sie heute wirkt. Draußen bleibt sie abrupt stehen.

»Ich will nichts verstehen. Ich will mich bedanken, dass ich was verstanden habe. Und wer weiß, ob ich das in einem Jahr noch kann.«

»Und was?«

Liz scheint mit dem Rücken zu mir die melonengroßen Zitronen zu zählen. Hat sie mich gehört?

Ich räuspere mich. »Also, ich meine, was hast du verstanden?«

Liz' Pause geht endlos weiter. Ich rechne schon gar nicht mehr mit einer Antwort, als sie sich auf ihrem gesunden Bein zu mir umdreht.

»Dass es viele Arten von wahrer Liebe gibt. Und dass sich selbst zu lieben, mit allen Eigenheiten, die Grundlage von allem ist.«

Es wäre gelogen, wenn ich behaupten würde, dass ich das auf Anhieb kapiere.

....
....

Helmut war schweißgebadet und von oben bis unten pechschwarz, als er nach oben in die Wohnung kam. Immerhin lagerten die sechs Zentner Kohle, die Heinz, ihr Vermieter, aus Kostengründen mal wieder im Frühsommer bestellt hatte, nun komplett im Keller.

»Du machst alles dreckig.« Anja, Helmuts 14-jährige Schwester, kam aus der Küche angelaufen und drohte ihm mit einem Geschirrtuch. »Meinst du, ich hab nichts anderes zu tun, als dir ständig hinterherzuwischen?«

»Sei nicht so frech. Immerhin hast du's im Winter warm. Kannst dich bei mir also bedanken.«

»Du bedankst dich ja auch nicht bei mir, dass es gleich Abendessen gibt.«

»Schmeckt ja auch immer fürchterlich.«

Anja rannte auf ihn zu, um sich wütend zur Wehr zu setzen. Natürlich ging das nach hinten los, weil Helmut sie einfach nur fest umarmen musste, damit ihre Beine in der Luft strampelten. Er liebte es, seine Schwester zu necken. Früher neckte sie ihn auch immer zurück, doch seit einiger Zeit schien sie daran keinen Gefallen mehr zu finden. Sie fühlte sich schnell angegriffen und jammerte über die Hausarbeit, die sie verrichten musste, weil ihre Mutter es nicht immer konnte.

»Jetzt bin ich auch dreckig. Lass mich los, du bist ein Blödmann.«

»Reg dich nicht auf, es schmeckt immer ganz ausgezeichnet.« *Helmut begann sie zu kitzeln, aber auch das hatte sie früher lustiger gefunden. Sie kreischte nur laut auf, bis sich ihre Mutter aus dem Schlafzimmer beschwerte.*

»Was macht ihr denn für einen Lärm?«

Helmut ließ von Anja ab, die kopfschüttelnd zurück in die Küche marschierte und im Befehlston ihre Schwester zu sich zitierte.

»Bettina, Essen!«

Helmut zog seine Schuhe aus und ging ins Schlafzimmer seiner Mutter, wo es auch tagsüber nie hell war.

Sie schaute auf. »Fertig?«

Er zog sich einen Stuhl heran, setzte sich dann aber doch nicht, weil sein Overall wirklich viel zu dreckig war.

»Hm, nächste Mieterhöhung ist abgewendet.«

Ihr Vermieter war ein Tyrann, aber seine Dachgeschosswohnung, die im Sommer zu heiß, im Winter zu kalt und das ganze Jahr über viel zu klein war, war immer noch die Einzige, die sie sich seit dem Tod von Helmuts Vater leisten konnten. Und darum versuchten sie mit ihren Hilfsdiensten, wie dem Kohleschleppen, eine Mieterhöhung abzuwenden, die im Raum stand, seit sie hier wohnten. Helmut hoffte, dass er als Beamter bald genug Geld verdienen würde, um seiner Familie ein besseres Zuhause finanzieren zu können.

»Danke.«

»Wie geht's dir?«

Seine Mutter stöhnte. Sie stöhnte eigentlich immer. Helmut liebte sie, aber manchmal konnte er es kaum ertragen, weil sie ihn mit ihrem Leiden auch immer an seinen Verlust erinnerte. An den Verlust seines Vaters, den er kaum betrauern konnte, weil er ab diesem Zeitpunkt als neuer Mann im Haus funktionieren musste.

»Anja vermisst dich jetzt schon, darum ist sie so.« *Sie tätschelte Helmuts Hände.* »Sie hat Angst, dass du nach der Hochzeit keine Zeit mehr für sie hast.«

Helmut schüttelte den Kopf. »Die Mädchen werden mir auch fehlen. Genau wie du.«

»Ich weiß. Aber jetzt ist erst mal wichtig, dass du glücklich bist. Marlene ist so eine tolle Frau.«

»Das ist sie.« *Helmut wollte fröhlich klingen, doch wie immer konnte er seiner Mutter nichts vormachen.*

»Ist alles in Ordnung?«

»Ja, was soll sein?«

»Ich merk dir doch schon seit ein paar Tagen an, dass dich irgendwas beschäftigt.«

Helmut schluckte. Wie gern würde er seiner Mutter jetzt einfach alles sagen. Alles, was ihn seit diesem verdammten

Abend im Februar beschäftigte. Ihr von den Bildern erzählen, die ihn immer noch heimsuchten und so unnatürlich und falsch waren. Von seinen Bedenken beichten, Marlene glücklich machen zu können – und das nicht nur in finanzieller Hinsicht. Von seinen unglücklichen Gefühlen berichten, wenn er daran dachte, dass er noch weit über 40 Jahre diese vorbestimmte Arbeit durchzustehen hatte.

Vielleicht würde sie ihn in den Arm nehmen und trösten. Sagen, dass seine Gefühle nicht falsch wären. Wie sie es damals einmal getan hatte, als ihn die Wut auf seinen Vater zu überwältigen drohte, weil er sie mit den ganzen Schulden alleingelassen hatte. Damals hatte sie ihn in den Arm genommen, und ihm gesagt, dass er ruhig wütend sein dürfe, dass diese Wut raus müsse, dass sie weggehen und zum Heilprozess dazugehören würde. Und sie hatte recht. Irgendwann tat es nicht mehr so weh und obwohl das Verstehen, dass er den Freitod gewählt hatte, dadurch nicht besser wurde, war doch die Wut auf seinen Vater irgendwann weggegangen.

Vielleicht sollte er es einfach probieren.

Seine Stimme zitterte. »Ich bin mir manchmal einfach nicht sicher. Mit allem nicht.«

»Wie meinst du das?« *Seine Mutter griff nach seiner Hand und richtete sich im Bett auf.*

»Ich weiß auch nicht. Ich müsste doch so richtig glücklich sein, weil Marlene zu mir steht, obwohl sie sicher eine bessere Partie machen könnte. Aber irgendwie...«

Der Griff um seine Hand wurde fester.

»Was irgendwie?«

»Manchmal fühlt es sich einfach nicht richtig an.«

Jetzt war es raus, auch wenn es nur ein Bruchteil der Wahrheit war. Seine Mutter schaute ihn an, durchdringend, bis er den Blick abwandte. Er sollte sich waschen, die dreckige Kleidung ausziehen, was essen – er hätte es nicht ansprechen sollen.

»Du liebst Marlene?«

»Hm, klar.«

»Du willst mit ihr zusammen sein?«

»Ja, schon. Aber …«

»Nichts aber.« Der Griff um seine Hand tat ihm mittlerweile weh. »Ich will kein Aber hören. Marlene und du, ihr gehört zusammen. Die Hochzeit ist deine Chance, vermassle sie dir nicht.«

Helmut befreite sich aus der Klammer. Seine Mutter war weit davon entfernt, ihn tröstend in den Arm zu nehmen. Was hatte er sich bloß dabei gedacht.

»Ich will aber nicht, dass es nur meine Chance ist. Ihr Geld ist mir egal. Ich will, dass es 100-prozentig passt zwischen uns.« Jetzt war er auch laut geworden, obwohl er es nicht wollte.

»100-prozentig passen. Wo gibt's das denn? Ich sag dir jetzt mal was: Das, was du suchst, wirst du niemals finden. Pack das Glück, das sich dir hier auftut. Marlene und ihre Familie sind ein Geschenk. Für dich und für uns. Daran solltest du immer denken. Egal, was passiert. Und egal, was da drin vor sich geht.«

Sie zeigte auf Helmuts Kopf und machte dadurch mehr als deutlich, dass sie sein Herz außer Acht ließ. Er musste sich beherrschen, nicht einfach loszuheulen. Das passierte ihm in letzter Zeit immer häufiger. Die Bilder, die ihn belästigten, schienen eine Schleuse geöffnet zu haben, die vorher ziemlich stabil war. Er war ein Mann, verdammt! Und seine Mutter hatte recht, Marlene war ein Geschenk und er stellte sich an, als würde er zwangsverheiratet werden.

Er schluckte seine Tränen runter und lächelte seine Mutter an. »Vielleicht bin ich einfach ein bisschen nervös vor dem großen Tag.«

Seine Mutter erwiderte das Lächeln zeitverzögert, als würde sie ihm nicht glauben, aber irgendwie glauben wollen.

»Na, das kann ja noch was werden, wenn du jetzt schon nervös bist. Musst du nicht sein. Das wird garantiert der schönste Tag in deinem Leben.«

Helmut bejahte, obwohl es ihm dafür an Vorstellungskraft mangelte.

Dann stand er auf und ging zur Tür. »Wir essen gleich.«

Seine Mutter antwortete nicht, erst als er die Tür schon hinter sich zu ziehen wollte, rief sie noch mal seinen Namen. Er drehte sich um, insgeheim hoffend, dass sie ihm jetzt doch noch ihr Heilmittel anbieten würde. Eine Umarmung, die seinen Kopf klären und sein Herz heilen lassen würde.

»Ich bin stolz auf dich, mein Großer. Und Papa wäre es auch.«

In dem Moment spürte Helmut zum ersten Mal in seinem Leben, wie schmerzhaft ein falsch eingesetztes Kompliment sein konnte.

»Du hörst jetzt aber nicht schon wieder auf, oder?« Ich rutsche auf dem Steinboden des kleinen Pensionsgartens hin und her und wartete darauf, dass Liz weitererzählt. Sie hat diese schreckliche Angewohnheit, immer dann aufzuhören, wenn ich mittendrin bin in dieser völlig fremden Zeit in einer so gut wie fremden Stadt, in der zufälligerweise Jonas heute lebt.

»Musst du nicht los?« Liz schaut theatralisch auf ihre goldene Armbanduhr. »Es wird sonst viel zu heiß. Du bist mindestens sechs Stunden unterwegs.«

»Das schaff ich schon. Wahrscheinlich komm ich mit der Hitze sogar besser klar, als mit diesem ständigen auf die Folter gespannt werden.«

»Ich muss mich etwas ausruhen. Die Spritze macht mich ganz schön müde.«

Das kann jetzt ja wohl echt nicht wahr sein. Ich stöhne laut auf und kapiere erst an Liz' zuckenden Mundwinkeln, dass sie mich schon wieder verarscht hat. Sie kann es einfach nicht lassen.

»Sehr lustig.«

»Find ich auch.«

»Also, treffen die sich irgendwann wieder? Enzo und Helmut?«

Liz streckt sich und stoppt dann mitten in der Bewegung. »Ich erzähl's dir. Aber vorher organisierst du uns noch was zu trinken. Okay?«

Auf Befehl flitze ich schnell zu einem Getränkeautomaten im Eingangsbereich der Pension und mit den beiden gezogenen Colas noch schneller wieder zurück in den Garten. Ich weiß genau, warum ich renne. Ich will so schnell wie möglich wieder in diese 50er-Jahre Stimmung abtauchen, weil es damals noch keine Handys gab, auf denen Antwortnachrichten von Jonas ankamen.

Ich will sie nicht lesen. Noch nicht.

....
....

Helmut hatte zu viel getrunken. Ein, zwei Kölsch zu viel. Vielleicht auch fünf oder sechs. So genau konnte er das nicht mehr sagen, als er im Dunkeln die Oper verließ, die endlich und offiziell eingeweiht wurde. Es hatte alles geklappt, fast alle Bauabschnitte waren pünktlich fertig geworden. Sein Chef und sogar der Bundeskanzler waren zufrieden, er war es auch. Schon bald würden die paar meckernden Kölner, die immer was zu meckern hatten, ihr altes Opernhaus vergessen haben, da war Helmut sich sicher.

Während er über den neugestalteten Vorplatz zu seinem Fahrrad wankte, drehte er sich noch mal zu dem modernen Gebäude um, das von innen heraus in die Nacht strahlte und das keine Ahnung davon hatte, wie viele Nerven es ihn und seine Kollegen in den vergangenen Jahren gekostet hatte. Es war ein ganz besonderes Bauwerk, eins mit Seele, und Helmut vermisste schon jetzt die wöchentlichen Kontrollbesuche.

Sein nächstes Großbauprojekt neben den ganzen anderen Aufgaben war der Ausbau der Nord-Süd-Fahrt durch die Innenstadt. Immerhin würde ihm da niemand so genau auf die Finger schauen. Und endlich würde er Zeit haben, sich ganz auf die Hochzeit mit Marlene konzentrieren zu können, die, jetzt war der Termin endgültig festgelegt und mit der Renovierung der Wohnung und seiner Prüfung abgestimmt, am letzten

Samstag im September stattfinden sollte. Wie verdammt glücklich er sich bloß schätzen konnte, eine Frau wie Marlene heiraten zu dürfen. Hatte er ihr das auch genug gezeigt?

Helmut schaute sich nach einem geöffneten Büdchen um, er hätte gern noch ein weiteres Kölsch getrunken, aber er war zu spät dran, sie hatten schon alle geschlossen. Stattdessen stieg er auf sein Rad und ließ sich wackelig in Richtung Rhein rollen. Und da kam ihm die Idee. Er würde Marlene jetzt zeigen, was sie ihm bedeutete, heute Nacht. Er würde zu ihr fahren, sich zu ihr ins Bett legen, sie küssen und ihr und sich selbst beweisen, dass er ein Mann war. Der Mann, den sie sich wünschte. Und der er ab sofort sein wollte. Die Überlegungen machten sich auch körperlich bemerkbar. Wie würde Marlene darauf reagieren? Sie würde es gut finden, sie würden fliegen, gemeinsam, so wie Gerdi das beschrieben hatte.

Vor ihm ragte die Hohenzollernbrücke dunkel in die Höhe. Er musste sich schnell entscheiden – links nach Hause, rechts nach Marienburg.

Ohne weiter über die möglichen Konsequenzen nachzudenken, die sie bis jetzt davon abgehalten hatten, fuhr er mit Schwung eine Rechtskurve, als ihm plötzlich vier Polizisten den Weg versperrten.

»Sachte, sachte, junger Mann.«

»Da haben wir wohl schon den ersten.«

Helmut legte auf dem unebenen Kopfsteinpflaster der Uferstraße eine Vollbremsung hin und konnte gerade noch einen Sturz verhindern.

»Mann, warum steht ihr denn hier so im Weg rum!« *Es lag wohl am Alkohol, dass er die Beamten im Reflex so anraunzte.*

Oder weil er sich im wahrsten Sinn ausgebremst vorkam, wovon die Polizisten aber natürlich nichts wissen konnten.

Der Stimmung der Beamten war Helmuts Tonfall nicht zuträglich. Die Anweisungen wurden schärfer. »Absteigen! Personenkontrolle.«

Helmut riss sich zusammen. Marlene würde so oder so schon schlafen, also war es egal, ob er fünf Minuten früher oder später bei ihr ans Fenster klopfen würde. Er lehnte sein Fahrrad an eine Straßenlaterne und drehte sich betrunken fröhlich um. Niemand erwiderte seine Fröhlichkeit.

»*Ausweis. Aber dalli.*«

»*Ja doch.*« *Helmut kramte in seiner Anzugtasche und versuchte, seiner Aussprache einen seriösen, klaren und vor allem alkoholfreien Klang zu geben.* »*Mein Name ist Helmut Esser. Ich komme gerade von der Eröffnung der Oper. Ich bin Angestellter im Bauamt.*«

»*Umso schlimmer. Die sind mittlerweile überall.*«

Helmut glaubte, sich verhört zu haben. Er beobachtete den älteren Polizisten, der durch seinen Ausweis blätterte.

»*Und wo soll's hingehen?*«

Er grübelte sekundenschnell, ob er das mit Marlene sagen sollte. Aber das ging ja eigentlich niemand etwas an.

»*Nach Hause*«*, log er.*

»*Und wo ist das?*«

»*Steht da ja.*« *Er deutete auf seinen Ausweis. Es klang schnippischer als gewollt. Helmut mahnte sich direkt selbst zur Ordnung.* »*Nippes.*«

»*Und von der Oper nach Nippes fährt man neuerdings hier entlang?*«

Natürlich nicht. Jedenfalls nicht auf schnellstem Weg, das wusste Helmut auch. Und trotzdem gab es ja wohl keinen Grund, dass man sich dafür rechtfertigen musste.

»Ich wollte noch einen kurzen Abstecher machen, ist das verboten?«

Die Polizisten raunten siegessicher. »Da kommen wir der Sache schon näher.«

»Welcher Sache?«

»Das werden wir auf der Wache gleich genauer klären.«

»Wieso auf der Wache?« *Helmut wurde langsam wütend und schaute von einem zum anderen.* »Ich hab doch gar nichts gemacht.«

»Noch nicht. Und damit das so bleibt, nehmen wir dich mit.«

»Keine Sorge, wenn du uns ein paar Namen verrätst, bist du ganz schnell wieder zu Hause – in Nippes.«

Helmut kapierte gar nichts mehr. »Was für Namen denn?«

Ein Polizeitransporter kam die Uferstraße entlang, gerade als Helmut von einem der Polizisten am Arm gepackt wurde. Er wehrte sich instinktiv, die Klammer wurde enger und das Fahrzeug hielt direkt vor ihnen an.

»Hier haben wir schon einen. Macht die Tür hinten auf.«

»Was? Was soll das? Das dürfen Sie nicht.«

Es war vergeblich. Helmut wurde abgeführt, bis sich die Beifahrertür öffnete und er seinen Namen hörte.

»Helmi?! Was machst du hier?«

Helmut konnte gar nicht sagen, wie erleichtert er war, seinen Freund Martin zu sehen. Sofort wurde der Griff um seinen Arm lockerer.

»Lasst ihn los. Das ist ein Freund von mir.« Martin stellte sich vor seine Kollegen, die noch zögerten, Helmut ganz loszulassen. *»Wirklich. Was hat er angestellt?«*

»Nichts!« Helmuts Stimme überschlug sich.

»Noch nicht. Aber ist ja eindeutig, was er hier wollte. Das ist einer von denen.«

»So ein Quatsch. Der heiratet dieses Jahr noch die Tochter vom Sparkassen-Direktor.«

»Dann mach ihm klar, dass er uns nicht für blöd verkaufen soll. Beim nächsten Mal kommt er nicht mehr so einfach davon.«

Die vier Polizisten wandten sich von Helmut ab und überließen ihn Martin, der ihn genauso irritiert anschaute, wie Helmut sich fühlte.

»Kannst du mir das mal erklären?«, fragte Martin leise.

Helmut musste sich erstmal auf seinem Rad abstützen.

»Ich weiß nicht, was die von mir wollten. Die haben mir nicht geglaubt, dass ich unterwegs nach Hause bin.«

»Bist du?«

»Ja«, Helmut suchte die richtige Formulierung, *»ich wollte nur noch kurz bei Marlene vorbei und mit ihr die Operneröffnung feiern. Weil alles so gut geklappt hat.«*

»Um die Uhrzeit?« Martin schaute erst genauso ungläubig wie seine Kollegen, bis er säuerlich lächelnd seinen Kopf schüttelte. *»Ach so, jetzt versteh ich. Operneröffnung feiern. Helmi, Helmi ... Wenn ihr nicht bald heiraten würdet, würde ich dir jetzt eine Standpauke halten, die sich gewaschen hat.«*

Die Polizisten wurden ungeduldig. »Martin, los geht's.«

Er gab seinen Kollegen ein Zeichen, dass er gleich folgen würde.

»*Vor der Hochzeit nur schmusen, Helmi. Du weißt, wie ich über alles andere schon von Berufs wegen denke.*«

»*Bist du jetzt auch noch bei der Moralpolizei?*«

»*Werd nicht frech. Ich bin hier das Gesetz.*«

Helmut versuchte, ein genervtes Augenrollen zu unterdrücken. Auf eine längere Diskussion mit Martin hatte er jetzt wirklich keine Lust.

»*Egal, mir ist eh nicht mehr nach Feiern zumute.*«

»*Besser so.*«

Martin drehte sich weg, als Helmut ihn noch mal aufhielt.

»*Was wird das denn überhaupt?*«

Er deutet auf das Polizeifahrzeug, in dem die Beamten auf Martin warteten.

»*Wir nehmen da vorn gleich einen 175er-Treffpunkt hoch. Die werden gerade etwas übermütig.*«

»*Übermütig?*«

»*Die glauben, ihnen passiert hier nichts. Da täuschen sie sich aber gewaltig. Siehst du ja gleich, wenn du hier am Rhein entlang nach Hause fährst. Überall an der Brücke hängen diese Perversen rum und halten dir ihre Ärsche hin. Und das, obwohl heute unser Kanzler in der Stadt ist. Schämen sollen die sich.*«

Helmut sagte nichts, dachte sich aber, dass Konrad Adenauer sicher nichts davon mitbekommen hatte. Genauso wenig wie er selbst jemals was davon mitbekommen hatte.

»*Aber heute knacken wir die 6000.*«

»*6000?*«

»Der 6000ste Name in unserer Kartei. Wir haben sie bald alle unter Kontrolle. Beeil dich einfach, dass du weg bist, wenn wir zuschlagen.«

Helmut überkam ein flaues Gefühl, das er kaum zuordnen konnte, aber vermutlich am Alkohol liegen musste. Er wollte nur noch nach Hause.

Die Polizisten drängten. »Martin, verdammt … Wenn die Drecksäcke uns entdecken, entwischen sie uns.«

»Ja, doch. Komme.« Er nickte Helmut noch mal kurz zu. »Sehen wir uns übermorgen zum Training?«

Helmut bejahte, doch Martin war schon dabei, in das Polizeifahrzeug einzusteigen, das mit offener Tür losfuhr und ohne Licht in die dunkle Altstadt abbog. Helmut schaute ihnen hinterher und musste an die Männer denken, die gleich bestraft werden würden, weil sie nicht der Norm entsprachen oder, wie Jutta gesagt hatte, die eben anders liebten als ein Großteil der Gesellschaft. Ob diese Männer auch alle diese Bilder im Kopf hatten, bevor sie hierherkamen? Er verbot sich, weiter darüber nachzudenken, stieg auf sein Fahrrad und trat in die Pedale. Kurz bevor er unter der Hohenzollernbrücke durchfuhr, wo, wie er jetzt wusste, gleich ein Donnerwetter losgehen würde, schaute er verbotenerweise heimlich nach links und rechts, weil er insgeheim doch wissen wollte, wer die Männer waren, die sich hier Abend für Abend trafen. Und dann sah er ihn.

Enzo lehnte lässig an einem Schiffsanleger und Helmuts Herz setzte einen Schlag aus. Er sah aus wie ein italienischer James Dean. Warum, verdammt, musste sich dieser Italiener ausgerechnet hier rumtreiben? Helmut schaute schnell wieder weg. Es ging ihn nichts an. Er ging ihn nichts an. Was dieser

Kerl hier tat, war ganz allein seine Sache. Und die der Polizei. Er hatte damit nichts zu tun. Er war nur auf dem Weg nach Hause. Dort würde er sich ins Bett legen und von seiner Hochzeit träumen, wie es sich gehörte. Und von Maria Callas, die die Oper gerade so glanzvoll eröffnet hatte.

Und von ihm, wie jede verdammte Nacht.

Der Alkohol ließ Helmut derart ruckartig abbremsen, dass er trotz seines Tempos noch vor Enzo zum Stehen kam.

»Du musst hier verschwinden.«

Enzo zuckte erst vor Schreck zusammen, fing sich aber schnell wieder. »El Mut!«

»Nichts El Mut. Verschwinde.«

Enzos Freude überstrahlte alles. »Habe gehofft, dich hier zu finden.«

Helmut wollte das nicht hören. »Das ist verboten hier. Verstanden? Hau ab, hier ist alles voller Polizei. Du kommst ins Gefängnis. G e f ä n g n i s.«

»Mache doch gar nichts. Warte nur auf dich, weil du mich nicht mehr abgeholt hast abends. Feierabends.«

Er lachte ihn an. Und wie. Helmut wich wie damals im Park seinen Augen aus und entschied sich, ihn einfach stehen zu lassen. Enzo wollte nicht kapieren, dass er in Gefahr war. Und er war garantiert nicht derjenige, der ihm das schon zum zweiten Mal verständlich machen musste.

»Vergiss es.«

Doch bevor er wieder auf sein Rad aufspringen und diesen verflixten Augen entfliehen konnte, sah er das Blaulicht an den Brückentürmen flackern. Sie kamen. Und es wirkte fast so, als würden sie von allen Seiten auf den geheimen Treffpunkt zu-

stürmen. Sogar Enzo erschrak und sein Lächeln verschwand. Einige Männer rannten bereits an ihnen vorbei.

»Razzia! Abhauen!«

»Spring auf.«

Helmut wusste im Nachhinein nicht mehr, warum er Enzo dieses Angebot gemacht hatte. Doch bevor er es sich anders überlegen konnte, saß der fremde Italiener schon auf seinem Gepäckträger, schlang die Arme um seinen Bauch, und Helmut trat so sehr in die Pedale, dass sie bereits nach wenigen Sekunden mit hoher Geschwindigkeit am Rhein entlang in Richtung Norden sausten.

....
....

Meine, besser gesagt unsere Weiterreise ist auf morgen verschoben. Ich werde Liz auf jeden Fall noch bis zum nächsten Etappenziel begleiten. Dann mal sehen. Obwohl sie da natürlich komplett anderer Meinung ist, kann ich mir nicht vorstellen, dass ihr 80-jähriges Knie bis Assisi durchhält. Und das ist, hat sie mir gerade vor meiner notwendigen Toilettenpause gesagt, ihr Minimalziel. Wobei sie es anders formuliert hat. Sie meinte, dass sie die Zeit bis dahin noch braucht. Erst am Pissoir habe ich mich gefragt wofür eigentlich.

»Kann weitergehen.«

Ich setze mich auf die Bank zu Liz, die sich durch die Blätter der Zitronenbäume ein paar Sonnenstrahlen ins Gesicht scheinen lässt.

»Das ging aber schnell.«

»Die Cola. Hatte Druck.«

Liz verzieht ihr Gesicht. »Danke, dass du mich daran teilhaben lässt.«

»Gern geschehen. Ich sag jetzt einfach alles, schon bevor du Fragen stellen kannst.«

»Auf die Frage hättest du lang warten können.«

Ich muss lachen, Liz auch.

»Das war jetzt schon fröhlicher.«

»Als was?«

»Als gestern.« Sie schaut mich an. Irritierend nachdenklich mal wieder. »Du erinnerst mich ein bisschen an Helmut.«

»Weil ich schwul bin?«

Ich ärgere mich direkt darüber, dass ich ihr diesen Gedanken unterstelle. Als wäre Schwulsein ein Wiedererkennungsmerkmal, auf das man reduziert werden kann. Und indem ich das sage, mache ich es ja selber.

Liz schüttelt unmerklich den Kopf. Sie ist zu klug für solche Gedanken.

»Weil er damals auf die Frage, wer er ist, auch so ausweichend geantwortet hätte wie du vorgestern.«

»Kein Wunder bei diesen beschissenen Gesetzen.«

Ich weiß natürlich, dass es den Paragraphen 175 gab. Und dass homosexuelle Männer deswegen verhaftet wurden. Aber das war's dann, ehrlich gesagt, auch schon.

»Du darfst es.«

»Was?«

»Sein, wer du bist.«

Ich stocke kurz. »Äh, ich denke doch.«

Keine Ahnung, was sie mir damit sagen will. Ich merke nur mal wieder, dass Liz so schnell von einem zum anderen

Thema springen kann, als hätte sie TikTok erfunden. Und wenn mir das Folgen auch manchmal schwerfällt, springen kann ich auch.

»Dieser Paragraf, das war doch so ein Nazi-Ding, oder?«

»Den gab's auch schon vor den Nazis. Die haben ihn nur verschärft. Aber nach dem Krieg wurde er nicht abgeschafft, er blieb im Strafgesetzbuch. Bis 1994.«

»1994? Das war ja nur sieben Jahre, bevor ich auf die Welt gekommen bin.«

Liz nickt. »Die meisten Verurteilungen deswegen gab's aber in den 50er- und 60er-Jahren.«

»Und was ist mit den Männern passiert, die verurteilt wurden?«

»Viele haben alles verloren. Ansehen, Familie, Jobs. Manche haben sich umgebracht. Die meisten mussten sich ein Leben lang verstecken.«

»Und Helmut und Enzo?«

Plötzlich sind Italien und die Sonne weit weg. Denn als Liz wieder zu erzählen beginnt, spüre ich, dass sich ein Schatten über meine nostalgische 50er-Jahre Stimmung gelegt hat.

Helmut hatte das Gefühl, als flögen sie am Rhein entlang. Sie waren längst weit genug von der Brücke entfernt, um dem Einsatz der Polizei zu entgehen. Und trotzdem wollte er nicht bremsen. Weil sich dieses Fliegen viel zu gut anfühlte. Besser sogar als seine Gedankenreisen, vielleicht dem Gefühl am ähnlichsten, von dem Gerdi gesprochen hatte – was er eigentlich

mit Marlene erleben wollte. Sollte. Ob es an den Händen auf seinem Bauch lag?

Enzos Lachen, an dem er sich fast verschluckte, schallte laut über den Fluss. »Schneller. Avanti! Schneller!«

Es war ansteckend. Und Helmut blieb nichts anderes übrig, als miteinzustimmen. Es überkam ihn einfach, obwohl die Situation alles andere als lustig war. Sie waren auf der Flucht. Er war ein betrunkener Mitarbeiter der Stadt Köln, er kam gerade von der feierlichen Eröffnung der Oper, über die morgen in allen deutschen Tageszeitungen berichtet werden würde, und er flüchtete mit einem italienischen Gastarbeiter auf seinem Gepäckträger vor der Polizei und seinem Freund Martin. Es war wirklich nicht lustig und weil er sich dieser Absurdität immer mehr bewusst wurde, musste er noch lauter lachen. Er wollte es gern abstellen, aber es hörte einfach nicht mehr auf. Und immer, wenn er sich kurz zu beruhigen schien, jauchzte Enzo in seinem Rücken und er musste wieder loskichern. Er lachte mit einem Fremden, aber es fühlte sich gar nicht fremd an. Ihn an seinem Rücken zu spüren, fühlte sich sogar tausendmal besser, echter und unbeschwerter an, als die Bilder ihm immer vorgegaukelt hatten. Und deswegen sehnte Helmut sich völlig irrsinnig danach, dass dieser Weg, den sie gerade in Höchstgeschwindigkeit entlangrasten, niemals zu Ende gehen würde.

Doch dann sah er die Baustelle der kriegszerstörten Bastei vor sich, wie sie imposant halb über dem Wasser thronte, und er erinnerte sich an die Baupläne davon, die auch über seinen Schreibtisch gewandert waren, und in diesem Augenblick wurde ihm schmerzlich bewusst, wer er war – und was er gerade dabei war, zu tun: eine riesengroße Dummheit.

Helmut machte eine Vollbremsung, als würden die Polizisten wieder vor ihm stehen, er löste Enzos Hände von seinem Bauch und drehte sich gezwungen unbekümmert halb nach hinten.

»Jetzt sind wir weit genug weg. Das hätte echt böse ausgehen können.«

»Hat es aber nicht.« Enzo gluckste noch immer vor sich hin. Doch mittlerweile hatte Helmut sich wieder unter Kontrolle. »Komm, steig ab. Ich muss nach Hause.«

Enzo sprang vom Gepäckträger und ließ dabei seine Hand schwer auf Helmuts Schulter liegen, als wollte er ihn daran hindern, wegzufahren.

»Grazie, El Mut. Du hast mich schon zum zwei Mal gerettet.«

»Helmut. Ich heiße Helmut. Und es heißt zum zweiten Mal. Und ein drittes Mal wird es garantiert nicht geben. Das kannst du dir direkt merken.«

Er machte einen Schritt zurück, um Enzos Berührung zu entkommen. Denn die Gänsehaut, die seinen ganzen Körper deswegen überzog, sollte endlich wieder verschwinden.

»Was zum Teufel hast du dort überhaupt zu suchen gehabt?«

»Hab ich gesagt: Hab auf dich gewartet.«

Helmut schnaubte. »Hab ich gesagt: Ich habe keinen Grund dahin zu gehen. Da treiben sich nur Perverse rum. Ich heirate bald.«

Er wusste selbst nicht, warum er Enzo doof nachäffte und gleichzeitig Marlene mit in diese Sache hier reinzog. Vielleicht um eine unsichtbare Mauer zwischen sich und ihm zu bauen?

Vielleicht um sich selbst daran zu erinnern, was wirklich zählte in seinem Leben?

»Congratulazioni.«

Es kam Helmut vor, als wären Enzos fast schwarze Augen noch mal eine Nuance dunkler geworden. Er hatte keine Ahnung, ob es an seiner Hochzeitsankündigung lag oder daran, dass er Enzo indirekt als pervers bezeichnet hatte. Wenn er das überhaupt verstanden hatte. Es konnte ihm aber auch egal sein. Es hatte nichts zu bedeuten. Die Hauptsache war, dass alles zwischen ihnen klargestellt und gesagt war.

»Gut, danke. Ich muss jetzt los.«

»Warte.« *Enzo griff wieder nach Helmuts Arm. Wie vor einigen Tagen am Rheinpark.*

»Was?«

Die Gänsehaut kam zurück. Und mit ihr Helmuts Groll auf seinen Körper, weil der in letzter Zeit ständig machte, was er wollte.

»Können wir uns wiedersehen?«

»Warum?«

Oh Mann, hatte er auch noch was Klügeres parat? Bald würden ihm die Gegenfragewörter ausgehen. Immerhin klangen sie als Antwort aber knapp und streng, sodass Enzo seinen Arm beschwichtigend wieder losließ.

»Nur als Freunde. Zum Reden. Vielleicht lachen.«

Helmut schüttelte den Kopf. Er brauchte keine neuen Freunde, er hatte genug alte.

»Ich hab wenig Zeit.«

»Und ich keine Freunde. Nur eine Onkel. Es ist so langweilig, in Köln ohne Freunde zu sein. Und ich glaube, wir beide wären gute Freunde. Und ich brauche jemand, zum Sprache lernen.«

Helmut musste alle Kraft aufwenden, seinen Widerstand aufrechtzuhalten. Zwar durchschaute er, dass das mit der Sprache eine Lüge war – Enzo sprach viel zu gut Deutsch, um noch viel lernen zu müssen – andererseits wurde er noch nie so explizit gefragt, jemandes Freund zu werden. Das berührte ihn irgendwie, wahrscheinlich weil er noch immer betrunken war.

»Nur bis meine Verlobte mich besuchen kommt. Du kannst mir Köln zeigen, ich kann ihr alles zeigen. Jeder ist glücklich.«

»Du bist auch verlobt?«

»Sì. Maria. Bellissima donna.«

Helmut musste diese Information erst verarbeiten. Und während er das tat, überrollten ihn Gefühlswellen, in denen er, wären es echte Wellen gewesen, garantiert ertrunken wäre. Hatte er sich alles nur eingebildet? Enzos Blicke, die Berührungen, seine Bilder? War das bei Italienern einfach so? Und schon kam die nächste Welle, weil es ihm schrecklich peinlich war, was er gedacht, geträumt und gefühlt hatte. Er schämte sich für sein Verhalten Marlene und seinen Freunden gegenüber und freute sich fast, von diesem Fremden als Freund auserkoren worden zu sein. Und damit kam die Erleichterung, dass eben alles ein Irrtum gewesen sein musste. Dass er normal war. Dass Enzo normal war. Und dass sein Leben einfach ganz normal weitergehen konnte.

»Wenn du verlobt bist, warum warst du dann da unten an der Brücke wie so ein ...«

»Weil ich gedacht, du bist dort bei den anderen ... ragazzi gay. Habe dich gesucht. Missverstanden.« Enzo grinste schon *wieder breit und hob seine rechte Hand zum Schwur.* »*Nur Freunde. Versprochen.*«

Helmut nickte langsam. »*Einverstanden. Freunde.*«

»*Dann treffen wir uns? Freitagnachmittag? Da habe ich frei.*«

Helmut nickte noch mal. »*Warum nicht.*«

Er war zu müde, um sich gegen Enzos Enthusiasmus zur Wehr zu setzen.

»*Holst du mich? Genau hier. Vier Uhr?*«

Auch das bejahte Helmut. Er würde diesen Freitag früher Feierabend haben und Marlene sagen, dass er mit Arbeitskollegen ... Er rief sich selbst zur Vernunft. Er konnte Marlene auch ganz normal die Wahrheit sagen, weil es zwischen ihm und Enzo nichts zu verheimlichen gab.

»*Dann. Ich muss jetzt wirklich nach Hause.*«

Enzo machte einen Schritt nach hinten und gab ihm mit einer Handbewegung den Weg frei. »*Vielen Dank, Herr El Mut, für die schnelle und schöne Fahrt.*«

Doch bevor Helmut was darauf erwidern konnte, machte Enzo wieder einen Schritt auf ihn zu und umarmte ihn zum Abschied.

»*Buonna notte. Schlafen gut.*«

Dann drehte er sich schnell weg und lief in die Richtung, aus der sie gekommen waren. Nur sein Geruch blieb zurück und Helmut, der der nächsten Welle gerade noch entfliehen konnte.

7.

Stia ist menschenleer, als ich um die Mittagszeit wie der letzte Überlebende eines Zombieangriffs durch die kleine Stadt schleiche. Alle Geschäfte sind geschlossen und die Fensterläden der Häuser sperren das grelle Sonnenlicht aus. Wahrscheinlich machen es die Bewohner und Touris wie Liz und versuchen, die glühende Hitze in einem kühlen Raum zu verschlafen. Nur ich mache es anders, zwangsläufig, weil ich besser bis mittags pennen kann als ab mittags. Und weil mir Liz' Geschichte im Kopf umherschwirrt. Genau wie die Nachricht von Jonas, die noch ungelesen in meinem Handy schlummert. An Schlaf ist also nicht zu denken.

Darum war ich, nachdem Liz sich in ihr Zimmer verabschiedet hatte, ziellos losmarschiert. Erst am Arno entlang, dann durch die kleinen Gassen der Stadt. Im Nachhinein schon komisch, dass ich sogar an meinem freien Wandertag Lust habe, durch die Gegend zu laufen. Ist mir in Frankfurt noch nie passiert. Dort nehme ich entweder das Fahrrad oder den alten BMW von Opa. Manchmal auch die Bahn. Aber zu Fuß … never. Vielleicht liegt es nur daran, dass mir in dieser toskanischen Kleinstadt diese drei Dinge fehlen. Vielleicht aber auch an der Tatsache, dass es in Frankfurt kein ziellos gibt. Dort muss alles einen Grund haben. Ein Ziel eben. Sonst fühlt es sich komisch an. Und sinnlos.

Mit diesem unruhigen Gefühl bin ich sogar nach Italien gereist. Aber als ich mich jetzt in das kleine Fleckchen Schatten vor einem Brunnen setze und die flimmernde Straße vor mir betrachte, realisiere ich, dass das Gefühl weg ist. Mein Spaziergang war nämlich komplett sinnlos, auf der Straße vor mir passiert nichts und trotzdem bin ich ganz schön ruhig für meine Verhältnisse.

Blöderweise ist es, als mir das klar wird, mit der Ruhe auch schon wieder vorbei. Mein Kopf beginnt zu arbeiten und ich frage mich, wie ich mich in den 50er-Jahren verhalten hätte? Wäre ich Helmut wirklich ähnlich gewesen? Hätte ich mich auch verleugnet, weil alles andere zu gefährlich gewesen wäre? Hätte ich rebelliert, weil ich die Meinung von Marlenes Freundin, deren Namen mir gerade nicht mehr einfällt, geteilt hätte, dass mir niemand vorzuschreiben hat, wen ich zu lieben habe? Wäre ich mutig gewesen? Bin ich's?

Ein Straßenköter kommt auf mich zu, schnüffelt an meinen Sneakers und rennt gleich darauf winselnd davon. Ich lache ihm abgelenkt kurz hinterher, aber wirklich nur kurz. Denn ein anderer Gedanke schaufelt sich parallel dazu ans Tageslicht. Warum hat mich mein Outing durch Jonas damals so aus der Bahn geworfen, obwohl die Konsequenzen, die ich zu befürchten hatte, im Vergleich zu denen von Helmut und Enzo ja verschwindend klein gewesen waren. War es wirklich nur die Art und Weise? Der Vertrauensbruch? Oder war ich einfach nicht mutig genug?

Ich will es aber verdammt noch mal sein. Darum ziehe ich mein Handy aus der Tasche und tippe auf die Nachricht von Jonas.

Okay, du hast es so gewollt. Mein Kern:
Name Jonas Keppler. Alter 19 Jahre.
Gehört das dazu? Vermutlich ja. Das auf
jeden Fall: Ich bin Optimist. Wieder?
Schon immer? Ich verliebe mich wahnsinnig
schnell, hält aber leider nie lang an.
Ich fühle mich genauso schnell schuldig.
Das hält leider länger an. Soviel zu
deiner Frage wegen dem schrecklichen
Video. Ich bin ängstlich. Was das Große
und das Kleine angeht. Passt nicht zu
meinem Optimismus, ist aber so. Und ich
glaube, ganz tief in meinem Herzen (Gesülze),
dass ich eine Aufgabe habe. Dass jeder
Mensch eine Aufgabe hat. Mich macht
manchmal etwas unsicher, dass ich
noch nicht weiß, was meine Aufgabe ist
oder ob ich sie schon erfüllt habe,
aber das gehört wahrscheinlich einfach
dazu. Und ich bin ein treuer Freund.
Du lachst jetzt vielleicht, ist aber so. 11:01

Was auch noch ich bin, was aber vielleicht
nicht zum Kern gehört: Ich spiele Gitarre
und höre heimlich noch die alten Lieder von
James Blunt und Passenger, ich bin schwul
(ist halt so), ich studiere Sozialpädagogik,
spiele ab und zu noch Fußball, knirsche
mit den Zähnen, bin stolzer Patenonkel,
schreibe immer noch Tagebuchnotizen, trinke
schrecklich gern Bier, lese jedes verfickte
Horoskop, träume manchmal noch
von unserem Strand und stehe auf weiße Socken
(Ok, das gehört jetzt sicher nicht zum Kern!).
Und du?
Liebe Grüße, Jo 11:08

Nach zweimaligem Lesen landet mein Handy wieder in der Tasche. Ich halte meine Finger zur Abkühlung in das trübe Wasser des Brunnens, doch es ist so lauwarm, wie es aussieht, und mir wird fast noch heißer. Ein rostiger Fiat Panda mit einem kaputten Auspuff rumpelt an mir vorbei, der Hund, den ich mit meinen Schweißfüßen wohl doch noch nicht ganz vertrieben habe, springt im letzten Moment zur Seite, dann wird es wieder still.

Nur in mir herrscht Aufruhr, als hätte ich zu viel Red Bull getrunken. Die innere Ruhe, die sich kurzzeitig so gut angefühlt hat, ist nun restlos verschwunden.

....
....

»Wer war das?«

Helmut bog mit seinem Rad auf den Hof der Werkstatt ein, als er von Martin, der dort mit Gerdi auf ihn wartete, streng mit dieser Frage bombardiert wurde.

»Wer war was?« Er stellte sein Fahrrad ab, überging Martin und begrüßte in erster Linie Gerdi, der schon lang nicht mehr bei ihrem Boxtraining dabei war. »Hat dich Jutta geschickt? Du machst ein Gesicht, als wärst du nicht gerade freiwillig hier.«

Gerdi winkte ab. »Sie will nur, dass ich meine ganze Energie loswerde. Bin ihr wahrscheinlich zu wild, wenn ihr versteht, was ich meine.«

Während Martin seine Augen verdrehte, schlug Helmut Gerdi mit der flachen Hand lachend gegen die Stirn. »Das wünschst du dir nur, dass das der Grund ist.«

Über Marlene wusste er nämlich, dass Jutta die Befürchtung geäußert hatte, Gerdi könnte mal den Körperumfang seines Vaters annehmen. Und der war tatsächlich nicht unbeträchtlich, wobei Helmut keine Ahnung hatte, warum das so war. Er hatte Gerdis Vater noch nie irgendwas essen sehen. Er trank eigentlich nur, meistens Kölsch.

»Wenn ich's euch sage. Gestern Nacht zum Beispiel, da hat sie bei mir übernachtet, weil mein Alter nicht da war. Fünfmal …«

»Jetzt hör auf. So ein Quatsch.«

»Kein Quatsch, die ganze Wahrheit. Ich habe nur drauf gewartet, dass jeden Augenblick die Nachbarin hochkommt.«

Martin schüttelte seine menschliche Neugier ab und setzte sein professionelles Polizeigesicht auf. »Wahrscheinlich kommt die nicht erst hoch, sondern ruft gleichzeitig auch uns. Und dann?«

»Ach, du Spaßbremse.« Gerdi lachte Martin aus. »Was willst du dann machen, Herr Kommissar? Uns ins Gefängnis stecken, weil wir nicht verheiratet sind? Dann aber bitte in eine Gemeinschaftszelle.«

Helmut stimmte in das Lachen von Gerdi ein, obwohl er neulich nachts vor Martin und seinen Kollegen noch klein beigegeben hatte und nicht zu Marlene gefahren war. Martin ließ die Häme stoisch über sich ergehen.

»Es ist nicht richtig. Das weißt du.«

»Aber es macht Spaß.«

»Um Spaß geht's nicht.«

»Oh doch. Das wüsstest du, wenn du auch mal …« Gerdi ersetzte das verbotene Wort mit einer provozieren-

den Hüftbewegung. »Vielleicht bist du ja auch nur neidisch?«

Helmut lachte nicht mehr, weil er ahnte, dass es zwischen seinen Freunden gleich knallen würde, wie schon so oft bei diesem Thema, doch Martin hatte sich dieses Mal im Griff.

»Ihr solltet trotzdem aufpassen, wenn das rauskommt, darf Jutta garantiert keine Lehrerin mehr werden. Und das will sie doch, oder?«

Gerdi zwinkerte Martin versöhnlich zu und öffnete das Hallentor der Werkstatt.

»Wir passen schon auf. Aber Jutta ist sich auch sicher, dass sich da bald was ändert, was so altbackene Einstellungen angeht. Kennst sie ja.«

»Hoffentlich nicht. Das wäre der Anfang vom …« *Martin machte mitten im Satz kehrt.* »Mist, meine Handschuhe.«

Er rannte zurück zu seinem Käfer, während Helmut und Gerdi wartend das Tor aufhielten.

»So ein Spießer«, *flüsterte Gerdi.*

Helmut gab ihm recht, war jedoch innerlich schon beim Vorformulieren einer Frage, die ihm unter den Nägeln brannte. Er suchte nur nach möglichst uneindeutigen Wörtern, um nicht direkt wieder rot zu werden.

»Wie, also, was macht ihr, also, was ich wissen will, ähm, wie …«

»Helmi, sag einfach, wenn ich dir ein paar Stellungen erklären soll. Ich helfe gern.«

»Nein, oh Gott, nein.« *Helmut versuchte fachmännisch zu lachen, was aber gründlich misslang.* »Ich wollte fragen … Also, *wie verhütet ihr eigentlich? Fünfmal in einer Nacht, also, ich meine, so Pariser sind doch schrecklich teuer, oder?«*

Gerdi verstand und setzte sein ernstes Gesicht auf.

»Da sagst du was. Aber mein Onkel ist doch Apotheker, da krieg ich die Dinger zum Sonderpreis. Und«, er schaute schnell, ob Martin noch weit genug weg war, »vielleicht war's auch nur zweimal heute Nacht. Aber pssst.«

»Was heißt hier pssst?« Martin hatte Ohren wie ein Luchs.

»Nichts. Das war nur ein Zeichen, dass du dich mal beeilen sollst. Mich juckt's schon in den Fingern. Ich bin heute richtig gut drauf. Hab jede Menge Testoron in mir.«

»Testosteron. Mann, wer von uns hat denn Abitur?«

Die Jungs betraten lachend die Werkstatt. Doch noch bevor sie sich umzogen, fiel Martin seine eigentliche Frage an Helmut wieder ein.

»Jetzt sag mal, wer war das vor drei Tagen, nachts?«

»Wer denn?« Helmut meinte seine Gegenfrage ehrlich, doch schon als er sie aussprach dämmerte ihm, worauf Martin vermutlich abzielte. Aber das konnte nicht sein, Enzo und er waren doch bis zur Baustelle der Bastei gefahren, um dem Polizeieinsatz an der Hohenzollernbrücke zu entkommen. Niemand, schon gar nicht Martin, konnte sie gesehen haben.

»Komm schon. So betrunken warst du jetzt auch nicht.«

»Keine Ahnung, was du meinst. Trainieren wir heute nur oder machen wir Jeder-gegen-Jeden?«

Das Gespräch aufs Boxen zu lenken, misslang. Martin ließ nicht locker.

»Hohenzollernbrücke. Fahrrad. Klingelt da was?«

Helmut unterdrückte mit aller Gewalt ein Zittern seiner Stimme, weil es ja auch gar keinen Grund gab, nervös zu sein. Verdammt. »Nach der Operneröffnung?«

»Ganz genau.«

Der Verhörblick von Martin nervte ihn zusätzlich. Und auch, dass Gerdi sich plötzlich auch noch einmischte.

»Was war da?«

»Nichts war da. Martin hat mit seinen Kollegen mal wieder Jagd auf Homos gemacht und mich festgehalten, als ich auf dem Weg nach Hause war.«

»Ach so. Jutta findet das gar nicht gut. Sie sagt …«

»Lass mich mit Jutta in Ruhe. Die hat keine Ahnung, was wir da alles sehen. Und sehen müssen. Zum Beispiel, dass unser Helmi einen von denen auf dem Rad mitgenommen hat.«

»Du redest echt so einen Blödsinn.«

Helmut spürte, wie das Blut in sein Gesicht schoss. Er zog sich schnell sein Hemd über den Kopf, in der Hoffnung, dass danach seine Hautfarbe wieder normal geworden wäre. War sie natürlich nicht.

»Und warum wirst du dann rot? Du leugnest also deine Begegnung …«

»Kannst du mal aufhören, mich zu verhören, als wäre ich ein Verbrecher?«

Helmut wäre am liebsten weggerannt. Dabei hatte er nichts zu verbergen. Gar nichts. Martin grinste ihm fies ins Gesicht, weil er es genoss, Leute in die Mangel zu nehmen, während er gleichzeitig den Unschuldigen mimte.

»Ich frag ja nur.«

»*Würde mich jetzt auch interessieren.*« *Gerdis Neugierde war geweckt.*

Helmut begann, in seiner Tasche zu wühlen, um den Blicken der Freunde geschickt ausweichen zu können. Mitten in der Bewegung hielt er inne – er nahm sich das Theater selbst nicht ab.

»*Ach, jetzt weiß ich, was du meinst. Das war der Kerl, dem ich an Karneval bei der Prügelei geholfen habe. Erinnert ihr euch? Der Itacker.*«

Die Jungs bestätigten ihre Erinnerung.

»*Der hat mich erkannt, angehalten und wollte sich noch mal bedanken. Das war's. Hatte ich schon wieder vergessen.*«

»*Und das ist ein 175er?*«

Helmut zog eine Grimasse. »*Wäh. Nein. Natürlich nicht. Der ist verlobt, genau wie ich. Darum hab ich zu ihm ja gesagt, dass er aufsteigen soll, damit er nicht in eure Razzia gerät.*«

Es ärgerte ihn, dass er sich vor seinen Freunden rechtfertigen musste. Oder waren es die Lügen, die ihn ärgerten?

»*Und warum war er am Rhein? Kein normaler Mensch ist nachts da unten unterwegs. Einfach so. Nur diese Schwuchteln.*«

Es reichte.

»*Ich hab keine Ahnung. Vielleicht war es Zufall, weil er sich in Köln überhaupt nicht auskennt. Kann das sein, Sherlock Holmes?*«

Während Gerdi lachte, fixierte Martin Helmut mit seinen stahlblauen Augen, und Helmut versuchte, ihnen so gut es ging standzuhalten. Ohne etwas zu sagen. Jedes Wort war nämlich eins zu viel.

»Der kam mir auch irgendwie bekannt vor. Als hätte ich den schon mal gesehen.«

»Was fragste mich da?«

Gerdi war es schließlich, der das Verhör beendete. »Jungs, lasst uns mal anfangen. Ich hab heute noch was vor. Ihr wisst schon.«

Das gleichzeitige Aufstöhnen von Helmut und Martin lockerte die Stimmung wieder.

Zumindest bei Martin, der seine Boxhandschuhe schnürte, indem er ein Ende des Bandes mit seinem Mund fixierte. »Na dann, starten wir.«

Helmut drehte sich zeitgleich zur Hallentür um. »Fangt schon an. Muss noch kurz pinkeln.«

Er verließ langsam die Werkstatt und stürmte, kaum dass er außer Sichtweite war, auf die Hinterseite der Halle, wo er sich einfach auf den Boden fallen ließ. Er fühlte sich so erschöpft, als würde das Training schon hinter ihm liegen. Und zerstört, weil der Wirbelsturm, der gerade noch durch seinen Körper getobt war, nichts als Verwüstung hinterlassen hatte. Warum fühlte er sich, als wäre er entdeckt worden? Und wobei überhaupt? Er hatte nichts zu verbergen – Enzo und er waren Freunde. Mehr nicht, eher weniger sogar. Warum hatte Martin ihn dann so angestarrt, als wüsste er mehr?

Helmut atmete seinen Puls ruhig und wurde sich dabei einer Sache immer bewusster: Er musste das vereinbarte Treffen mit Enzo – auch wenn es nur ein freundschaftliches war – absa-

gen. Besser noch vergessen. Und vorher das Boxtraining überstehen, als wäre alles in Ordnung. War es ja auch, verdammt noch mal!

8.

Es geht weiter. Liz und ich sind schon seit dem Morgengrauen unterwegs. Eine ziemlich gute Entscheidung, obwohl mich um kurz vor vier fast der Schlag getroffen hat, als Liz' Wecker bimmelte. Dafür wandern wir gerade durch den schönsten und längsten Nebelsonnenaufgang, den ich je erlebt habe. Als würde sich die Welt auch noch den Schlaf aus den Augen reiben. Gesülze, ich höre Jonas regelrecht lachen, trotzdem versuche ich, mir die Bilder einzuprägen, damit daraus mit Abstand vielleicht mal ein Song werden kann. Ein weiteres Lied zu diesen hundert anderen, die auf meiner Festplatte ungehört unter noch viel dichterem Nebel abgespeichert sind.

»Geht's?«

»Geht.« Liz konzentriert sich weiter auf den Weg. »Danke.«

Sie und ich reden noch nicht viel.

Eigentlich so wenig wie gestern nach meiner Rückkehr in die Pension. Sie hat mir zwar noch einen weiteren Teil der Geschichte erzählt, dann aber die meiste Zeit nur noch geschrieben. Ich habe im Innenhof gesessen und mich irgendwann bei Nummer 26 tatsächlich dabei erwischt, wie ich die riesigen Zitronen an den Bäumen gezählt habe. Ein weiterer Beweis dafür, dass dieses Laufen einer riesengroßen Gehirnzellenamputation gleichkommt. Irgendwann habe ich dann mein Handy genommen und Jonas geantwortet. Belangloses Zeugs, um zu signalisieren, dass ich seine Nachricht gelesen habe. Denn mir ist auch klar, dass er mit einer ehrlichen Antwort auf sein ›Und du?‹ nicht so schnell rechnen kann.

> 16:23 Weiße Socken? WTF?

War ja klar, dass das das Einzige ist, was dir in Erinnerung bleibt. Fuck, Mann, ich hab mir die Finger wundgetippt. 16:25

> 16:26 Yes, danke. Hab ich nicht mit gerechnet.

Antwortest du mir auch? 16:27

> 16:29 Joa. Dauert aber noch. Bin gerade unterwegs und hab nicht viel Zeit.

Wo eigentlich? 16:29

> 16:30 Zu Fuß durch Italien. Mit einer 80-Jährigen. Und ab und zu auch durch Köln 1957.

Jetzt ich so: WTF? 16:35

> 16:36 Weiß auch nicht.

›Hab nicht viel Zeit‹, gut, das war eine Lüge. Ich habe so viel Zeit wie noch nie. Aber da Zeit ja relativ ist, war's vielleicht auch nur eine halbe Lüge. Und Lügen, die niemand wehtun, sind doch erlaubt, oder? Liz lügt sicher auch, wenn sie sagt, dass ihr Bein wieder völlig in Ordnung ist. Tut mir nicht weh, besser gesagt tut ja nicht mir weh, also erlaubt. Helmut hat auch gelogen, als er vor dem Arsch Martin behauptet hat, dass er sich kaum an die Nacht der Operneröffnung erinnern kann. Das war auf jeden Fall erlaubt, weil er sich damit in einem ungerechten System selbst geschützt hat.

Ob das angeboren ist, das mit dem Lügen? Oder lernen wir das im Laufe unseres Lebens, wenn alles immer komplizierter wird und wir uns anders nicht mehr zu helfen wissen? Ist Lügen ein Schutzmechanismus, weil wir Angst haben vor … ja, vor was eigentlich?

Und was ist mit den ganzen anderen Lügen, die mit voller Absicht ausgesprochen werden, um jemand hinters Licht zu führen? So Social-Media-Lügen zum Beispiel, die andere glauben lassen sollen, wie perfekt das eigene Leben ist. Oder das Verbreiten von falschen Tatsachen. Machen wir das zum eigenen Schutz, um uns schon im Vorfeld unangreifbarer zu machen? Weil wir Angst haben, die Kontrolle zu verlieren und dabei gar nicht checken, dass Kontrolle wie ein Korsett ist, das uns daran hindert, uns frei zu bewegen? Sind wir alle angstgesteuerte Kontroll-Freaks? Feige Korsett-Träger? Lüge ich auch, weil ich Angst habe, die Kontrolle zu verlieren? Aber worüber? Über mein Leben? Da gibt's kaum was zu kontrollieren. Meine Gefühle? Ist es das? Lügen wir, um die Kontrolle über unsere Gefühle zu behalten? Habe ich diese kleine Lüge mit der Zeit an Jonas geschrieben, weil ich Angst habe, meine Gefühle zu offenbaren? Aber welche überhaupt?

Als Antwort stolpere ich über eine Wurzel, weil ich kein bisschen auf den Weg achte.

Liz bleibt stehen. »Sollen wir hier eine Pause machen?«

Ich drehe mich noch immer abwesend zu ihr um. Sie scheint es mir anzusehen.

»Alles klar?«

»Ja, war gerade nur in Gedanken. Können wir machen.«

Ich nehme meinen Rucksack von den Schultern und setze mich auf eine kleine Holzbank neben sie. In dem Moment merke ich erst, dass wir wohl schon eine ganze Weile bergauf marschiert sind. Mein Rücken ist pitschnass und mein Durst beinah unerträglich.

»Wo warst du denn?« Liz winkt mit einer braunen Banane, die sie aus ihrem Rucksack gekramt hat, und die wegen des einsetzenden Verfallsgeruchs schon als Schnapspraline durchgehen könnte, vor meinem Gesicht. »Willst du eine halbe?«

»Äh, danke. Nein. Bananen sind nicht so meins. Die sind entweder zu reif oder zu unreif. Und deine, na ja, riechste ja selber.«

»Weggeworfen wird die nicht.«

Liz nimmt demonstrativ einen großen Bissen von dem braunen Matsch und ich bin mir ziemlich sicher, dass ich ein unterdrücktes Würgen wahrnehme.

»Lecker!«

Ich muss laut loslachen. »Hm, sieht man dir an.«

»Gesünder als das da ist es allemal.«

Ich folge Liz' strafendem Blick auf meine Capri-Sonne, die ich mir gestern in Stia noch gekauft habe.

»Da sind Vitamine drin. Steht sogar drauf. Ist also gesund.«

Liz sagt darauf nichts, sondern kaut nur mit einer hochgezogenen Augenbraue und ansonsten unbeweglicher Miene ihren Pausensnack zu Ende. Sechs Sätze, zwei Lügen. Ihre Banane ist genauso wenig lecker, wie mein Getränk gesund ist. Aber hat diese Lügerei jetzt was mit Gefühlen zu tun, die wir kontrollieren wollen? Blödsinn! Ich check's nicht.

»Hab gerade eben nur nachgedacht. Und sobald man hier unterwegs nachdenkt, hört es gar nicht mehr auf, hab ich das Gefühl.«

»Wenn du mit allem durch bist, dann schon.«

»Und wann bin ich mit allem durch?«

Liz spült mit Wasser nach. »Das wirst du spüren. Und wenn du es spürst, musst du es nur noch deinem Kopf sagen.«

»Was?«

»Das er loslassen soll. Sonst geht's immer wieder von vorne los. Das, was da drin arbeitet«, sie fasst sich an den Kopf, »ist manchmal etwas schwer von Begriff.«

»Aha.«

Eine Libelle, groß wie eine Untertasse, saust um uns herum und verschwindet nach einigen wilden Kurven im grünen Dickicht. Ich schaue ihr nach, wische mir Schweißtropfen aus dem Nacken, damit die nicht ungehindert den Rücken runterlaufen und merke, dass ich noch nicht weiterwill.

»Kannst du deinem Kopf immer sagen, was er machen und denken soll? Besser gesagt nicht denken soll?«

Liz schüttelt den Kopf. »Schön wär's. Aber manchmal klappt's. Man muss nur energisch genug sein.«

»Und wann machst du das? Also bei welchen Themen?«

»Ach, da gibt's in meinem Alter viele. Lauter Fragen, ob ich was anders hätte machen sollen. In der Beziehung, bei der Erziehung und so weiter. Ob es um zu viel Klein-Klein ging in meiner Welt, statt um große Themen, die euch jungen Leute jetzt zum Beispiel umtreiben.«

»Und wie lauten die Antworten?«

»Es gibt eben keine. Und das muss mein Kopf akzeptieren. Ich habe alles so gemacht, wie es für mich zum jeweiligen Zeitpunkt richtig war. Natürlich würde ich heute und mit meinem heutigen Wissen vieles anders entscheiden, aber ist das jetzt noch zu ändern? Nein. Also Ruhe da oben.«

Liz verzieht ihre Stirn in noch mehr Falten und lächelt mir zu. Ich würde gern zurücklächeln, aber irgendwie will es nicht klappen. Und der Strohhalm meines Getränks stochert nur geräuschvoll ins Leere.

»Im Rückblick verstehe ich das. Zu ändern ist da nichts mehr. Aber was ist mit kommenden oder aktuellen Sachen und Themen? Und was ist, wenn man gar nicht weiß, ob das, was der Kopf da einem vorplappert, überhaupt die eigenen Worte sind? Oder ob es sich nur um Sprachfetzen handelt, die man irgendwo aufgeschnappt hat und die jetzt wie in einem Thermomix zu einer kackbraunen Bananenguacamole verkocht werden, bis das ganze Hirn verklebt?«

»Dann muss man zum Beispiel hierherkommen und laufen, bis man es weiß.«

Liz streichelt mir über die Hand. Es ist eine schöne Geste, weil es nichts mitleidig Tröstendes hat, sondern mir eher das Gefühl gibt, dass sie genau weiß, wovon sie redet.

»Egal, was dir dein Gehirn gerade verklebt: Hör auf dein Herz und bleib dir treu. Das ist das Wichtigste.«

»Und was ist, wenn das Herz von diesem Schleim auch betroffen ist?«

Irgendwie ist mir plötzlich zum Heulen zumute.

»Dann muss man noch weiter gehen. Einfach immer weiter.«

Ich wäre jetzt gern eine Libelle.

....
....

Helmut saß an seinem aufgeräumten Schreibtisch und heftete die letzten Unterlagen vor dem Wochenende ab, als sein Telefon klingelte. Er stöhnte innerlich auf, weil ein Anruf am Freitagmittag um kurz vor halb drei nie etwas Gutes bedeuten konnte. Allgemein bedeuteten Anrufe, die ihn erreichten, selten etwas Gutes. Entweder waren es irgendwelche Handwerker, die sich beschwerten, dass es mit einer Baugenehmigung viel zu lang dauerte, oder es gab mal wieder eine Anzeige von Unbekannt gegen einen verhassten Nachbarn, weil angeblich irgendwas ohne Erlaubnis gebaut wurde. Manchmal hatte er den Eindruck, einfach alle dämlichen Anrufe wurden ungeprüft zu ihm durchgestellt.

»Ich würde auch nicht rangehen.« Erich, sein 56-jähriger Arbeitskollege, mit dem er sich ein Büro teilte, kam wieder zur Tür rein und stellte ihm eine Flasche Bier auf den Tisch. »Wir haben Feierabend.«

Demonstrativ nahm Helmut den Hörer ab, weil er das freitagmittägliche Biertrinken, das jede Woche früher be-

gann, noch weniger mochte, als ein paar Minuten länger zu arbeiten.

»Helmut Esser, Bauamt der Stadt Köln, Abteilung 3. Wie kann ich helfen?«

Sein Kollege schüttelte nur den Kopf und prostete sich selbst zu.

»Na, endlich, Helmi. Ich bin's, Marlene.«

»Schatz, was gibt's?« Helmut war mehr überrascht als erfreut, weil es so gut wie nie vorkam, dass Marlene ihn von ihrer Arbeit bei seiner Arbeit anrief. »Wir sehen uns doch gleich. Wollte gerade los.«

»Ich kann nicht.«

Jetzt hörte Helmut, dass ihre Stimme ziemlich belegt klang.

»Ich fahr vom Büro gleich nach Hause. Mir ist schrecklich schlecht. Und Kopfweh habe ich auch.«

»Oh nein, dann komm ich zu dir. Und bring dich nach Hause.«

Marlene lachte gequält. »Mit dem Fahrrad? Lass gut sein. Eine Kollegin nimmt mich mit dem Auto mit.«

»Wirst du krank, oder,« Helmut drehte sich von seinem Kollegen weg, der ihm neugierig zuhörte, »ist es das Vierwochenproblem?«

Marlene flüsterte zurück, aber nicht, weil das Thema ihr unangenehm war, sondern um Helmut zu veralbern. »Wenn du mit Problem meine Regel meinst, dann ja. Habe ich doch immer, wenn sie so gut wie vorbei ist.«

»Ah ja …«

Helmut fühlte sich ertappt, weil er sich erst vor wenigen Wochen eine Diskussion mit Jutta geliefert hatte, besser gesagt:

Jutta hatte diskutiert, er hatte zugehört, weil sie es unmöglich fand, dass alle Welt so tat, als gäbe es keine Menstruation. Irgendwann hatte er ihr zugestimmt, um seine Ruhe vor ihr und diesem Thema zu haben. Und sich insgeheim vorgenommen, weiterhin so wenig wie möglich über die Regel der Frau zu reden. Jedenfalls war er sich danach sicher gewesen, dass Jutta mit ihrer krawalligen Denkweise irgendwann mal richtig, richtig Ärger bekommen würde. Das hatte er später auch warnend zu Marlene gesagt, die wenig überrascht meinte, dass Jutta sich dessen bewusst wäre. Damit verstand er die Freundin seines besten Freundes noch weniger, die sehenden Auges in ein offenes Messer lief. Keine Ahnung, wie Gerdi das aushielt. Er hoffte nur, dass Marlene sich von dieser Emanzipation, wie Jutta ihr störrisches Verhalten ständig nannte, nicht anstecken lassen würde. Zum Glück blitzte es bis jetzt nur manchmal durch.

»… kannst du dich ja mit diesem Italiener treffen.«

»Was?« *Helmut hatte nicht richtig zugehört.*

»Hörst du schlecht? Ich meinte, du kannst dich jetzt ja doch mit diesem Italiener treffen, der sich bei dir bedanken will, weil du ihm an Karneval das Leben gerettet hast.«

Helmut musste sich kurz daran erinnern, dass er Marlene ja die Wahrheit gesagt hatte, weil er nicht wollte, dass sie irgendwas von Martin erfuhr, was hinten und vorne nicht stimmte. Er hielt das für einen ziemlich klugen Schachzug, genau wie seine angebliche Absage dieser Verabredung, weil er lieber mit ihr die Schlafzimmermöbel anschauen wollte, die sie in einem sündhaft teuren Möbelgeschäft auf den exklusiven Ringen gesehen hatte. Dabei hatte es eine Absage nie gegeben, Enzo hätte in einer Stunde einfach nur vergeblich auf ihn gewartet.

»Ich fände es gut, wenn du dich mit ihm treffen würdest. Jutta hat auch gesagt, dass wir uns mehr um die ganzen Gastarbeiter kümmern sollten, die hierherkommen.«

»Jutta!« So langsam konnte er diesen Namen echt nicht mehr hören. »Dann soll sie sich doch mit diesen Ausländern treffen.«

Ungewollt war er laut geworden, was sein Kollege mit einem zustimmenden Grunzen zur Kenntnis nahm. Seiner Meinung nach, das wusste Helmut, musste man mit allen Frauen so reden. Und vor allem mit denen, die man bald heiraten wollte.

»Mach, was du willst, Helmi. Ich muss jetzt Schluss machen, sonst übergebe ich mich noch.«

»Tut mir leid, Schatz, gute Besserung. Ich komme morgen Nachmittag zu dir. Wollte mit deinem Vater noch ein paar Sachen wegen dem Umbau besprechen.«

»Da wird er sich freuen. Bis morgen, ich liebe dich.«

»Ich dich auch.«

Helmut legte auf und Erich schob ihm verständnisvoll die Bierflasche hin.

»Frauen.«

Helmut nahm einen großen Schluck. Und dann noch einen. Wenn die nur sein größtes Problem wären.

Wir sind mittlerweile auf dem Weg zum Croce Gaggi, dem höchsten Punkt unserer heutigen Etappe, und schnaufen uns gegenseitig was vor. Liz, weil sie während des Laufens erzählt, ich, weil Liz sich während des Erzählens und Laufens auf mich stützt. Ihr Knie scheint wieder zu schmerzen, woran natürlich nur die kurze Pause schuld ist. Und nicht die Extrembelastung, der sie ihre 80-jährigen Knochen aussetzt. Aber ich sage nichts. Zumindest nichts dazu.

»Du kennst ja echt viele Details von denen?«

»Klar, sie waren meine besten Freunde.«

»Marlene und Jutta? Oder Helmut und Enzo?«

»Sie alle. Sie waren meine Familie. Und sie haben mich mein Leben lang nicht losgelassen.«

»Im Kopf?«

»Da auch.«

»Dann läufst du hier nicht nur aus Dankbarkeit, wie du gesagt hast, sondern auch ein bisschen, um diese Geschichte nach dem Aufschreiben endlich loslassen zu können? Das hast du mit ›ich brauch noch die Zeit bis Assisi‹ gemeint?«

Liz schaut mich amüsiert an. »Wer von uns ist jetzt der neugierige Fragensteller?«

»Ich lerne eben schnell. Und eine habe ich auch noch: Warum willst du die Geschichte überhaupt loslassen?«

»Komm. Weiter.«

»Weil sie kein gutes Ende genommen hat?«

Liz bleibt mir die Antworten auf meine Fragen eisern schuldig, und ich frage mich, ob Schweigen nur eine Art der Zustimmung ist, oder auch eine Form von Lügen sein kann, damit die Gefühle unter Kontrolle bleiben.

9.

Enzo lehnte an einem Damenrad und beobachtete ein Ausflugsschiff, das auf dem Rhein an ihm vorbeifuhr. Er stand genau an der Stelle, wo sie sich einige Nächte zuvor verabschiedet hatten. Helmut schaute sich um, bevor er sich ihm näherte. Es waren viele Menschen unterwegs. So viele, dass weder er noch der Italiener groß beachtet wurden.

Dabei sah Enzo auffallend gut aus. Helmut fiel es zumindest auf. Er war von seiner Arbeit an der frischen Luft braun gebrannt. Er trug ein weißes Hemd und eine kurze, helle Leinenhose. Seine nackten Füße steckten in zwei Ledersandalen, was Helmut sofort bemerkte, weil er immer Socken trug, wie er es von seiner Mutter beigebracht bekommen hatte. Auch heute. Seine dunklen Haare standen, anders als die anderen Male, lockig vom Kopf ab. Dafür strahlten seine schwarzen Augen wie immer. Genauso hatte Helmut sich die Capri-Fischer vorgestellt, die in Erichs Büro-Radio ständig besungen wurden.

Beiläufig schaute er an sich runter und wurde sich zum ersten Mal bewusst, dass er in seiner Stoffhose und seinem Kurzarmhemd mit der Krawatte ziemlich steif aussah. Wenn er sich mit Gerdi traf, war ihm das noch nie aufgefallen, jetzt schon. Aber schließlich war er ja auch Beamter, also beinah, und kein Eisverkäufer. Trotzdem nahm er seine Krawatte ab und steckte sie in seine Aktentasche. Dann machte er sich bemerkbar.

Enzo grinste ihn an und zeigte stolz auf sein Rad. »Hab ich geliehen von Nachbarin. Können wir bisschen fahren.«

»Wohin? In Urlaub? So wie du aussiehst.«

Helmut hörte selbst, dass die drei Feierabendbier, die er mit seinem Kollegen viel zu schnell getrunken hatte, seine Zunge etwas lahm machten. Und den Kopf auch, was aber den Vorteil hatte, dass sogar seine Bilder keine Energie hatten, aufzuploppen.

»Ja, El Mut, fahren wir eine Tag in Urlaub. Bis Italien. Müssen wir aber schnell fahren.«

Helmut musste bei der Vorstellung widerwillig grinsen. »Du spinnst.«

»War deine Idee.«

»Jetzt mal ernsthaft. Soll ich dir irgendwas in der Stadt zeigen?«

»Zeig mir dein geliebter Platz.«

»Mein was?«

»Wo du gern bist.«

»Ach so, meinen Lieblingsplatz.«

Helmut überlegte, darüber hatte er sich schon lang keine Gedanken mehr gemacht. Vor ein paar Jahren kletterte er allein oder mit Gerdi gern auf den Schuttberg hinterm Güterbahnhof, weil man dort einen tollen Blick über die Stadt und an manchen Tagen bis zum Siebengebirge hatte. Den Melaten-Friedhof mochte er auch, aber da war er regelmäßig mit Marlene, um sich Lebensgeschichten zu den verwitterten Namen auszudenken. In die Stadt selbst wollte er nicht zurück. Nicht mit ihm.

»Willst du wissen, wo man hier baden kann? Du vermisst doch sicher das Meer, oder?«

Enzo bejahte.

»Dann komm. Ich zeig dir den Escher See. Ist nicht mein Lieblingsplatz, aber ganz gut. Und unterwegs kaufen wir uns noch zwei Bier.«

Helmut wollte nicht, dass das entspannte Gefühl in seinem Kopf wegging. Noch nicht. Überhaupt nie.

....
....

Mir ist noch was eingefallen:
Ich denke jeden Tag, seit sie
nicht mehr da ist, an meine kleine
Schwester Lina. Ich glaube, sie
ist der Kern des Kerns.
LG, Jonas 10:12

Lina war besonders. Hab noch Fotos in der Cloud von ihr. Manchmal werden sie mir angezeigt. Sind schöne Erinnerungen. Lustige. Sie konnte einfach nicht verlieren. ☺ 15:37

Sag ich ja: Der Kern des Kerns.
Ich kann auch nicht verlieren.
Merk ich immer mehr. 15:45

Merk ich auch. Daran, dass du nie richtig aufgehört hast mit Schreiben. 15:46

☺ 15:46

Dafür gibt's viele Gründe. Zuerst war's,
glaub ich, das schlechte Gewissen,
weil ich dir angetan habe,
was ich dir angetan habe.
Dann, als ich wieder zurück im Leben war,
hab ich bemerkt, dass du mir als Freund
total fehlst. Und mittlerweile, nach
gefühlten 100 Irgendwasmitverknalltsein-
undsex, kapiere ich auch noch, dass
man die erste Liebe einfach nicht
vergisst. Sorry for ... you know! 15:51

> No sorries, no worries ... Erste Lieben heißen ja so, weil es danach noch viele weitere gibt. Geben soll. Wie erste Zähne. Erstes Handy. Erster Platz. Ok, Zähne war ein doofes Beispiel. Da ist ja nach den Dritten Schluss. Aber je mehr die Nummer 1 nach hinten rückt, desto mehr gerät sie auch in Vergessenheit. Ich glaube jedenfalls, dass es so sein soll. Zugegeben: Unsere erste Liebe, die ja quasi auch ein erstes Mal war, war tatsächlich sehr kurz und hatte kaum eine Chance. Ob sie deswegen noch bei dir (und bei mir schon auch) präsent ist, weil sie unvollendet geblieben ist? Musste gerade wieder an unseren Strand denken, weil ich mit zwei Typen auf dem Weg zu einem anderen Strand bin. 16:12

Das war die längste Nachricht,
die du mir seit vier Jahren
geschrieben hast. Und schön.

> Schön wirr, vor allem das mit
> den Zähnen. Gefällt mir! Alles andere
> erklärst du mir vielleicht mal
> irgendwann. 16:13

»Was gibt's zu grinsen?«

Liz steuert wie eine Leuchtboje durch zahlreiche Wanderer und Tagestouristen auf mich zu.

»Wenn du noch aufs Klo musst, geh am besten hier. Nicht, dass du musst, wenn wir im Bus sitzen. Und ein Blick in die Kirche lohnt sich auch. Mehr als in dein Telefon.«

Ich schaue mich peinlich berührt auf dem Klosterhof um, ob uns jemand versteht.

»Ja, Uromi.«

Liz tut so, als würde sie mir gleich eine scheuern. »Nenn du mich noch einmal Uroma.«

»Schrei du noch mal vor tausend Leuten rum, dass ich aufs Klo gehen soll. Ich bin fast 20. Ich weiß selber, wann's so weit ist.«

»Jaja, war nur gut gemeint.« Sie zwinkert mir zu. »Erzähle mir lieber, wem du da so grinsend schreibst?«

»Einem Freund.«

Liz blättert einen Busfahrplan auseinander, den sie auf ihrer Besichtigungstour über das Klostergelände ergattert hat. Auf den letzten Metern zum Kloster Camaldoli hatten wir uns entschieden, also ich hab's vorgeschlagen, Liz nach einigem hin und her zugestimmt, dass wir einen weiteren Berg auslassen und den Bus zu unserer Unterkunft nehmen. Noch mal drei Kilometer Auf und Ab muss wirklich nicht sein.

Liz tut, als würde sie die Abfahrtszeiten studieren, während ich an einem öffentlichen Hahn meine Wasserflasche auffülle.

»Heißt der Freund Jonas?«

»Wie kommst du darauf?«

»Nur so. Um 16 Uhr 38 fährt einer. Nein, um 17 Uhr 02. Meine Güte, warum sind Busfahrpläne auf der ganzen Welt eigentlich so kompliziert?«

Ich nehme ihr den Plan aus der Hand. »Ja, Jonas. So heißt er. Du bist nicht nur neugierig, sondern auch noch Hellseherin, was?«

»Aufmerksam. So nennt man das.«

»Und womit hab ich mich verraten? Der letzte Bus fährt um 17 Uhr 02.«

»Deine grauen Augen mal wieder. Sie glänzen, wenn du ehrlich lachst.«

»Jetzt plötzlich. Sonnenmilch wahrscheinlich. Oder verschmierte Kontaktlinsen.«

Ich nehme einen Schluck Wasser. Durst ist es nicht, eher Übersprung. Und ein großer Fehler, denn genau in dem Moment kreischt Liz los, wie ich es nur von meinem Kumpel Jakob kenne, wenn die Bremsen seines Rollstuhls mal wieder versagen. Vor Schreck kippe ich mir die halbe Flasche Wasser übers Shirt.

»Von wegen 17 Uhr 02. Schau mal da vorn, da steht er schon.« Liz hat recht. Unser Zielort Badia Prataglia steht blinkend auf der elektronischen Anzeige eines Busses. Ich kralle mir unsere Rucksäcke und stolpere zur Haltestelle.

Mein Fuß blockiert die Tür, die verzweifelt versucht, sich zu schließen. Gleichzeitig beobachte ich Liz, wie sie angehumpelt kommt, und muss aus unerfindlichen Gründen einfach nur lachen. Vielleicht, weil ich aussehe, wie die Teilnehmerin eines Wet-T-Shirt-Contests. Vielleicht auch, weil Liz auf die italienische Unpünktlichkeit schimpft wie ein amerikanischer Rohrspatz, und der Busfahrer, der kein Wort versteht, genauso motzig zurückschimpft. Vielleicht auch, weil heute einfach ein guter Tag war. Wer weiß das schon. Und nicht vielleicht, sondern ganz sicher, ist es am Ende ja auch vollkommen egal.

....
....

Sie nahmen den längeren Weg über Ehrenfeld, weil Helmut nicht zu nah an seinem Zuhause vorbeiradeln wollte. Immer wieder zeigte er nach links und rechts auf Gebäude und Plätze, die Enzo sich merken sollte, und dabei gefiel er sich nach und nach immer besser in der Rolle des Touristenführers.

Und weil er seine Stadt zum ersten Mal mit den Augen eines Fremden sah, sah er auch die Jahre, die Köln noch mit den Wunden des Krieges würde leben müssen. Und er nahm sich insgeheim vor, einer derjenigen zu sein, die mit ihrer Arbeit dafür sorgen würden, die Narben so klein wie möglich ausfallen zu lassen. Es gab ihm ein gutes Gefühl, seine eintönige Schreibtischarbeit erschien ihm plötzlich richtig sinnvoll, genau wie das durch die Gegend Radeln mit diesem Italiener.

Als aber hinter Ehrenfeld die Felder anfingen, blieb ihm außer Weizen und Gerste nichts mehr übrig, was er zeigen konnte. Und bis zum Butz, der nur noch ein paar Wochen der offizielle Flughafen Kölns sein würde, waren es noch einige Kilometer.

Unsicher, was er reden sollte, fuhr er einfach etwas schneller, obwohl ihm trotz der Wolken am Himmel schon ziemlich heiß war.

»*Vuoi uccidermi?*«

»*Was?*«

»*Ob du vorhattest, mich umzubringen?*« *Enzo keuchte in seinem Rücken.* »*Mein Fahrrad ist nicht gut.*«

Da hatte er zwar recht, das Damenrad klapperte an allen Ecken und Enden, aber Helmut tat das amüsiert als Ausrede ab.

»*Du bist unsportlich.*«

»*Du bist unfreundlich.*«

Helmut musste wieder grinsen, aber dieses Mal ließ er es zu, weil Enzo sein Gesicht nicht sehen konnte. Er drosselte sein Tempo.

»*Wo kommst du eigentlich her?*«

Enzo kämpfte sich an seine Seite. »*Stromboli.*«

»*Von dem Vulkan?*«

»*Sì.*«

»*Kann man darauf leben? Ist das nicht total gefährlich?*«

»*Nur wenn du sehr nah an Feuer gehst.*«

Enzo schob ein Lachen hinterher. Es war nur ein kurzes Auflachen, aber Helmut hörte genau, dass es etwas zu bedeuten hatte. Er wusste nur nicht was. Oder wollte es nicht wissen. Darum ignorierte er es und reagierte auch nicht auf den Seitenblick, den Enzo ihm zuwarf.

»*Und warum bist du nach Deutschland gekommen?*«

»*Geld verdienen für famiglia. Ist nicht einfach auf der Insel.*«

»*Und als Eisverkäufer verdient man Geld?*«

»War erst in Fabrik. In Kalk. Aber mein Onkel will großes Eis-Geschäft aufbauen. Darum bin ich jetzt bei ihm. Der ist schon zwei Jahre hier in Deutscheland.«

»Und du wohnst bei ihm?«

»Sì.«

»Und deine Verlobte?«

»Wer?«

»Deine Frau. Kommt die nach? Oder gehst du wieder zurück?«

Enzo knallte sich mit der flachen Hand an die Stirn und wurde dadurch noch langsamer.

»Ah, sì, Maria. Ja, die wartet zu Hause auf mich. Also zu Hause Italien. Kommt vielleicht nur mich mal besuchen.«

Helmut überlegte. Richtig vorstellen konnte er es sich nicht, so lang von Marlene getrennt zu sein. Überhaupt so lang nicht zu Hause zu sein. Enzo schien es nichts auszumachen. Oder die finanzielle Not seiner Familie war so groß gewesen, dass es ihm nichts ausmachen durfte.

»Hast du kein Heimweh?«

Es kam keine Antwort und Helmut vergewisserte sich, ob Enzo noch da war. Er drehte sich um und schaute ihm direkt in die Augen – in diese furchtbar warmen Augen. Der Alkohol in seinem Blut schien sich schon verflüchtigt zu haben, die Bilder machten sich wieder bemerkbar.

»Ich sterbe wegen Heimweh. Jeden Tag. Aber ich glaube, mit dir als Freund wird es nicht mehr so tun weh.«

Helmut schaute wieder nach vorn, um nicht im nächsten Graben zu landen. Und weil ihm schlagartig klar wurde, was er eben noch nicht kapiert hatte. Enzo war wie das Feuer, das es auf dem Vulkan Stromboli und überall auf der Welt zu meiden galt. Dieses Treffen war ein riesengroßer Fehler.

Und trotzdem fuhr er weiter.

....
....

Wir treffen uns zum Abendessen wieder. Liz übernachtet in einem der wenigen Hotels in diesem kleinen Bergdorf, ich in dem Vierbettzimmer einer sehr billigen Herberge. Billig in allen Bereichen. Komischerweise stört mich das aber kaum noch. Obwohl ich erst seit ein paar Tagen unterwegs bin, habe ich mich schon voll angepasst. Nachts nie allein, sondern mit Liz oder Fremden zusammen in einem Zimmer, selten richtig ausgeschlafen und so gut wie immer nicht ganz sauber, also körperlich, weil die Duschen nur in Teilzeit arbeiten. Sogar mein immer noch viel zu schwerer Rucksack ist schon so was wie ein weiterer Körperteil von mir geworden. Und meine ehemals weißen Sneakers eh. Alles scheint mittlerweile genau richtig zu sein, obwohl alles irgendwie anders ist.

Anders als im Frankfurter Alltag zumindest, wo oft Kleinigkeiten eine wahnsinnig große Rolle spielen. Hier sind die Kleinigkeiten klein, und die großen Rollen groß. So, wie es sein soll.

Okay, mal abgesehen von meinen Blasen, die sind mittlerweile leider zu groß, um noch als Kleinigkeit durchzugehen. Aber ich habe mir neues Pflaster besorgt, die Blasen versorgt und gehe beschwingt auf den Dorfplatz zu.

Liz steht schon da und wartet auf mich. Sie ist nicht zu übersehen. Ich beobachte sie einen Moment.

Wie anders wohl meine Reise geworden wäre, hätte ich diese kauzige alte Lady nicht getroffen. Ich mag es mir gar nicht vorstellen, weil ich sie nach so kurzer Zeit schon als Freundin bezeichnen würde. Vielleicht etwas schnell und merkwürdig, da sie so viel älter ist als ich, andererseits habe ich vorher auch noch nie in so einer Geschwindigkeit mit jemand gelacht, vor jemand geweint und mit jemand gestritten. Keine Ahnung, ob das eine Eigenschaft von Liz ist, dass sie Menschen, also mich, mit ein paar wenigen Fragen durch das totale Emotionenlabyrinth jagen kann. Oder ob es an dieser Wanderung liegt, bei der alle Gefühle dieser Welt mitzulaufen scheinen. Who knows. Eins ist jedenfalls sicher: Hätte ich Liz nicht getroffen, sondern vielleicht jemand anders, hätte ich auch ihre Freunde Helmut und Enzo nicht kennengelernt, die jetzt schon zu meiner Reise gehören, als wären sie live dabei. Und von deren Ausflug an diesen Kölner Badesee ich so schnell wie möglich mehr erfahren will.

Aber Liz scheint nicht in Erzähllaune zu sein. Sie tippt hektisch auf ihre Armbanduhr, als sie mich sieht.

»Na, endlich. Mein Magen hängt auf halb acht. Dass ihr jungen Leute euch überhaupt noch trefft und nicht ständig verpasst, so unpünktlich, wie ihr seid.«

»Hey, fünf Minuten. Erst ab fünfzehn schreibt man 'ne Nachricht.«

»Sagt wer?«

»Das Regelwerk der U20-Jährigen.«

Liz rümpft nur ihre Nase. »Darin gibt's hoffentlich auch einen Abschnitt über den Umgang mit der älteren Generation?«

»Ja.«

»Und warum hast du den nicht gelesen?«

»Hab ich. Da steht aber nur, dass man sich vor älteren Menschen in Acht nehmen soll, wenn man mit dem E-Scooter unterwegs ist, weil sie gern mal einfach mitten im Weg stehen bleiben und sich – umschauen.«

Ich sehe Liz an, dass sie sich ein Lachen verkneifen muss.

»Orientieren, nennt man das. Den Weg finden. Das würde euch ab und zu auch nicht schaden.«

»Wir müssen uns ständig neu orientieren. Das hab ich dir ja schon mal gesagt. Aber weil das manchmal echt anstrengend ist, rasen wir halt schneller, damit wir manche Abzweigungen übersehen. Also gewollt übersehen.«

Liz denkt nach. Ihre Hände sind unruhig und ich warte.

»Vielleicht. Kann sein. Und bei uns Alten ist es eben so, dass es auf den letzten Metern auf jede richtige Abzweigung ankommt. Kein Mensch will kurz vor dem Tod feststellen, dass er in einer Sackgasse steckt, oder?«

Nein, vermutlich nicht. Vermutlich nie. Doch bevor ich darauf etwas sagen kann, nimmt Liz meine Hand.

»Komm, wir essen da drüben. Ich möchte draußen sitzen, bevor der Regen kommt.«

Überrascht schaue ich in den Himmel und sehe eine Gewitterfront auf uns zukommen, die im totalen Kontrast zu der ruhigen Abendstimmung auf dem Dorfplatz steht.

»Krass, hab ich gar nicht gesehen.«

Sie zwinkert mir zu. »Ach, ich habe mich ein bisschen umgeschaut, da ist es mir aufgefallen.«

»Siehste, hat das Warten ja doch sein Gutes.«

»Du musst auch immer das letzte Wort haben.«

»Wie gesagt: Ich lerne schnell.«

Ein kleines Restaurant hat Stühle und Tische auf die Straße gestellt. Die steuern wir an. Ich ziehe Liz voll gentlemanlike einen Stuhl zurecht, wie ich es manchmal bei meiner Oma mache, und habe sie direkt wieder versöhnt. Klappt immer.

Liz begrüßt ein paar Wanderer und Einheimische, bestellt auf Italienisch Wein und Spaghetti für uns beide und schaut noch mal prüfend, vielleicht auch orientierend, in den Himmel.

»Damals zogen auch Wolken auf.«

»Über diesem See, wo Enzo und Helmut waren?«

»Über ganz Köln.«

....
....

»Da sind wir. Das ist der Escher See. Ist nicht gerade das Meer, aber hier kannst du baden. Darfst dich nur nicht erwischen lassen.«

Sie hatten die Räder an der Straße abgestellt und sich durch das Gestrüpp bis zum Ufer durchgekämpft. Der kleine See lag völlig verlassen vor ihnen, was kein Wunder war, weil die Wolken am Himmel immer dichter und dunkler wurden. Doch Enzo schien das nicht zu stören. Er zog seine Sandalen aus, stellte sich ins flache Wasser und breitete die Arme aus.

»Willst du schwimmen, El Mut?«

»Schau mal nach oben. Wir sollten lieber wieder zurückfahren. Außerdem haben wir keine Handtücher dabei. Und Badehosen auch nicht.«

»Brauchen wir doch nicht.«
»Ihr Italiener vielleicht nicht. Wir Deutschen schon.«
»Weil ihr was habt zu verstecken?«
»Weil es sich nicht gehört.«
Wobei Helmut aus eigener Erfahrung wusste, dass es nichts Schöneres gab, als sich nackt im Wasser treiben zu lassen. Das tat er aber nur, wenn er wirklich ganz allein war.

Enzo drehte sich lachend um.
»Keine Angst. Ich kann nicht schwimmen.«
»Du kannst was nicht?« Helmut konnte das nicht glauben. »Du bist doch am Meer aufgewachsen.«
Er hob nur die Schultern. »Kein Italiener kann schwimmen.«
»Ihr seid ein komisches Volk.«
»Ist komisch, das von einer Kartoffelfresser zu hören.«
Helmut fiel auf die Schnelle nicht ein, was er darauf erwidern soll. Und war gleichzeitig nicht zum ersten Mal an diesem Nachmittag erstaunt, dass dieser Italiener ihn in einer ihm fremden Sprache zum Schweigen bringen konnte.
»Warum kannst du so gut Deutsch?«
»Danke, El Mut. Erste Kompliment von dir.«
»War kein Kompliment, war eine Feststellung.« Helmut wollte diesem redegewandten Kerl wenigstens ab und zu Paroli bieten.
»Setzen wir uns und trinken unsere Bier? Dann erzähl ich dir.«

Und während Enzo sich schon in die kleine Sandfläche mehr legte als setzte, schaute Helmut noch mal unwohl zum Himmel hoch und hoffte, dass sich das drohende Gewitter wieder von alleine verzog.

»Bin nach Deutscheland gekomme, weil es zu wenig Arbeit gibt in Italia. Und gar nicht auf Stromboli. Mio padre ist Fisch …«

»Fischer.«

»Sì, Fischer. Hab zwei kleine Bruder, Geld reicht nicht. Habe keine andere Wahl.«

Helmut nickte, dieses Problem kannte er nur zu gut. Und auch das beklemmende Gefühl, verantwortlich für die jüngeren Geschwister zu sein.

»Aber«, dabei grinste Enzo und stupste Helmut gegen die Schulter, »ist gut, dass ich da bin. Hab ich dich kennegelernt.«

Helmut versuchte, die Berührung zu ignorieren.

»Und was fehlt dir am meisten? Du hast vorhin gesagt, dass du Heimweh hast.«

»Schwierig.« Enzo dachte nach. »Alles irgendwie. Meine famiglia, die Menschen auf meine Insel, das Meer, morgens ist es wunderschön, jede Tag wie neu. Die Sonnenuntergang, du hast noch nie was Schöneres gesehen. Maria natürlich. Mein Zuhause einfach.«

Helmut schwieg, es fiel ihm schwer, darauf etwas zu sagen, weil er noch nie länger als zwei Nächte von zu Hause weg war. Und selbst da war er nur im 50 Kilometer entfernten Wuppertal.

»Das war ganz schön mutig von dir, dass du dein Zuhause verlassen hast. Ohne genau zu wissen, was dich hier erwarten wird.«

»Vielleicht. Mutig und notwendig. Für famiglia und mich.«
»Notwendig für dich?«

Zum ersten Mal druckste Enzo herum. »Wie kann ich erkläre? Du hältst mich für stupido.«

»Tu ich eh. Also versuch's.«

»Sehr lustig, El Mut. Haha.« *Er wurde gleich wieder ernst.* »Ich vermisse Zuhause. Hab ich gesagt. Stimmt auch. Aber auf Insel wohnen, ist nicht immer einfach. Und auf Vulkan auch nicht. Er ist groß, mächtig und er lässt es dich spüren. Jede Tag. Er hält dich klein.«

Enzo imitierte das Grummeln des Vulkans, das auf seiner Insel täglich mal laut, mal leiser zu hören war.

»Es macht sich lustig über deine Träume, wenn du Träume hast, zum Beispiel von eine andere Leben. Bis du aufhörst mit träume, weil du kapierst, dass du keine Chance gegen ihn hast.«

Und dann erzählte Enzo von seinem Traum, den er verfolgte und der ihn verfolgte, seit er ein Kind war, seit 1949 ein Kinofilm auf seiner Insel gedreht wurde und er einer Oscarpreisträgerin bei der Arbeit zusehen durfte.

Helmut war völlig irritiert, weil ihm noch nie jemand so einen absurden und unwahrscheinlichen Berufswunsch gestanden hatte, noch dazu ein Eisverkäufer aus Italien.

»Wie, Schauspieler? Hier in Köln? Kannst du das überhaupt?«

Mit einem Satz sprang Enzo auf, baute sich vor Helmut auf und machte einen übertriebenen Knicks.

»Bella donna, wenn ich bitten darf.«

»Hör auf. Hast du einen Knall?«

Helmut musste lachen, doch gleichzeitig war ihm die Situation schrecklich peinlich. Und er dankte Gott, dass sie niemand sah, denn Enzo ließ sich nicht davon abhalten, die Rolle des verschmähten italienischen Liebhabers bis zum Ende durchzuspielen. Dann legte er sich wieder in den Sand und strahlte Helmut mit tränenfeuchten Augen an.

»Und? Habe ich mir selber ausgedacht. Gut, oder?«

Helmut schüttelte nur den Kopf. Er war weit entfernt davon, zuzugeben, dass es abgesehen vom Inhalt ganz gut gespielt war. Also sofern er das beurteilen konnte.

»Ich kapier aber immer noch nicht, wie du Schauspieler werden willst. Du bist Eisverkäufer.«

Enzo tat beleidigt. »Aber nur, bis ich genug Geld für meine famiglia habe. Dann werde ich ein Star. Hier oder in Italia. Egal. Werde ganz bald auf eine große Bühne stehen. Das weiß ich.«

Helmut war von Enzos unbedingtem Willen, seinen Traum erfüllen zu wollen, widerwillig beeindruckt. Er hatte sich aufgemacht in ein fremdes Land, raus aus seinem alten Leben, hinein in ein Abenteuer, dessen Ende nicht absehbar war. Enzo war mutig. Und er?

»Dann aber besser keine Kampf- oder Schwimmszenen spielen.«

»Du versuchst lustig zu sein, El Mut?«

»Ich bin lustig.«

Helmut grinste und prostete Enzo zu. Dank des Biers war seine Anspannung wieder komplett verschwunden. Genau wie der Gedanke, dass er sich an dem Feuer, das von Enzo ausging, die Finger verbrennen konnte. Weil es nicht passieren würde, weil sie nur auf dem Weg waren, gute Freunde zu werden.

»Ihr Deutsche habt eine komische Humor.« Enzo lächelte zurück. »Erzähl du mir von dir, El Mut. Von deine Träume.«

»Ähm ...«

Helmut war völlig überrumpelt, weil er nicht wusste, wann er jemals nach seinen Träumen gefragt wurde. Hatte er überhaupt noch welche? Also abgesehen von diesen merkwürdigen Träumen nachts, die ihn seit einem halben Jahr heimsuchten und von denen er Enzo garantiert nichts erzählen würde. Oder hatte er mit Träumen aufgehört, als er seinen Vater vor sieben Jahren auf dem Dachboden gefunden hatte? Weil an dem Tag sein erstes Leben endete und das zweite begann, in dem kein Platz mehr zum Träumen war.

»Ich glaube, also, da gibt's nichts, was ich dir erzählen könnte.«

Enzo schaute ihn ehrlich überrascht an. »Aber jeder Mensch hat Träume.«

»Nur, wenn man nicht glücklich und zufrieden mit dem ist, was man hat.«

»Bist du glücklich?«

Gerade als Helmut demonstrativ bejahen wollte, blitzte und donnerte es direkt über ihnen und schon in der nächsten Sekunde prasselten Wassermassen auf sie nieder, als müsste der Regen eines ganzen Jahres in wenigen Augenblicken fallen. Und noch bevor sie das realisierten und aufsprangen, waren sie schon klatschnass.

»Porca miseria! Wohin?«

»Verdammt. Woher soll ich das wissen?«

Ein Blitz entlud sich direkt über ihnen. Die Welt um sie herum schien unterzugehen.

»Scheiße.« *Hektisch schaute Helmut sich um. Er kannte hier keinen Unterschlupf.* »Da lang.«

Er rannte los, Enzo hinterher. Erst zurück durchs Gebüsch, dann dahin, wo sie ihre Fahrräder abgestellt hatten. Doch ein umgestürzter Baum versperrte ihnen den Weg zur Straße. Helmut spürte plötzlich, wie Enzo an ihm riss. Er brüllte etwas, was er nicht verstand, und zeigte in die entgegengesetzte Richtung. Helmut wollte erst protestieren, weil am anderen Ende des Weges nur ein Zaun das Gelände zu einer Kiesgrube abtrennte. Und gab vor Schreck klein bei, als ein Blitz keine zehn Meter von ihnen entfernt ins Unterholz fuhr. Warum hatte er nicht auf das verdammte Wetter geachtet, er behielt doch sonst immer alles im Blick?

Der Wind kam aus allen Richtungen und der Regen prasselte immer stärker auf sie nieder, während sie sich durch dichte Brombeerbüsche kämpften, doch die Schmerzen der Stacheln waren nichts im Vergleich zu der Angst um ihr Leben, die sie gleichermaßen antrieb.

Enzo knallte in den Holzzaun, der ihnen wie aus dem Nichts den Weg versperrte. Wie von Helmut vermutet, war dieser Weg eine Sackgasse.

»Ich wusste es!« Er drehte sich um und brüllte: »Wir müssen zurück!«

Doch Enzo blieb stehen und deutete am Zaun entlang auf einen kleinen Bretter-Verschlag, der im Regen kaum auszumachen war.

»Da. Unterstehen«, schrie er ihn an.

»Wie? Du willst dich da drin unterstellen? Das ist viel zu klein.«

»Dai!« Enzo zeigte nach oben. »Das ist gefährlich. Und freddo.«

Jetzt merkte Helmut es auch. Die Temperatur war in wenigen Augenblicken um einige Grad gesunken. Und weil sie völlig durchnässt waren, fühlte es sich eisigkalt an.

Enzo hatte die Brettertür des winzigen Schuppens bereits aufgestemmt und stellte eine rostige Schubkarre ins Freie.

»Hier. Ist jetzt Platz.« *Ohne Helmuts Antwort abzuwarten, quetschte er sich in das Innere des Verschlags, in dem er nicht mal aufrecht stehen konnte.* »Komme!«

Helmut folgte ihm wohl oder übel, weil es keine Alternative gab – außer zu den Rädern zurückzukehren und sich den andauernden Blitzen als Zielobjekt anzubieten. Gebückt und rückwärts kroch er in die Hütte und zog die Brettertür zu. Es war augenblicklich dunkel und seine Augen gewöhnten sich ziemlich langsam an die neuen Lichtverhältnisse. Immerhin war es von oben einigermaßen trocken, nur an den Füßen rauschte das Regenwasser auch in der Hütte ungebremst bergab.

»Madonna.«

Helmut drehte sich so gut wie möglich zu Enzo um, der auf einem rostigen Stahltrog neben ihm saß und seine triefenden Sandalen in Sicherheit brachte.

»Setzen.«

Enzo rutschte etwas zur Seite und Helmut nahm neben ihm Platz.

»Was für ein Unwetter.«

»Kannst du sagen. Oft hier?«

Ein donnerndes Krachen hinderte Helmut am Antworten. Sie zuckten gleichzeitig zusammen.

»Ich kann mich an keins erinnern, das so heftig war.«

Es war gelogen. An dem Abend, als sein erstes Leben endete, war es ganz ähnlich. Das Gewitter damals war auch der Grund dafür gewesen, dass seine Mutter mit seinen Schwestern zu spät nach Hause kam und er zwei Stunden ganz allein mit seinem Vater verbringen musste, der baumelnd an einem Balken hing und vom Wind in dem zugigen Dachboden immer wieder durchgeschüttelt wurde.

Um die Erinnerungen an diesen schrecklichen Tag, die heute – warum auch immer – etwas zu häufig aus ihrem sicheren Versteck auftauchten, loszuwerden, schaute er sich in ihrer kleinen Behausung um. Sein Blick blieb an Enzo hängen.

»Äh, was machst du?«

Enzo war dabei, sein nasses Hemd umständlich auszuziehen. »Solltest du machen auch. Sonst du krank morgen. Wenn ich krank, bringt meine Onkel mich um.«

Unwohl fasziniert schielte Helmut auf den nackten Oberkörper neben sich, auf die dunklen Haare, die die Brustmuskeln bedeckten, während Enzo sein Hemd auswrang und ihn unabsichtlich ständig berührte.

Er räusperte sich. »Ich muss morgen nicht arbeiten. Darum ist es egal.«

War es natürlich nicht, er musste morgens seiner Mutter helfen und danach Marlene besuchen. Weiter konnte er nicht denken, weil er völlig abrupt niesen musste.

»Siehst du. Krank. Versprochen: Ich schaue dir nichts weg.«

Helmut lachte auf, um zu überspielen, dass er sich ertappt fühlte, und begann, sein Hemd aufzuknöpfen. Enzo hatte recht. Es war ungesund, kalte nasse Kleidung zu tragen. Und er hatte kein Problem, sich neben Enzo auszuziehen. Sie waren Freun-

de und wären sie als Freunde heute schwimmen gegangen, hätten sie schließlich noch viel weniger angehabt. Trotzdem rutschte er etwas zur Seite, was kaum noch möglich war.

»Bist sehr stark.« Enzo kniff Helmut in den Oberarm.

»Ich boxe.«

»Ich weiß.«

»Nein, richtig. Mit Training. Nicht nur nachts auf der Straße, wenn sich ein Italiener nicht zu benehmen weiß.«

»Lustig, du …«

Ein Donner brachte Enzo zum Schweigen. Sie rückten unweigerlich näher zusammen und plötzlich spürte Helmut, wie sich ein Arm um seine Schulter legte. Die Stellen, wo der Arm seinen Körper berührte, wurden auf Anhieb warm, genau wie seine Seite, an die sich Enzos nackter Oberkörper presste. Und das Kribbeln, das von diesen Punkten ausging, verteilte sich überall. Helmut hatte keine Ahnung, was da gerade passierte. Er nahm Enzos Geruch war, der jetzt noch viel intensiver war als bei ihrer ersten kurzen Umarmung am Rhein. Er spürte, wie Enzos Achselhaare seinen Nacken kitzelten. Und hörte seinen schnellen Atem ganz nah an seinem eigenen Ohr. Er wollte etwas sagen, um die Situation zu entspannen, um sich zu entspannen und ließ es dann bleiben, weil alles so bleiben sollte, wie es war. Nicht mal das Prasseln des Regens drang noch in sein Bewusstsein vor. Er war gefangen in einem Vakuum, einem wohlig warmen Vakuum, dem weder das schlimme Unwetter noch die Welt an sich etwas anhaben konnte. Genau diese Wärme und Geborgenheit hatte er sich auf dem Dachboden damals gewünscht. Aber sie war nie mehr aufgetaucht in seinem zweiten Leben – bis heute.

Und während er steif dasaß und sich keinen Millimeter bewegte, kapierte er, was er vorhin vehement abgestritten hatte: Er hatte sehr wohl noch Träume. Das spürte er in diesem Moment mit jeder Faser seines Körpers. Er war nur nicht mutig genug, nicht so mutig wie Enzo, sie zurück in sein Leben zu lassen.

10.

Ich schlafe schlecht. Wobei das noch nett ausgedrückt ist. Beschissen trifft es besser. So gut wie gar nicht, könnte ich es auch nennen. Meine Mitbewohner – ein Japaner, zwei Amerikaner – atmen so laut, wie man eben atmet, wenn man zu viel gegessen und zu viel Rotwein getrunken hat. Obwohl ich vor einigen Stunden noch dachte, ich bin cool damit, jetzt nervt es mich doch. Und zwar gewaltig. Auch das unbequeme Stockbett und der Juckreiz am ganzen Körper, den ich mir hoffentlich nur einbilde, halten mich vom Schlafen ab.

Vor allem aber nervt mich der Regen, der unaufhaltsam gegen das dünne Fenster des Zimmers peitscht, und mich genauso unaufhaltsam an Enzo und Helmut erinnert und an die Frage, was ich denn für Träume fürs Leben habe. Habe ich überhaupt welche?

Jetzt sind es schon zwei Fragen, die ich nicht richtig beantworten kann. Fuck. Ich wälze mich von einer Seite auf die andere. Natürlich fällt mir mein Traum ein, den ich früher sogar mit Jonas teilte: der größte Songschreiber aller Zeiten zu werden.

Hinter meinen zusammengepressten Augen sehe ich uns mit unseren Gitarren am Main sitzen und Songs über Freundschaft und Liebe schreiben, obwohl wir damals nur von der ersten Sache eine Ahnung hatten. Trotzdem waren die Songs gut, vermutlich sogar besser als alle, die danach kamen, weil meine eigenen Lieder mit zunehmender Erfahrung nur düsterer statt klüger wurden. Liegt es daran, weil meine Gedanken düsterer sind? Vai a farti fottere. Oder die Welt an sich, über die ich schreibe? Oder weil ich mittlerweile weiß, dass dieser ganze Traum sinnlos ist und mich daran hindert, meine Energie in was Produktives zu stecken? So hat es, glaube ich, mein Vater mal genannt, ohne auch nur einen Song von mir je gehört zu haben. Wie denn auch, niemand hat sie je gehört.

Ich will endlich schlafen. Aufwachen. Weiterlaufen. Aber es klappt nicht. Stattdessen fahren meine Gedanken Wilde Maus auf dem klapprigsten Gerüst, das es jemals auf einem nächtlichen Kopfjahrmarkt gegeben hat. Und kurz vor einer 90-Grad-Kurve wird mir klar, dass ich wirklich wie Helmut bin. Kein bisschen mutig verstecke ich mich und alles, was zu mir gehört, bis ich keine Ahnung mehr habe, wo ich es versteckt habe.

Ich wälze mich nach links, zurück nach rechts und greife zu meinem Handy, das als Wecker neben meinem Kissen liegt.

> 02:45 Sag mal, hast du Träume? Also nicht solche nachts, sondern welche fürs Leben. Wie unser Traum damals mit der Musik.

Eine Antwort kommt nicht. Natürlich nicht um diese Uhrzeit. Und außerdem ist es auch keine Lösung, sich mit den Träumen von anderen abzulenken. Schon gar nicht mit denen von Jonas.

Ich brauche eigene! Ich habe doch welche?

Für einen kurzen Moment falle ich in einen – natürlich traumlosen – Schlaf und schrecke hoch, als der Amerikaner unter mir furchtbar laut pupst. Bevor ich mir angeekelt meinen Schlafsack über den Kopf ziehen kann, sehe ich mein Handy leuchten. Jonas hat geantwortet.

> Paul, du stellst Fragen …
> Schon. Viele sogar.
> Und alle ganz unterschiedlich.
> Einer ist zum Beispiel, dass ich
> gern was erreichen will, aber jetzt
> nicht so karrieremäßig, dafür studiere
> ich das falsche Fach ☺ eher so was
> für die Allgemeinheit, damit
> unser Zusammenleben wieder
> einfacher wird. Ein anderer wäre,
> dass das H für Hetero bei LGBTQ
> hinzugefügt wird und es keine
> Unterscheidung oder Ausgrenzung
> mehr gibt. Natürlich hab ich
> auch einen Traum, der mit Lina
> zusammenhängt. Und mit meinem
> persönlichen Glück und so … Und ja,
> bevor du fragst: Ich schreibe auch
> ab und zu noch Songs. Traumhaft sind
> sie aber nicht. Eher albtraumhaft …
> ☺ Ohne dich als Partner.
> Schlaf gut, Wandersmann! 03:18

> 03:22 Und woher kommen die bei dir? Also denkst du dir die aus? Sind die einfach

Ich lösche die Nachricht wieder, weil ich mir die Antwort schon denken kann. Träume entstehen ganz sicher nicht im

Kopf wie auf einem Reißbrett. Wenn das so wäre, hätte ich jede Menge davon, denn schließlich ist mein Gehirn das Organ, das ohne Unterlass auf Hochtouren läuft.

Wandersmann.

Plötzlich ist es ruhig im Zimmer. Der Regen hat aufgehört. Ich springe nicht besonders rücksichtsvoll aus meinem Bett, öffne das Fenster und klettere die Leiter wieder nach oben. Dabei kann ich mir nicht verkneifen, auf halber Höhe zurückzupupsen und dem Ami einen schönen American Dream zu wünschen. Kindisch, ich weiß, trotzdem muss ich dämlich kichern und konzentriere mich zur Ablenkung, während ich mich wieder in meinen Schlafsack wickele, auf den letzten Teil von Liz' Geschichte, den sie mir beim Essen erzählt hat.

Mein Gott, Liz, wenn ich nicht bald penne, rennt mir diese alte Lady morgen mit ihrem Hinkebein davon.

....
....

Natürlich hatte Helmut sich erkältet. Und darum saß er am nächsten Nachmittag mit schniefender Nase bei Marlene und ihren Eltern auf der Couch. Aber er fühlte sich nicht krank. Nicht wie sonst, wenn sich ein Schnupfen ankündigte und er sich von seiner Mutter und seinen Schwestern und manchmal auch Marlene anhören musste, dass kranke Männer kaum auszuhalten wären. Nein, irgendwas war anders seit gestern. Irgendwie fühlte er sich anders, irgendwas war mit ihm passiert, als er Haut an Haut mit Enzo dagesessen und stumm gehofft hatte, der Wolkenbruch würde niemals zu Ende gehen.

Tat er aber doch und als man keinen einzigen Regentropfen mehr hören konnte, war es schließlich Enzo gewesen, der zum Aufbruch gedrängt hatte.

Er musste ständig daran denken, er hatte die ganze Nacht wach gelegen und sein schlechtes Gewissen vor Marlene war völlig unbegründet und gleichzeitig kaum auszuhalten.

»Alles in Ordnung mit dir?« Marlene setzte sich auf die Lehne von Helmuts Sessel, als ihre Eltern das Wohnzimmer nach endlosen Diskussionen um die richtigen Badezimmerfliesen und Schlafzimmertapeten endlich verlassen hatten. »Du bist so still.«

Helmut lächelte Marlene matt an. »Ich bin doch immer still, wenn deine Eltern so tun, als würden sie Wert auf unsere Meinung legen.«

»Schlimm?«

»Nein, nicht wirklich. Tut mir auch leid, dass ich so wenig Engagement zeige, aber es ist sein Haus und er zahlt alles. Ich kann da nicht auf meine Wünsche bestehen.«

»Aber du sollst dich hier wohlfühlen.«

»Das werde ich. Mit dir würde ich mich überall auf der Welt wohlfühlen.«

Marlene gab Helmut einen liebevollen Kuss.

»Hat mir gestern wirklich leidgetan, dass ich dir absagen musste. Kaum war ich zu Hause, ging's mir viel besser. Und seit heute Morgen ist wieder alles gut. Wie war's bei dir?«

»Was?« Helmuts Herz beschleunigte sich unweigerlich.

»Na, dein Treffen mit diesem Italiener. Falls du ihn getroffen hast.«

Marlene sprang auf und ging zu einem übervollen Barwagen, der vor der Balkontür stand. Sie schaute nach draußen in den Garten, ob ihre Eltern weit genug weg waren und schenkte zwei Gläser Cognac ein.

»Ach so, ja, nett. Ging nur kurz.«

»Und was habt ihr gemacht?« Sie reichte Helmut ein Glas und prostete ihm zu. »Ist gut gegen Erkältungen.«

»Äh, nicht viel. Kam ja dann dieses schlimme Unwetter. War das hier bei euch auch so extrem? So muss es sein, wenn die Welt untergeht.«

Marlene zuckte nur mit den Schultern. »Ich glaube, ich habe das verschlafen. Was habt ihr denn gemacht?«

»Wir sind mit dem Fahrrad durch die Stadt gefahren und ich habe ihm ein paar Sehenswürdigkeiten gezeigt. Kam mir vor, wie ein Touristenführer.«

»Und trefft ihr euch noch mal?«

»Vielleicht. Wir haben nichts ausgemacht.« Die Lüge kam Helmut erschreckend leicht über die Lippen. »Jetzt lass uns aber mal von was anderem reden.«

Marlene stand auf, um die Gläser in der Küche schnell abzuspülen, bevor ihre Mutter was merkte.

»Was machen wir heute Abend? Wir könnten ins Kino gehen und die neue Komödie mit Lilo Pulver anschauen. Oder«, sie stellte die Gläser noch mal ab und zog Helmut in eine Umarmung, »noch besser: Wir bleiben hier. Meine Eltern sind heute Abend nicht da und wir könnten ganz ungestört …«

Marlene begann, Helmut verführerisch zu küssen. Er ließ es für einen kurzen Augenblick zu, dann zog er sich etwas zurück und schaute sich angespannt um.

»Wir sind noch nicht verheiratet.«
»Aber so gut wie.«
»Dein Vater bringt mich um.«
»Er muss es ja nicht erfahren.«
Marlene presste sich an Helmut und berührte ihn an Stellen, die eigentlich noch tabu waren, zumindest im Wohnzimmer der Schwiegereltern.
»Und was ist mit deiner ... äh, Regel?«
Sie ließ von ihm ab und schnappt sich die Gläser. »So gut wie vorbei. Aber danke fürs Erinnern. Dann Kino?«
Helmut folgte ihr ein paar Schritte und hielt sie auf.
»Heute nicht. Ich fühle mich echt nicht gut. Ich muss, glaube ich, früh ins Bett. Vielleicht können wir ja morgen gehen?«
Er versuchte, Marlenes durchdringenden Blick standzuhalten. Denn er hatte das ungute Gefühl, dass sie genau wusste, dass er log. Und er hasste sich dafür, weil er ihr genauso gut auch die Wahrheit hätte sagen können, aber dafür war es jetzt zu spät. Er hätte gleich damit rausrücken müssen, dass er sich abends noch mit Enzo zum Boxtraining verabredet hatte. Es war Enzos Idee zum Abschied gewesen und Helmut hatte ohne Nachzudenken sofort zugesagt. Vordergründig, weil Enzo Selbstverteidigung dringend nötig hatte. Insgeheim aber, weil er dieses Gefühl, das ihn in ihrem Verschlag durchströmt hatte, noch mal erleben wollte. Er hatte keine Ahnung, was es genau war, er wusste nur, dass er jetzt schon süchtig danach war. Weil es sich anfühlte, als würde der Mut, den Enzo in sich trug, auf ihn überschwappen. Weil er plötzlich seine Träume wieder spürte, die er als 14-Jähriger auf dem Dachboden zu-

rückgelassen hatte. Und weil er für die Dauer ihrer Berührung unverwundbar gewesen war.

Marlene drehte sich weg und ging in die Küche. Helmut fühlte sich mies. Er hatte ihr wehgetan, das wollte er nicht, das hatte seine zukünftige Frau und beste Freundin einfach nicht verdient. Aber wie sollte er ihr erklären, was gerade in ihm vorging? Er fand ja nicht mal in Gedanken Worte dafür. Und hätte er es angesprochen, hätte er ihr vermutlich auch sagen müssen, dass das Gefühl, das er eben bei der Umarmung mit ihr gespürt hatte, ein anderes war. Kein bisschen schlechter, fast sogar angenehmer, aber eben auch nicht so aufregend intensiv. Und genau das machte ihm furchtbare Angst.

....
....

Wir treffen uns an der gleichen Stelle wie am Abend zuvor. Ich renne fast, um die Verspätung auf höchstens drei Minuten zu minimieren. Aber irgendwas ist anders, das sehe ich sofort. Und es liegt nicht an Liz' gelbem Regencape, in dem sie wirkt, als wäre sie einer Folge ›Dark‹ entsprungen. Sie sieht vielmehr schon von Weitem aus, als hätte sie geweint. Oder wäre kurz davor. Die fetten Regentropfen, die gerade wieder vom Himmel fallen, sind jedenfalls nicht schuld daran.

»Ich kann heute nicht laufen. Mein Knie ist über Nacht schlimmer geworden.«

»Sollen wir zum Arzt?«

»Was soll der machen? Amputieren?«

»Nun, vielleicht …« Ich hebe nur ratlos meine Schultern.

»Dann nehmen wir eben noch mal den Bus.«

»Ich ja.« Liz sagt das sehr bestimmt. »Du wirst aber laufen. Es ist dein Weg. Du gehst ihn für dich, nicht für mich oder sonst jemand.«

»Ist mir schon klar. Aber ich habe Blasen. Meine Sneakers drücken. Brauch auch 'ne Pause. Oder neue Schuhe.«

Eigensinnig kann ich auch.

»Red keinen Quatsch.«

Ich baue mich vor Liz auf. Denn die Vorstellung, ohne sie weiterzugehen, gefällt mir gar nicht. Weil es gleichbedeutend wäre mit durchgehend nachzudenken. Und das habe ich ja schon die ganze Nacht gemacht. Und jetzt brauche ich einfach ein bisschen Unterhaltung.

»Ist kein Quatsch. Außerdem kannst du mich gestern nicht hinhalten und sagen, dass du mir heute von Helmuts und Enzos erstem Kuss erzählst und dann einfach 'ne Fliege machen.«

Liz bleibt niedergeschlagen. Aber sie wirkt nicht mehr ganz so traurig wie noch vor ein paar Minuten.

»Ich hätte damit nie anfangen sollen. Das lenkt dich zu sehr von dir selbst ab.«

Ich nehme schon mal vorsichtshalber ihren Rucksack in die Hand. »Vielleicht. Vielleicht ist es aber auch genau das, was ich auf dieser Wanderung hören soll. Wer weiß das schon.«

»Wer weiß das schon.« Liz antwortet echomäßig, was ebenso neu wie ungewöhnlich ist.

Normalerweise ist sie mit jedem Satz gedanklich schon einen oder mehrere Schritte weiter, jetzt hinkt sie hinterher, im wahrsten Sinne des Wortes. Ob das bedeutet, dass ich etwas nachdenklich Machendes gesagt habe? Auf jeden Fall werde ich den Tag in meinem Handy-Kalender markieren.

»Komm, wir gehen jetzt erst mal was frühstücken. Und dann überlegen wir, wer was wie macht. Ich hab auch echt keinen Bock, im Regen loszulatschen.«

Liz zeigt sich einverstanden und während wir gemeinsam über den Dorfplatz zu unserem gestrigen Restaurant humpeln, das sich über Nacht wie durch Zauberhand in ein betriebsames Café verwandelt hat, wundere ich mich darüber, wie bestimmt und klar ich sein kann. Wenn ich nur will. Das war früher immer so, in meinem zweiten Leben, seit das damals mit dem Video passiert ist, bin ich genau das Gegenteil.

In meinem zweiten Leben. WTF, ich denke schon wie Helmut.

11.

Obwohl die Nächte mittlerweile lang hell waren, war es schon dunkel, als Helmut bei der Werkstatt ankam. Enzo stand in seiner Eisverkäuferuniform unter einer Laterne und rauchte. Sie grinsten sich an.

»N'Abend Schauspieler.«

»Ciao, El Mut.«

»Bereit fürs Training?«

»Nimm Gift.«

»Das heißt: Da kannst du Gift drauf nehmen.«

»Sapientone!«

Helmut musste lachen, weil er nur ahnen konnte, dass das eine Beleidigung war. Er stieg vom Rad und kramte den Schlüssel der Werkstatt aus seiner Tasche.

»Ist das deine?« *Enzo drückte seine Zigarette aus und deutete in Richtung der Werkstatt.*

»Gehört dem Vater von meinem besten Freund. Hier trainieren wir immer.«

Helmut schloss das Tor auf. »Und, gestern gut überstanden?«

»War sehr schön.« *Enzo machte eine kurze Pause.* »Mit dir.«

»Hm.«

Helmut spürte Enzos Blicke im Nacken und hatte das dringende Bedürfnis, sich umzudrehen und mit einer engen Umarmung das Gefühl von gestern wieder aufleben zu lassen. Stattdessen deutete er bemüht lässig nur in eine Ecke.

»Da kannst du dich umziehen. Und irgendwo müssen auch Gerdis Boxhandschuhe hängen.«

Helmut ging zum Sicherungskasten und schaltete gerade das Licht im hinteren Bereich der Werkstatt an, als Enzo nur mit einer kurzen Hose und einem Unterhemd bekleidet schon wieder neben ihm stand und wild mit den Handschuhen vor seinem Gesicht rumfuchtelte.

»Geht so? Darf mein Uniform nicht dreckig machen.«

Helmut schaute weg. Nicht instinktiv, er musste sich zwingen.

»Ähm, ja, klar. Kommst eh gleich ins Schwitzen. Bin sofort bereit.«

Schon wieder dieser Drang, schon wieder diese Anziehungskraft, als wäre er der Gegenpol zu einem Magneten, der irgendwo in Enzo versteckt war. Oder andersrum. Was war das bloß? Es durfte nicht das sein, was er gestern Nacht so weit wie möglich aus seinen Gedanken verbannt hatte, dass es schon gar nicht mehr existent war. Es konnte nicht das sein, sie waren einfach nur Freunde.

Helmut zog sich schnell um und ging zu Enzo zurück, der wie wild auf einen Sandsack eindrosch und seine unkoordinierten Schläge italienisch kommentierte.

»He, wir sind hier nicht im Theater.«

»Ich mache mich warm. Wie du gesagt.«

»Du schauspielerst.«

»Blöder Affe.« Enzo grinste. »Hat ein Kunde zu mir gesagt, weil Vanilleeis aus war heute.«

»Komm jetzt. Fangen wir an. Hab nicht ewig Zeit.«

Helmut versuchte, dem Training eine professionelle Note zu geben. Auch, um sich selbst zu vergewissern, dass der eigent-

liche Grund des Treffens kein vorgegaukelter war. Möglichst knapp erklärte er Enzo die Boxregeln, um ihn danach direkt ein paar Übungsschläge ausführen zu lassen. Er stellte sich furchtbar ungeschickt an.

»Du musst deine Hände immer so halten. Für die Deckung. Und dann gezielt einen Haken setzen. Wenn du nur rumhampelst, bekommst du direkt einen aufs Maul. Wie damals auf der Friesenstraße vor ein paar Monaten.«

»Da warst du mein Rettung.«

Enzo war vom vielen Hüpfen schon leicht außer Atem.

»Aber ich bin nicht immer dabei. Und jetzt konzentrier dich!«

Enzo hoppelte weiter. »Hast du nachgedacht, ob du glucklich bist? Bist mir Antwort schuldig.«

Die wiederholte Frage von gestern, bevor das Gewitter über sie hereingebrochen war, traf Helmut völlig unvorbereitet. Und weil er kurzzeitig seine Hand runternahm, traf ihn auch noch ein Schlag von Enzo direkt auf den Rippen.

»Puh, der saß.«

»Mi scusa.«

Helmut richtete sich schnell wieder auf, bevor Enzo ihm zur Hilfe eilen konnte.

»War mein Fehler. Komm, machen wir weiter.«

»Bin ich ziemlich stark, vero?«

Helmut verdrehte die Augen und hielt seine Abwehrhand wieder hin. Und um Enzo von seiner eigentlichen Frage abzulenken, auf die er noch immer keine Antwort formulieren konnte, stellte er einfach eine andere. Aufhören mit Quatschen würde dieser Italiener ja eh nicht.

»Erzähl mir von Maria.«

»Von wem?«

Enzo fiel es selbst wieder ein. »Ah, Maria. Bellissima donna. Was du willst wissen?«

»Na, wie sie ist. Wie lang sie schon deine Freundin ist. Wann ihr heiraten werdet. Geh mal ein bisschen in die Knie und streck deine Arme nicht komplett aus. Du bist zu langsam.«

Enzo versuchte vergeblich, die Befehle umzusetzen.

»Maria ist sehr hübsch. Langes, dunkles Haar. Und lustig. Von Neapel. Wir kennen uns vier Jahre. Sie ist gekommen, um für ihre Nonna zu kümmern.«

»Liebst du sie?«

»Sì, naturalmente.«

Helmut bremste Enzo kurz aus. »Stopp. Du schlackerst mit den Armen. Das ist nicht Boxen. Das ist … keine Ahnung was.«

Er fühlte sich sicher in seiner Rolle als Lehrer, bis ihm ein Fehler unterlief. Der entscheidende Fehler. Denn ohne weiter darüber nachzudenken, machte er das bei Enzo, was Martin auch schon bei ihm gemacht hatte. Er stellte sich hinter ihn und führte seine Arme nach vorn, um ihm wenigstens einmal den richtigen Bewegungsablauf zu zeigen. Und da passierte es. Das Gefühl überrollte ihn erneut.

Helmut erstarrte in seiner Bewegung, fühlte die Hitze, die von Enzos Körper ausging und spürte die schwarzen Locken in seinem Gesicht. Der Boden unter seinen Füßen wurde weich und die Werkstatt um ihn herum löste sich auf. Er war wieder in diesem Vakuum, in dem nur sein Herz zu hören war. Seins und ganz leise noch ein anderes, das er nicht zuordnen konnte, deren Schläge sich aber gegenseitig zu jagen schienen, sodass *der entstehende Rhythmus den ganzen luftleeren Raum um ihn herum zum Vibrieren brachte. Und er unkontrolliert zu zittern begann.*

Dabei merkte er gar nicht, wie Enzo sich langsam aus seiner starren Übungsposition löste und sich zu ihm umdrehte. Er blieb einfach nur stehen, tauchte in Enzos Augen ab und ließ es zu, dass sich ihre Nasenspitzen beinah berührten. Genau wie er auch zuließ, dass Enzo mit den Boxhandschuhen nach seiner rechten Hand griff und sie auf seiner Brust ablegte, auf der an einer goldenen Kette ein geschwungener roter Anhänger baumelte.

Da kam er also her, der zweite Herzschlag, den Helmut jetzt nicht mehr länger nur leise hören, sondern auch deutlich spüren konnte. Und der mit jedem weiteren Schlag einen gemeinsamen Takt mit seinem Herzen suchte.

Er schloss die Augen und hätte sich am liebsten in diesem Gefühl aufgelöst, das heute noch stärker war als gestern. Weil er einerseits glücklich war wie noch nie und andererseits todtraurig darüber, dass es irgendwann vorbeigehen würde. Wie es gestern auch vorbeigegangen war und weswegen er niemals rausfinden würde, was außer dem pflichtbewussten Sohn, dem seriösen Beamten und dem liebevollen Ehemann noch in ihm steckte.

»… sagen, dass es keine Maria gibt. Gibt es schon, ist aber meine Cousine und beste Freundin. War alles gelogen.«

Helmut hörte, dass Enzo leise mit ihm sprach. Doch obwohl ihre Gesichter nur wenige Zentimeter voneinander entfernt waren, musste er sich konzentrieren, ihn zu verstehen. Und das Verstandene zu kapieren. Er war kilometerweit weg.

»Ich habe gehofft, du fühlst wie ich. Von erste Moment an. Ich hab nicht geschlafen, von dir geträumt, musste immer an dich denken.« Enzo kam noch näher. *»Ich weiß, es ist verboten hier. Aber ich kann nicht anders. Ich bin, wie ich bin. Und wenn du auch willst, und ich glaube, du willst, dann uns niemand kann aufhalten.«*

Die Worte drangen langsam zu Helmut durch. Enzo ging es wie ihm, schon die ganzen letzten Monate. Die Bilder, die Gedanken, er kannte sie auch. Helmut hatte es von Anfang an gewusst. Er müsste wütend sein, weil Enzo ihn angelogen hatte, weil er ihm was vorgespielt hatte, um etwas Falsches und Verbotenes zu erreichen. Aber es war nur draußen in der realen Welt falsch, nicht jetzt, nicht in seinem Vakuum. In ihrem Vakuum.

Helmut wollte Enzo antworten, aber sein Hals war viel zu trocken dafür. Er versuchte zu nicken, aber ihm fehlte die Kraft dazu. Und überhaupt war eine Antwort unnötig, weil die einzige richtige Reaktion die war, nach der sich sein ganzer vibrierender Körper sehnte.

Er beugte sich kaum merklich nach vorn und explodierte in tausend Einzelteile, als seine Lippen die von Enzo berührten.

»Hallo!? Wer ist da? Helmi, bist du das?«

Gerdi. Helmut rauschte in Sekundenschnelle zurück in die Realität. Und stieß zeitgleich mit ganzer Kraft Enzo von sich, der völlig überrumpelt vor ihm auf den Boden knallte. In der ganzen Halle ging das Licht an.

»Helmi, was machst du hier? Wer ist das?«

Gerdi kam zusammen mit Jutta auf ihn zu. Sein Ton war härter als sonst. Und Jutta sagte gar nichts.

Hatten sie was gesehen? Helmut konnte den beiden nicht in die Augen schauen. Nie wieder. Stattdessen prüfte er, ob sein Körper ihn verriet. Tat er zum Glück nicht.

Dafür seine Stimme, die nur ein trockenes Krächzen war und kein bisschen nach ihm selbst klang. »Wir trainieren. Was macht ihr um die Uhrzeit hier?«

Er räusperte sich, während Gerdi den halbnackten Enzo inspizierte, der noch immer am Boden kauerte. Er wandte noch nicht mal seinen Blick ab, als er seine Frage an Helmut wiederholte: »Und wer ist das jetzt?«

»Das ist Enzo. Der Italiener, der an Karneval in die Prügelei verwickelt war. Habe ich euch doch erzählt und dass ich ihn neulich am Rhein getroffen habe. Ich gebe ihm ein paar Stunden, damit er sich selbst verteidigen kann, wenn er mal wieder in der Scheiße steckt.«

»Und warum hat er nichts an?«

»Habe Sportkleidung vergessen.«

Enzo rappelte sich auf und streckte Gerdi und Jutta die Hand hin, die beide etwas zögerlich entgegennahmen. Dann zeigte er auf eine Uhr, die an der Wand über dem Eingang hing.

»È già così tardi. Jetzt muss ich schnell gehen. Wegen Arbeit morgen. Ciao, hat mich gefreut. Ciao, El Mut. Danke für Training.«

Ohne sich noch mal umzudrehen, schnappte Enzo sich seine weiße Uniform und verließ die Halle, so wie er war. Die drei schauten ihm nach, dann drehte Gerdi sich wieder zu Helmut um, der sich wünschte, er würde sofort aus diesem Albtraum aufwachen.

»Weißt du, wie das gerade aussah, als wir hier reingekommen sind?« Gerdi lachte zwar, aber es war ihm anzusehen, dass er es selbst nicht besonders komisch fand.

»Lass gut sein.« Jutta gab Gerdi einen Stoß mit dem Ellenbogen und schaute Helmut an, als müsste er was sagen. Dann wandte sie sich ab und blickte verstohlen in der Werkstatt umher, als würde sie die heute zum ersten Mal sehen.

Helmut bemühte sich um Normalität. »Und ihr? Was macht ihr hier?«

Damit war Gerdi zum Glück direkt abgelenkt. »Kannst du dir das nicht denken? Wir wollten ein bisschen allein sein.«

Er lehnte sich an Jutta, die einen Schritt zur Seite machte.

»War eine dumme Idee.«

»Gar nicht. Normalerweise ist man hier total ungestört.«

»Und woher weißt du das so genau? Bist du oft nachts hier?«

Gerdi kam ins Schwimmen.

»Nein. Ich weiß das nur, weil die Werkstatt ab halb sieben geschlossen ist. Und dann kommt hier normalerweise auch niemand mehr her.«

Helmut ließ die beiden diskutieren und sammelte seine Klamotten zusammen. Er wollte hier einfach nur noch weg. So schnell wie möglich.

»Tut mir leid, dass ich euch gestört habe. Ich geh los.«

»Siehst du Marlene morgen?«

Juttas Frage traf ihn wie ein Schuss in den Rücken. Sie hatte etwas gesehen, da war Helmut sich sicher.

»Ich denke schon. Ihr ging es heute nicht so gut, ich werde auf jeden Fall morgen mal nach ihr sehen.«

»Dann bestell ihr schöne Grüße und gute Besserung.«

»Mach ich.«

Helmut drehte sich zum Ausgang, um Juttas versteinertes Gesicht nicht länger ertragen zu müssen. Er stemmte das Tor auf, zwängte sich hindurch und wartete, bis es ins Schloss zurückgefallen war. Dann begann er zu laufen.

....
....

Drei Kaffee und zwei Panini mit Mozzarella später bin ich noch mehr wie Helmut, denn ich würde am liebsten auch losrennen. Nicht weg vor Liz oder vor diesem verregneten Bergdorf, sondern weg vor meinen Erinnerungen, die mich, während ich der Geschichte gelauscht habe, zurück an unseren Strand und die Zeit davor katapultiert haben. Als ich Jonas kaum ertragen konnte, weil seine bloße Anwesenheit in mir was auslöste, was mich komplett durcheinanderbrachte. Weil das, was ich fühlte, einfach nicht ich war. Nicht zu dem Zeitpunkt damals. Ich war eher wie der Quarterback unserer Schule, also wie das Bild eines Quarterbacks, das ich auch nur aus irgendwelchen amerikanischen Teeniefilmen kannte, das ich aber bedingungslos erfüllen wollte. Mit guten Schulnoten zum Beispiel, mit Sport und krassen Erfolgen beim Fußball, mit sexy Freundinnen. Irgendwann war ich dann genauso, wie ich mich sehen wollte und wie andere mich sehen wollten, oder zwangsläufig sehen mussten, ich weiß es nicht mehr. Was ich aber noch genau weiß, war, dass meine Mutter mit mir angab, dass mein Vater mir stolz auf die Schulter klopfte, wenn ich ein Tor geschossen oder mit meiner Mitschülerin Aydan verabredet war, und dass Jonas die ganze Zeit nullkommanull Interesse an diesem Ich von mir zeigte. Für ihn war ich nur sein Freund zum Zocken, Quatschen und Blödsinn machen. Er kommentierte nie, wenn ich auf dem Platz mal wieder alle zusammenbrüllte oder wenn ich mich über eine schlechte Note, die ja auch nie schlechter als 2- war, aufgeregt habe. Er hat es hingenommen, seine Gitarre rausgekramt und mich dazu animiert, neue Songs zu schreiben. Und meistens war danach wieder alles gut, weil ich beim Songschreiben Dinge aussprechen konnte, die mir sonst nie über die Lippen gekommen wären. So Sachen halt, die Liz gebrochenes Herz nennt oder die Jonas in seinen Nachrichten als Gesülze beschreibt.

Keine Ahnung, wann es bei mir dann gekippt ist. Also, dass ich ihn nicht mehr nur als Kumpel und besten Freund gesehen habe, sondern als jemand, mit dem ich – wie Helmut es beschreibt – in ein Vakuum abtauchen wollte. Ich weiß nur noch, dass ich mich in Grund und Boden schämte, als ich mich selbst dabei erwischt habe, wie ich ihn nach einem Spiel heimlich unter der Dusche beobachtet habe. Danach kam das hassenswerte Bedürfnis, beim gemeinsamen Übernachten lieber bei ihm im Bett zu pennen als auf dem sicheren Teppich. Und irgendwann gewann die Angst Oberhand, weil alles in mir nicht mehr richtig zusammenpassen wollte. Aber weil ich die Kontrolle über die Bilder behalten musste, über meins und über die, die Helmut auch kannte, begann ich zu lügen und ließ die Freundschaft absichtlich vor die Wand fahren. Ich tat, als wäre mir das alles egal, weil Jonas ja schon immer komisch und anders war, aber das war es ganz und gar nicht, also egal. Er verschwand zwar physisch kurz aus meinem Leben, doch dadurch wurde die Sehnsucht nach ihm nur noch unerträglicher.

Und genau dieses Gefühl greift jetzt wieder nach mir, Jahre später, weit weg von zu Hause, trotz der ganzen Kacke, die danach noch passiert ist. Ich bestelle meinen vierten Kaffee, in der Hoffnung, dass mein rasendes Herz dieser Sehnsucht immer einen Schritt voraus sein wird. Denn ich weiß genau, was dieses Gefühl mit mir macht: Es macht mich verletzlich und das will ich nie wieder sein.

Als Liz von der Theke zurückkommt, wo sie sich nach den Busverbindungen erkundigt hat, tue ich so, als wäre ich die ganze Zeit in mein Handy vertieft gewesen.

»Und?«

»Ich kann bis Sansepolcro fahren. Dort gibt's ein Krankenhaus mit einer richtigen Orthopädie. Nach Florenz zurück will ich nicht.«

»Sehr gut.«

»Lass ich aber vier oder fünf Etappen aus. Das ärgert mich.«

»Ist doch egal. Hauptsache, deinem Knie geht's dann bis Assisi wieder gut. Und außerdem lassen wir so die hügeligste Strecke aus.«

»Was heißt wir?«

Ich wende mich wieder meinem Handy zu. »No discussion, digga.«

»Und wenn ich diskutieren will?«

»Dann …«

Plötzlich steht Liz neben mir und gibt mir einen Kuss auf die Wange. Ohne Vorwarnung, einfach so. Ich lasse es geschehen.

Der Bar-Besitzer Alfonso serviert meinen Kaffee und brüllt laut: »Viva famiglia!«

Ein paar Einheimische applaudieren zustimmend. Liz lacht und ich freue mich – nicht über das Nichtlaufenmüssen, sondern über die Tatsache, dass unsere gemeinsame Reise weitergeht. Und dass sie meine Begleitung wohl genauso schätzt wie ich ihre.

....
....

Helmut rannte, bis er keine Luft mehr bekam. Quer durch Deutz, rauf auf die Hohenzollernbrücke. Was hatte er bloß getan? Die Gedanken überschlugen sich in seinem Kopf, genau wie seine Beine, die nur noch unkoordiniert vor sich hin stolperten.

Er hatte einen Mann geküsst. Er war dabei gesehen worden. Er würde alles verlieren. Erst Marlene, dann seine Freunde. Sie würden ihn verachten und ächten. Er würde ins Gefängnis kommen, weil dort richtigerweise alle warmen Brüder landeten, die sich auf solche widerlichen Sachen einließen.

Tränen liefen ihm übers Gesicht. Er stützte sich auf dem Brückengeländer ab. Der Rhein floss als stinkende Brühe gemächlich unter ihm hindurch. Warum hatte er sich darauf eingelassen? Warum hatte er das zugelassen? Er wurde verführt. Das war es. Das musste es gewesen sein. Er wurde von einem homosexuellen Spaghettifresser hinters Licht geführt und hatte die merkwürdige Verbindung zwischen ihnen falsch interpretiert. Und auch diese Verwirrungen in ihm, nachts zum Beispiel, waren nur von außen an ihn herangetragen worden. Er war keiner von ihnen. Er war ein Mann. Ein richtiger Mann. Und das, was da eben passiert war, war nur ein Fehler. Ein riesengroßer Fehler sogar. Er würde sich ab sofort wieder auf das besinnen, was in seinem Leben wirklich zählte. Und das würde ihm kein bisschen schwerfallen, weil das andere ekelhaft war. Weil es ihn anwiderte, weil er sich selbst anwiderte.

Wie zum Beweis wischte er sich mit dem Handrücken über die Lippen, wusste aber im selben Moment auch, dass er sich das alles nur einredete. Denn seine Lippen brannten noch. Aber nicht vor Trockenheit, wie sie es manchmal im Winter taten, sondern vor Sehnsucht, sich wenigstens noch einmal in diesem unbeschreiblichen Gefühl verlieren zu dürfen. Und während eine alte Dampflok hinter ihm über die Brücke donnerte, brach der ganze Frust aus ihm heraus. Er schrie gegen den Nebel an, der ihn plötzlich einhüllte und für wenige Augenblicke unsichtbar machte, er schrie den Rhein unter sich und die Domspitzen über sich an, er schrie in die Nacht, bis er heiser war, weil er instinktiv wusste, dass diese Sehnsucht für immer ungestillt bleiben würde.

Musste.

Zum ersten Mal konnte er den Selbstmord seines Vaters verstehen.

12.

Mir ist kotzübel, weil der Bus, in dem wir sitzen, keine Kurve auslässt und dabei rast, als wäre er nachts auf der A3 unterwegs.

Liz sitzt auf einer Bank gegenüber von mir, hat ihr Bein hochgelegt und tut mit geschlossenen Augen so, als würde sie von allem nichts mitbekommen. Dabei knallt ihr Kopf in regelmäßigen Abständen mit voller Wucht gegen die Scheibe. Ich lasse die Weinberge, Felder, Wälder und Dörfer draußen vorbeiziehen und konzentriere mich auf mein Handy. Kein Wunder ist mir schlecht, aber ich musste den Eltern, Finn und Jakob kurz auf ihre Nachrichten antworten. Die warteten schon viel zu lang auf ein Lebenszeichen von mir.

Aber natürlich ist das nicht alles, denn ich versuche auch, die Leere unter Jonas' letzter WhatsApp zu füllen.

> Moin Jo, ich schulde dir noch eine Antwort. Wer ich bin. Die gibt's aber leider noch nicht. Sorry. Ich wäre auch froh, wenn's anders wäre. Wahrscheinlich bin ich wie Helmut, aber das sagt dir nichts und das würde jetzt zu lang dauern, dir das zu erklären. Außerdem kenne ich ihn auch noch nicht gut genug. Die Reise ist auf jeden Fall crazy. Ständig kommen mir alte Erinnerungen in den Sinn, obwohl ich gar nicht so richtig viel darüber nachdenke(n will). Sie sind einfach da. Und nicht nur

> die krassen, auch viele coole Momente sind dabei. Weißt du noch, wie wir ohne Führerschein mit Dads Auto nach Holland gefahren sind? Und uns bei Amsterdam total verfahren haben? War echt ein Glück, dass wir da wieder heil rausgekommen sind. Und der Hausarrest hinterher war's auf jeden Fall wert. 😊 Ich glaube, damals war ich ich. Aber wer weiß das schon.
> 12:13 Viele Grüße vom Wandersmann, der heute Bus fährt

»Du lächelst schon wieder.«

»Musste gerade an was denken.« Ich drehe mich zu Liz um. »Gut geschlafen?«

Wie zum Beweis, dass das nicht sein konnte, bremst der Busfahrer so scharf ab, dass sowohl Liz als auch ich Schwierigkeiten haben, uns auf unseren Sitzen zu halten.

»Porca miseria, mi piacerebbe sopravvivere il viaggio in autobus!«

Liz reckt die linke Hand fuchtelnd nach oben, während sie sich mit der rechten wieder zurück auf ihren Sitz schiebt.

»Was hast du gesagt?«

»Dass ich gern überleben möchte.«

»Anch'io.« Mehr als ein lautes ›ich auch‹ gibt mein Wortschatz nicht her. »Wann hast du eigentlich so gut Italienisch gelernt?«

Liz reicht mir eine Schachtel mit Keksen rüber und ich frage mich, wo sie dieses ganze Zeugs immer herhat. Bei meiner Oma ist es genauso. Irgendwie scheint alten Frauen im Laufe der Jahre ein Geheimversteck für Süßigkeiten zu wachsen.

»Damit habe ich schon als Backfisch angefangen. So richtig gelernt habe ich es aber erst in Amerika, weil meine Firma, in der ich gearbeitet habe, viel mit Italien zu tun hatte.«

»Backfisch?«

»Das ist eine junge Frau. Was lernt ihr heutzutage eigentlich noch, digga?«

»Diesdas.«

Die Kekse schmecken sensationell gut. Ich ziehe meine Regenjacke aus, weil die Sonne rauskommt und es in dem nichtklimatisierten Bus fast zeitgleich furchtbar schwül wird.

»Erzähl mir lieber, wie es Helmut nach diesem Kuss ging.«

Liz nimmt die Packung Kekse zurück.

»Nur wenn du mir nachher erzählst, wie das bei dir war. Dieser Moment, an den du heute immer noch lächelnd zurückdenkst.«

Ich tue einverstanden und hoffe insgeheim auf einen Hauch von Vergesslichkeit bei Liz. Dabei ist mir doch schon seit ein paar Tagen klar, dass sie genau so wenig vergessen kann wie ich.

....
....

Am nächsten Tag war Helmut zu Fuß zu Marlene gelaufen. Sein Fahrrad stand noch an der Werkstatt, weil er es in der Nacht zuvor vor lauter Verzweiflung einfach vergessen hatte. Er hätte es holen können, aber er wollte heute nicht an diesen Ort zurückkehren. Auch wenn es sich nur um Sekunden gehandelt hätte.

Also war er, nachdem er kaum geschlafen und keine einzige Scheibe Brot gefrühstückt hatte, mit Umwegen fast fünfzehn Kilometer quer durch Köln marschiert. Und hatte die Menschen verflucht, die er unterwegs sah und die sich verhielten, als wäre es ein stinknormaler Sonntag. Die in ihrer Feiertagskleidung in den neueröffneten Cafés am Ring parlierten, die mit der ganzen Familie und ihren Hunden durch die Parks spazierten, die in den Brauhäusern ein Kölsch nach dem anderen tranken und sich selbst und das Leben feierten, als hätten sie es erfunden. Normalerweise hätte er seine Stadt und ihre Bewohner an so einem Tag noch mehr ins Herz geschlossen. Heute hätte er am liebsten jede und jeden Einzelnen angeschrien, wie er vergangene Nacht auf der Brücke geschrien hatte. Weil sie nichts kapierten. Weil sie nicht sahen, dass der Himmel statt blau taubengrau war, dass ihr Dom nicht mehr schön, sondern bedrohlich wirkte, dass ganz Köln ein einziger, riesiger Schutthaufen war.

Das, was sie da feierten, gab es einfach nicht mehr. Und hatte es vermutlich noch nie gegeben.

In dieser Stimmung und mit schwitzenden Händen stand er nun an der Einfahrt zu der großen Villa seiner Schwiegereltern, seinem zukünftigen Zuhause, und realisierte, dass die Bewegung an der frischen Luft ihm kein bisschen geholfen hatte. Er konnte noch immer nicht klar denken.

Gleich würde er Marlene gegenüberstehen und so tun müssen, als wäre alles in bester Ordnung. Gleich würde er ihr verheimlichen, was wirklich in ihm vorging, obwohl sie neben Gerdi seine engste Vertrauensperson war. Gleich würde er sehen, ob das mit dem Verdrängen klappen würde, was er ja schon monatelang versucht hatte, aber jetzt noch dringender war. Alternativloser. Es musste einfach klappen.

»Tach Helmi, da geben wir uns ja direkt die Klinke in die Hand.«

Helmut schreckte zusammen, weil er nicht gesehen hatte, wie Jutta durch den Garten auf ihn zukam. Sie baute sich direkt vor ihm auf und ließ ihm keine Chance, ihrem durchdringenden Blick auszuweichen. Das Irritierende dabei war nämlich, dass er etwas anderes sagte als ihr Mund.

»Da wird Lenchen sich aber freuen.«

»Was machst du denn hier?«

»Wieso? Ich darf doch meine Freundin besuchen, wenn es ihr nicht gut geht, oder? Und du hast gestern doch gesagt, dass sie sich krank fühlt.«

»Ja, klar. War nur so gefragt. Geht's ihr schon besser?«

»Gesundheitlich ja.«

»Was heißt das?«

»Sag's du mir?«

Helmuts Knie wurden weich und sein leerer Magen drehte sich um. Hieß es das, was er dachte? Wovor er am meisten Angst hatte? Wusste Jutta und jetzt auch Marlene über ihn Bescheid?

»Ich weiß nicht, was du meinst.« Seine Stimme war zu leise zum Zittern. »Ich geh dann mal zu ihr.«

Doch gerade als er sich an Jutta vorbeischieben wollte, packte sie ihn am Arm und hielt ihn fest.

»Du kannst mir nichts vormachen, Helmi. Ich weiß, was du versteckst. Ich hab's gesehen.«

Er riss sich von ihr los. »Du weißt gar nichts.«

»Doch. Das tue ich. Aber ich verurteile dich deswegen nicht. Mein Onkel, von dem ich euch mal erzählt habe, der ist genau wie du.«

»Wie, wie ich?«

Er hätte weitergehen sollen, aber er blieb vor Jutta stehen wie die Maus vor der Schlange, unfähig dazu, sich zu bewegen.

»Er liebt Männer. Und du tust das auch. Du bist schwul, Helmi.«

Sie hatte es tatsächlich gesagt. Laut. Der Bürgersteig tat sich unter ihm auf. Doch er stemmte sich mit aller Macht dagegen, in das bodenlose Loch zu fallen. Das wäre ein Eingeständnis, das durfte ihm nicht passieren.

»So ein Schwachsinn, Jutta. Halt besser deinen Mund, sonst …« Er brüllte so laut es möglich war, ohne dass jemand was von ihrem Streit mitbekam. Aber eben nicht laut genug, um Jutta zum Schweigen zu bringen.

»Was sonst? Helmi, was sonst? Du kannst davor nicht weglaufen. Das wird immer bleiben. Und das ist völlig in Ordnung. Wirklich, ich bin auf deiner Seite. Scheiß auf diese beschissenen Paragrafen und auf die Polizisten.« Sie machte eine kurze Pause. »Ich will nur nicht, dass du meiner Freundin wehtust. Verstanden?«

Helmut spürte, dass er sich schon längst im freien Fall befand.

»Du kannst immer mit mir reden.«

Seine Antwort war nur noch ein Flüstern. »Das ist alles nicht wahr. Das ist nicht wahr.«

Dann drehte er sich um, ließ Jutta stehen und ging quer über den Rasen auf das Haus zu, in dem Marlene auf ihn wartete.

Und während er seine Augen rieb, kapierte er plötzlich, dass sich nicht die Welt um ihn herum geändert hatte. Der Himmel war vermutlich noch immer blau und der Dom auch immer noch schön. Die Menschen in Köln hatten jeden Grund, sich und ihre Stadt zu feiern. Er hatte sich verändert. Jutta hatte es ihm auf den Kopf zugesagt. Er war über Nacht zu einem Perversen geworden, der kein Recht mehr darauf hatte, am fröhlichen Leben der anderen teilzuhaben. Es blieb ihm nur eine Wahl: Er musste das so schnell wie möglich rückgängig machen.

....
....

Merkt man, also ich, als Außenstehender.
Irgendwas passiert gerade mit dir.
Auch wenn ich nur die Hälfte verstehe.
Helmut??? 15:29

Ich bin da, falls ... Wollte ich
dir nur gesagt haben. 15:30

Und ja, Amsterdam war mega. War, seit
ich in Köln bin, schon 2 x wieder da. Ist
ja nicht weit von hier. Aber nie war's so
lustig wie damals. Weißt du noch, wie wir
es fast in diesen Coffee-Shop am Bahnhof
geschafft haben? Wir hatten die Joints
schon in der Hand, als dem Idioten
an der Kasse aufgefallen ist, dass
das Alter auf unseren Ausweisen gefälscht
war. Ok, so ein Idiot war er vielleicht doch
nicht, sonst hätte er mit der Polizei
vielleicht nicht nur gedroht. Oder an
den Automaten mit dem ganzen heißen
Essenszeugs. Ich habe noch nie und nie

wieder so viel leckeres schlechtes Essen
in mich reingestopft wie damals.
Mir wird jetzt noch schlecht. 15:32

·····················
·····················

»Warum hast du mich angelogen?«

Das war das Erste, was Marlene zu Helmut sagte, als er ihr Zimmer betrat. Sie blieb auf ihrem Bett sitzen, Helmut schloss leise die Tür. Er hatte sich wieder etwas gefangen, weil er sich fangen musste, als er von seinen Schwiegereltern zum hundertsten Mal in ein Gespräch über die neue Oper verwickelt wurde. Sie gefiel ihnen nicht, auch nicht von innen, und die Akustik war angeblich auch schlecht, ihm war das gerade sowas von egal.

»Was meinst du?«

»Das mit gestern. Du wolltest nach Hause ins Bett und dann haben Jutta und Gerdi dich in der Werkstatt getroffen.«

Helmut biss sich auf die Lippe, er musste die Sache jetzt wieder hinbiegen, er hatte nur diese eine Chance.

»Tut mir leid. Ich bin dem Italiener zufällig auf meinem Heimweg übern Weg gelaufen und hab mich überreden lassen, ihm ein paar Schläge beizubringen. Tut mir echt leid.«

Marlene stellte ihre Füße vor sich auf die Matratze und legte ihr Kinn auf die Knie.

»Ich wäre gestern wirklich gern mit dir ins Kino. Aber du warst richtig abweisend. Und ich dachte noch, weil du dich krankfühlst. Aber das war es ja dann gar nicht.«

Helmut ging auf sie zu und kniete sich vor sie aufs Parkett.

»Das tut mir wirklich leid mit gestern. Ich wollte nicht abweisend sein. Wirklich nicht.«

»Und warum warst du es dann?«

»Keine Ahnung«, Helmut streichelte Marlenes Knöchel, »ich glaube, ich bin einfach nur nervös. Wegen der Hochzeit und allem.«

»Heißt das jetzt, du willst nicht mehr?«

»Quatsch. Natürlich will ich noch. Ich liebe dich.«

Marlene fuhr ihm durch seine kurzen Haare. »Wirklich? Jutta hat nämlich auch gesagt, dass du gestern Abend ganz komisch warst. Und sie hat noch gesagt, dass der Italiener ziemlich niedlich aussieht.«

Helmut verscheuchte alles, was ihm augenblicklich durch den Kopf schoss. Er musste sich konzentrieren.

»Komm, lass uns nicht länger über Jutta oder den Itaker reden.« Er stemmte sich leicht hoch und gab Marlene einen innigen Kuss. »Die hat keine Ahnung.«

»Äh, was wird das jetzt?«

Marlene küsste ihn etwas überrumpelt zurück, während Helmut sich neben sie setzte.

»Deine Eltern sind gerade los. Das Haus ist leer.«

»Und das heißt?«

»Das wir jetzt das machen könnten, was du gestern wolltest. Und was ich heute auch will.«

Sanft legte er seine Hand auf ihre Brust, weil er genau wusste, dass sie das mochte, wenn sie sich näherkamen. Es wirkte. Marlene intensivierte ihre Küsse und gab ihre kauernde Haltung auf.

»Bist du sicher?«

»Wenn du sicher bist.«

»Bin ich.«

»Ich auch. Vielleicht ist das auch ein Grund, warum ich so nervös bin. Weil ich mir das schon so lang wünsche.«

»Dann mach.«

Doch weil Helmut keine Ahnung hatte, was er zu tun hatte, übernahm Marlene das Kommando. Sie schubste ihn auf den Rücken, setzte sich auf ihn und knöpfte ihre Bluse auf. Helmuts Herz schlug bis zum Hals. Jetzt war es endlich so weit. Gleich würde er zu einem richtigen Mann werden. Ein paar Wochen zu früh, was die Vorgaben ihrer Eltern und des Anstands anging, aber genau richtig, um ihn wieder auf Spur zu bringen und die abwegigen Bilder und Gefühle zu verscheuchen. Mit zitternden Fingern machte er sich an seinem Hemd zu schaffen, während Marlene ihm seine Hose mehr runterriss als auszog.

Von dem Moment an wusste Helmut nichts mehr. Er kam erst wieder zu sich, als sie wenige Minuten später nackt und erschöpft nebeneinander im Bett lagen. Es fühlte sich gut an, irgendwie erleichternd, weil er es endlich geschafft hatte, wovon Gerdi ihm schon seit ein paar Jahren vorschwärmte. ›Du denkst, du fliegst‹, so hatte er es beschrieben. Und vielleicht würde er die Beschreibung einfach übernehmen, obwohl er sich gar nicht sicher war, was Gerdi damit gemeint hatte. Aber es klang gut, zutreffend und richtig.

»Ich liebe dich auch, Helmut.«

Marlene drehte sich zu ihm und streichelte mit der Hand über seinen Bauch. Helmut musste lachen, weil er an der Stelle gerade furchtbar empfindlich war, weil Marlene mit ihren rötlichen Wangen furchtbar süß aussah und weil er endlich nicht mehr Helmi war, sondern Helmut, ein Mann.

»War schön.«

»Hm.«

»Noch mal?«

Sie fuhr mit ihrer Hand etwas tiefer. Helmut zuckte zusammen.

»Vielleicht sollten wir uns eher anziehen, bevor deine Eltern zurückkommen.«

»Sollten wir wohl.« Marlene machte ein enttäuschtes Gesicht und fischte ihren BH vom Boden. »Was ich noch sagen wollte, bevor ich's vergesse: Ich würde deinen Italiener gern mal kennenlernen.«

Helmut, der gerade in seine Unterhose schlüpfte, erstarrte in der Bewegung.

»Wieso denn das?«

»Weil ich ihn fragen will, ob er mir Italienisch beibringen kann. In der Firma sagen sie alle, dass wir Sprachen lernen müssen. Und Englisch kann ich ja schon.«

Helmuts Gedanken überschlugen sich. »Ich weiß nicht, ob der das kann. Oder überhaupt will.«

»Frag ihn doch einfach mal. Kostet ja nichts.«

Helmut stand auf und sammelte seine Kleidung zusammen. Was sollte er jetzt tun? Marlene diesen Wunsch abschlagen und Nachfragen provozieren? Zusagen und damit rechnen, dass alles auffliegen könnte?

Aber was sollte überhaupt auffliegen? Er war vor wenigen Minuten über Enzo hinweggekommen. Er war keiner mehr von den anderen, er war wieder der alte, der endlich erwachsene Helmut, der wieder genau wusste, was er wollte.

»Ich kann ihn mal fragen.«

»Au ja, mach das. Und vielleicht bringst du ihn einfach mal mit, wenn wir uns alle treffen. Der hat sicher nicht so viele Freunde hier. Das vermutet Jutta auch.«

Er hasste Jutta.

»Ich werde mal sehen, was sich machen lässt.«

»Mach das.«

Helmut zog seine Socken fast bis zum Knie hoch. Vom Gefühl des Fliegens war er weiter entfernt denn je.

13.

Liz hat uns ein Hotelzimmer spendiert und wir liegen nach dem Krankenhausbesuch auf unseren wahnsinnig bequemen Betten und chillen. Liz mit einer Bandage ums Knie, ich mit der Fernbedienung des Fernsehers in der Hand.

Mehr aus Gewohnheit zappe ich mich durch das wilde und knallbunte italienische Nachmittagsprogramm, ohne davon auch nur ein Wort zu verstehen, merke jedoch schnell, dass das nach den letzten Tagen ohne besonders viel digitalem Input keine gute Idee ist. Ich werde genauso unruhig wie die Bilder und schalte schnell wieder ab.

»Als wäre man auf einem voll fiesen Trip.«

»Schrecklich.«

»Ich geh, glaub ich, mal in die Stadt.«

Liz kramt in ihrem Rucksack nach ihren Schreibsachen.

»Mach das. Du musst jetzt wirklich nicht Krankenpfleger spielen. Morgen ist das wieder gut. Und wenn das mit dem Rucksacktransport klappt, dann komme ich garantiert bis Assisi.«

»Klaro.« Ich drehe mich zu Liz. »Für wen schreibst du diese ganze Geschichte eigentlich auf?«

»Für die, die's interessiert.«

»Und die alten Briefe, die du mit dir rumschleppst?«

»Helfen mir beim Erinnern.« Sie setzt ihren Stift auf einer leeren Seite in ihrem Notizbuch an, als wäre sie meine Sekretärin. »Ich schreibe aber auch neue Sachen auf, die ich hier erlebe und erfahre. Von dir zum Beispiel.«

Ich lache leicht hysterisch und verfluche mich dafür, nicht schon längst in der Stadt unterwegs zu sein.

»Was willst du denn hören?«

»Dein Vakuummoment. Und keine Angst, er bleibt unter uns.«

Mein Vakuummoment? Ich drehe mich auf den Bauch und starre den Polsterbezug meines Kopfendes an. Er ist türkisblau, wie das Meer damals.

»Wir waren im Urlaub. Also unsere Familien waren im Urlaub. Auf Mallorca. Es war ein guter Urlaub. Mit dem besten Freund zwei Wochen am Meer kann ja nur gut sein. Und es war auch alles ziemlich normal zwischen uns. Wieder. Davor hatten wir etwas Stress. Jonas war schwul, das wusste ich. Ich war es nicht, das dachte ich. Aber irgendwie gab es immer häufiger Momente, in denen ich mich nach ihm sehnte. Anders als früher, wenn wir uns mal zwei Wochen nicht gesehen haben. Eher so körperlich. Und das hat mich ganz schön verwirrt. Kannst du dir ja vorstellen. Wie bei Helmut eben. Bei mir kam nur noch dazu, dass ich keinen Schimmer hatte, was Jonas fühlte. Na ja, in den zwei Wochen auf Malle war das alles aber irgendwie kein Thema. Bis zum letzten Tag, als wir uns für den Abend am Strand verabredet hatten. Der vorgeschobene Grund war heimlich Saufen, der eigentliche lag schon den ganzen Tag in der Luft. Und genau so kam es dann auch. Wie genau, kann ich dir gar nicht mehr sagen. Sangria gab's literweise. Es war warm, wir haben uns ausgezogen, sind ins Meer gerannt, haben uns gegenseitig untergetaucht, miteinander gekämpft und dann irgendwann einfach nicht mehr losgelassen. Und ja, das war wirklich wie ein Vakuum. Und nur wir beide waren darin gefangen. Wobei gefangen das falsche Wort ist. Geborgen, das trifft's wirklich besser. Wir waren in dem Vakuum geborgen. Ich glaube, ich war weder vorher noch nachher jemals näher bei mir. Weil es genau so richtig war, weil Jonas meine Gefühle erwiderte, weil sich die ganzen Bedenken in meinem Kopf aufgelöst haben. Vielleicht auch, weil mein Kopf gar nicht gearbeitet hat, oder so im Einklang mit meinem Herzen und mit Jonas' Herzen arbeitete, dass es keinen Unterschied mehr gab. Jedenfalls spürte ich in dieser Nacht am Strand, dass ich nicht der Quarterback bin, der ich immer sein wollte. Und dass sich diese andere Person tausendmal besser anfühlt. Und direkt danach ist das passiert, was ich dir schon erzählt habe. Das verdammte Leben halt … und von diesem einmaligen Moment ist nichts übrig geblieben. Ich auch nicht.«

Ich brauche nach meinem endlosen Monolog was zu trinken, suche meine Wasserflasche und schaue zu Liz rüber. Ihre grünen Augen schauen wie erstarrt durch mich hindurch, als wäre ich nicht da, oder sie ganz woanders.

»Alles in Ordnung?«

»Schon«, sie streicht sich eine nicht vorhandene Haarsträhne hinters Ohr, »ist nur, weil nicht alle Menschen das Glück haben, diese bedingungslose Liebe zu erleben. Das ist ein Geschenk.«

Ich vergesse zu trinken, weil mich Liz' Worte merkwürdig berühren. »War nur leider ein Geschenk ohne Inhalt.«

»Das ist nicht wahr. Du hast dieses Gefühl in dir abgespeichert. Du musst dich nur erinnern. Remember how to love.«

Ich lasse es so stehen. Und muss an einen alten Song denken, den Liz garantiert nicht kennt, den Jonas und ich damals aber hoch und runter gehört haben. Die Melodie ist direkt in meinem Ohr: ›There's a place I go to. Where no one knows me. It's not lonely. It's a necessary thing. It's a place I made up. Find out what I'm made of. The nights I've stayed up. Counting stars and fighting sleep.‹

Mir wird heiß und kalt, weil ich gar nichts mehr kapiere. Irgendwie vermischt sich alles, irgendwie scheint alles zusammenzuhängen, Helmut und ich, Liz und Jonas, Mark Forster und …

....
....

Dieses Mal wartete Helmut auf Enzo. Seit einer halben Stunde drückte er sich nun schon vor dem Eingang zum Rheinpark herum und versuchte, von niemand zufällig erkannt zu werden. Wobei diese Angst völlig unbegründet war, da die Besucher, die gerade in Strömen und fröhlich die Bundesgartenschau verließen, hauptsächlich Touristen waren.

Über eine Woche hatte er sich nun davor gedrückt, Marlenes Wunsch in die Tat umzusetzen. Und ihm fielen keine Ausreden mehr ein, Enzo nicht zu kontaktieren. Nur Argumente dafür und eins davon war, dass er Juttas Vermutung ins Reich der Fantasie verweisen könnte, wenn Marlene und er sich quasi mit dem Feind verbündeten. Außerdem hatten

Marlene und er noch mehrmals miteinander geschlafen, er fühlte sich dementsprechend gefestigt genug, ihm gegenüberzutreten.

Nur noch der eine Weg, keine Irrwege mehr.

Und während er noch überlegte, was er Unverfängliches zur Begrüßung sagen könnte, lief Enzo an ihm vorbei, ohne ihn zu beachten.

»He, Enzo, warte.«

Enzo lief einfach weiter, als würde er ihn nicht hören. Oder hören wollen.

»Enzo, hörst du schlecht?« Helmut lief ihm verwundert hinterher und berührte ihn leicht am Arm. »Oder läufst du vor mir davon?«

Mit einer kräftigen Bewegung schüttelte Enzo Helmuts Hand ab und warf ihm als Antwort einen Blick zu, der Helmut automatisch einen Schritt zurückweichen ließ. Das war keine Wärme mehr in seinen Augen und auch kein lächelndes Funkeln, das war … Helmut wusste es nicht. Aber es ließ ihn trotz der sommerlichen Temperaturen frösteln.

»Was du willst?« Enzos Stimme hielt mit den kalten Augen mit.

»Ähm, ich wollte, also, ich …« Helmut hasste sich dafür, dass er jetzt nervös wurde. Es war alles ganz anders geplant gewesen. »Was ist los?«

»Weißt du nicht? Denk mal nach.«

»Ich habe keine Ahnung.«

Enzo war ein paar Schritte weitergegangen, als er sich noch mal zu Helmut umdrehte. »Du hast mich weggeschubst wie ein Hund. Wie ein Hund mit Flöhe. Stronzo.«

Das war es also. Der Abend in der Werkstatt. Der Abend, an den zu erinnern Helmut sich verbot.

»Weil ich das nicht wollte. Und weil meine Freunde um ein Haar gesehen hätten, dass du mich ...«

»Was? Sag mir!«

»Dass du, wir ... Egal. Ich will nicht mehr darüber reden.«

Helmut schaute sich um, ob ihnen jemand zu nah kam. Das Gespräch lief in eine völlig falsche Richtung. Und er spürte panisch, dass die Erinnerung wieder über ihn hereinzubrechen drohte, als wäre es gerade erst passiert.

»Es war falsch, was du da fast gemacht hast.«

»Ich?«

»Ja, du!«

»Weil es das Gesetz in diese Land sagt?«

»Weil ich es sage. Ich fühle nicht so wie du. Und wenn du das nicht akzeptieren kannst, dann können wir auch keine Freunde sein.«

Enzo schaute ihn an. Seine Augen hatten an Kälte verloren, doch das, was Helmut jetzt sah, konnte er noch weniger ertragen: Die schwarzen Augen begannen zu fließen, als wären sie reines Erdöl.

»Ich habe gedacht, du fühlst wie ich.«

»Nein.« Helmut wollte das Thema endgültig beenden. »Ich heirate Ende des Sommers. Ich bin ganz normal. Das, was du suchst, findest du an der Rheinbrücke. Nicht bei mir. Ich weiß, wo ich hingehöre.«

»Und du kommst hier, um das zu sagen?«

»Ja. Ich will nicht, dass du dir Hoffnungen machst.«

Helmut hörte selbst, wie fadenscheinig das alles klang. Als richtiger Mann hätte er Enzo verprügeln und ihn wegen Verstoßes gegen den Paragrafen 175 bei der Polizei anzeigen sollen, statt hier vor ihm zu stehen und irgendwas von Freundschaft und Hoffnungen zu faseln.

»Dann, Ciao. Mach es gut, El Mut.«

Enzo wischte sich mit seinem Eisverkäuferhütchen schnell über die Augen und drehte sich weg. Helmut blieb äußerlich ruhig stehen, doch innerlich schien plötzlich alles durcheinanderzugeraten. Und dabei hallte Enzos El Mut in seinen Ohren, als wollte sich sein Kopf für ewig daran erinnern. Denn ab sofort und für alle Zeit würde ihn niemand mehr so nennen. Und obwohl er wusste, dass es besser so war, dass er das Richtige getan hatte, dass er mehr an Marlene und seine Familie als an sich denken musste, konnte er einfach nicht seine Klappe halten.

»Meine Verlobte will wissen, ob du ihr Italienisch beibringen kannst?«

Enzo blieb stehen, ohne sich umzudrehen. »Machst du wieder Witze?«

»Nein, wirklich, darum bin ich auch hergekommen, um dich das zu fragen.«

Helmut hoffte, dass Enzo sich noch mal zu ihm umdrehen würde, wusste aber gleichzeitig nicht, was er sich davon versprach. Wollte er Enzos Tränen sehen? Oder eher sein Lächeln und damit die Sicherheit haben, dass seine Verletzungen, die er ihm zugefügt hatte, schon wieder heilten? Oder wollte er einfach nur noch mal dieses Gesicht fixieren, damit es sich wie der Hall seiner Stimme in sein Gedächtnis einbrennen konnte?

Egal, was es war, Enzo tat ihm den Gefallen nicht.

»*Was willst du von mir?*«

»*Ich? Nichts. Sie muss für die Arbeit Sprachen lernen. Und ich habe ihr versprochen dich zu fragen. Sie will dir den Unterricht natürlich auch bezahlen.*«

Enzo schien einen Augenblick zu überlegen.

»*No. Ich glaube, ist keine gute Idee.*«

»*Nein, vermutlich nicht.*«

Definitiv nicht. Kein bisschen. Enzo verstand das. Nur er selbst schien Probleme zu haben, das zu kapieren. Kapieren zu wollen.

»*Falls du es dir anders überlegst: Wir treffen uns am Sonntagnachmittag alle am See, den ich dir gezeigt habe. Wenn du nicht arbeiten musst, kannst du ja dazukommen. Marlene würde sich freuen.*«

»*Und du?*«

»*Es geht nicht um mich.*«

»*Es geht nur um dich.*« *Enzo straffte seinen Rücken und ging endgültig und entschlossen davon.*

Helmut blieb zurück – nachdenklich, ratlos, wütend, weil er sich vorkam wie eins der Gänseblümchen, denen sie als Kinder immer die Blüten ausgerissen hatten: Ich will ihn wiedersehen. Ich will es nicht. Ich will …

14.

Sonntagnachmittag. Helmut war aufgekratzt und versuchte schon die ganze Zeit, es sich nicht anmerken zu lassen. Er lag auf seinem Handtuch und blätterte durch den kicker, den Gerdi mitgebracht hatte, während die anderen vier ein paar Meter von ihm entfernt Federball spielten. Er tat interessiert, konnte sich jedoch keinen einzigen Satz merken. Und verfluchte sich dafür. Genau das war die letzten Tage fast schon ein bisschen zur Routine geworden. Da hatte er sich nämlich so oft verflucht, wie Buchstaben in diesem Fußballheft standen. Dafür, dass er seinen Mund nicht gehalten hatte. Dass er Enzo eingeladen hatte. Dass er Marlene nicht einfach angelogen hatte, von wegen Enzo hätte keine Lust auf ihren Italienischunterricht. Es war einfach nur dämlich von ihm gewesen, weil er nun keine Ahnung hatte, wie der Nachmittag ausgehen würde.

Vorgestellt hatte er sich alles. In schlechten Momenten, vor allem nachts, sah er Enzo auf sich zukommen und ihn vor allen anderen küssen. Am schlechtesten und am meisten Panik auslösenden waren die Momente aber erst dann, wenn ihn diese Vorstellung auch noch erregte. In guten Momenten ging hingegen alles glatt. Die anderen mochten Enzo und sogar Jutta ließ von ihrem Verdacht ab, dass zwischen ihnen mehr war als Freundschaft.

Besonders gut war die Vorstellung dann, wenn er genau das auch spürte: Freundschaft, mehr nicht. Weil er in etwas mehr als zweieinhalb Monaten die beste Frau der Welt heiraten würde, die jetzt lachend und verschwitzt auf ihn zukam.

»Martin ist so ein mieser Federballspieler. Ich will, dass du mit mir spielst.«

Martin kam schimpfend hinterhergelaufen. »In diesem Gestrüpp kann kein Mensch Federball spielen.«

»Wenn der Bauer nicht schwimmen kann ...«

Während Marlene sich kichernd neben Helmut fallen ließ, veräppelten auch Gerdi und Jutta ihren gemeinsamen Freund. »Marlene hat recht, du spielst wie ein Dreijähriger.«

»Ja, und? Federball ist auch nichts für Männer. Dafür kann ich boxen, im Gegensatz zu allen anderen hier.«

»He«, Helmut rappelte sich auf, »was soll das denn heißen?«

Gerdi pflichtete ihm bei. »Das will ich jetzt aber auch wissen. Ich hab dich nämlich beim letzten Training richtig fertiggemacht.«

»Ich hab dich gewinnen lassen. Wegen der Motivation.«

Gerdi stellte sich kampfbereit vor Martin. »Das kann jeder sagen. Los, ein Beweis. Du erst gegen mich, dann gegen Helmut. Und die Mädchen sind unsere Kampfrichter.«

Jutta verdrehte nur die Augen. »Sag nie wieder Mädchen zu mir, verstanden. Komm, Marlene, wir gehen schwimmen, bis die hier wieder Normaltemperatur haben.«

Marlene ließ sich von Jutta hochziehen.

»Meinst du, der Italiener kommt noch?«

Marlenes Frage galt Helmut und sofort waren alle Augen auf ihn gerichtet. Sogar Gerdi nahm seine Fäuste runter.

»Wie? Der kommt hierher?«

Helmut versuchte, möglichst unbeteiligt zu wirken, obwohl sein Blutdruck rasant stieg, was man ihm vermutlich wie immer auch ansah.

»*Hast du den anderen gar nichts gesagt?*« *Marlene wirkte verwundert.*

»*Ich wusste ja nicht, ob er kommt. Ich denke eher, dass der arbeiten muss.*«

»*Ist das der Italiener von Karneval? Der vom Rhein?*«

»*Und der aus der Werkstatt?*«

»*Wie Werkstatt?*«

Martin schaute Gerdi ratlos an. Jutta ging dazwischen, bevor Gerdi eine Erklärung nachsetzen konnte.

»*Ich find's gut. Aber warum? Willst du ihn uns … vorstellen, oder was?*«

Helmut traute sich nicht, Jutta anzuschauen. Er war froh, als Marlene das Antworten für ihn übernahm.

»*War meine Idee. Ich will Italienisch lernen und hab Helmut gefragt, ob er diesen Enzo nach Unterrichtsstunden fragen kann.*«

»*Ach so.*« *Jutta hob unmerklich ihre linke Augenbraue.*

»*Und ich hab ihm halt vorgeschlagen, dass er heute hier vorbeikommen kann, um Marlene kennenzulernen.*« *Helmut fühlte sich, als würde er mit dem Rücken an einer Wand stehen.* »*Mann, ich weiß ja noch nicht mal, ob er kommt. Was macht ihr denn jetzt da für ein Theater?*«

»*Redet ihr von mich?*«

Alle Köpfe treten sich augenblicklich dahin, wo dieser italienischdeutsche Singsang herkam. Im Gegenlicht der Sonne stand Enzo und wirkte dabei fast wie eine Erscheinung. Un-

wirklich. Der Auftritt eines Schauspielers, dachte Helmut, be*vor sein Herz in die Hose rutschte und er sich sicher war, dass der Nachmittag in einer Katastrophe enden würde.*

....
....

Die Sonne scheint nicht nur über Köln, sie scheint auch über Italien. Und wie. Es ist kurz nach sieben und schon so heiß, als würden die Herdplatten unseres Planeten auf der höchsten Stufe stehen. Wir sind seit einer Stunde unterwegs. Liz ohne Rucksack, dafür mit ihrer Bandage, und ich mit einem sicher fünf Kilo leichteren Rucksack, weil ich ein paar Sachen in ihrem verstauen durfte. Meinen Kosmetikkram zum Beispiel. Keine Ahnung, was ich mit 500 ml Duschgel und einem ebenso großen Shampoo vorhatte. Duschen, bis ich so alt bin wie Liz?

Gleich verlassen wir die Toskana und kommen nach Umbrien. Sansepolcro war ein nettes, aber auch ein ziemlich wuseliges Städtchen. Ich habe es mir gestern Nachmittag noch angeschaut, wurde dabei aber fast so unruhig wie beim Zappen durch das italienische Fernsehprogramm. Und weil es zudem noch schwül war und ich nicht wusste, wohin ich gehen sollte, bin ich in den Dom der Stadt gestolpert. Allein war ich da auch nicht, aber kühl und ruhig war es, mal abgesehen von den schrägen Harfenklängen einer Straßenmusikerin, die auf dem Platz vor der Kirche ein Popsong-Medley nach dem anderen zum Besten gab.

Ich habe mich schnell in eine Bank gesetzt, um ja nichts falsch zu machen. Keine Ahnung, wann ich zuletzt in einer

Kirche war. Bei der Beerdigung von Jonas' Schwester, zu der ich mich heimlich reingeschlichen hatte und ganz hinten stehen geblieben war, um ja nicht gesehen zu werden? Auf jeden Fall konnte ich mich nicht daran erinnern, irgendwann mal in meinem Leben freiwillig und grundlos eine Kirche betreten zu haben. Gestern war es dann so weit, weil während dieser Wanderung ja scheinbar nichts einen Grund braucht, aber alles einen Sinn hat.

Ich saß sicher eine Stunde einfach nur da und habe nichts gemacht und an nichts gedacht. So kam es mir hinterher und so kommt es mir auch heute noch vor. Ich habe keine Leute beobachtet, nicht am Handy rumgespielt, nicht an Jonas gedacht und auch nicht an Liz, Helmut oder Enzo. Und schon gar nicht an die Welt da draußen. Irgendwie spielten nicht mal ich und meine Vergangenheit und Zukunft in dieser Stunde eine Rolle. Es herrschte einfach nur Stille in mir, und zwar so lang wie noch nie.

....
....

Der Nachmittag am See wurde keine Katastrophe. Im Gegenteil. Helmut staunte mehr als einmal, wie aufgeschlossen seine Freunde auf Enzo reagierten. Sogar Martin hörte interessiert zu, als er von seinem Leben auf Stromboli, seiner nicht ganz freiwilligen Entscheidung, als Gastarbeiter nach Deutschland zu kommen, und seinen Anfangsschwierigkeiten in Köln erzählte. Er erzählte es aber auch spannend, schmückte die Karnevalsprügelei dermaßen aus, dass Helmut gar nicht mehr wusste, ob er selbst überhaupt dabei gewesen war. Und er erlaubte sich, seine kölsche Kundschaft auf die Schippe zu nehmen, womit er alle zum Lachen brachte. Enzo war tatsächlich ein Schauspieler, der jeder Person in seinem Publikum gleich viel Aufmerksamkeit schenkte. Helmut war froh darüber und langsam fand sein Herz wieder den richtigen Platz.

»Und was ist mit amore?« Jutta fing sich mit ihrer Frage einen Ellenbogenstoß von Marlene ein, ließ sich aber nicht davon abbringen. »Ich mein, euch Italienern sagt man ja nach, dass ihr viel Zeit mit amore beschäftigt seid.«

»Mann, Jutta, das geht uns doch nichts an. Sollen wir schwimmen gehen?«

Helmuts Vorschlag wurde von allen ignoriert. Nur Gerdi hätte sich ihm sofort angeschlossen.

»Warum? Kann man doch fragen?«

Jutta fixierte Enzo, der ihrem Blick bemüht lässig standhielt. Marlene, Gerdi und Martin schienen von diesen kurzen Schwingungen zwar nichts mitzubekommen, doch Helmut spürte sie in seinem ganzen Körper. Und verzweifelte fast, weil er nicht einschätzen konnte, wie Enzo auf Juttas Frage reagieren würde.

Bis Enzo sein breitestes Grinsen aufsetzte.

»Sì, naturalmente. Ich bin verliebt. Italiener sind immer verliebt. Wie du sagen.«

Helmut presste seine Hände so sehr zu Fäusten zusammen, dass kaum noch Blut in ihnen vorhanden war, während Gerdi Enzo kumpelhaft auf die Schulter klopfte.

»Hähä, dann erzähl mal. Von ihr, oder? Wir haben nämlich schon gedacht, du bist …«

Enzo unterbrach ihn abrupt. »Puh, ist nicht einfach für mich, das zu tun.«

Für ein Wimpernschlag streifte sein Blick Helmuts, dessen Blut mittlerweile nicht nur seine Fäuste, sondern die ganze Welt verlassen hatte.

»Wegen Sprache.«

»Versuch's doch.« Marlene hing bereits fest an seinen Lippen.

»Ähm, bene. Ich sage so, die Liebe meine Lebens ist ganz besonderes. Sie ist molto affascinante, hübsch. Sie hat wunderschone Lippen und wenn ich die berühre, passieren eine Million Explosione in mir. Mit die Lippen kann sie aber auch lachen, das schonste Lachen der Welt. Sie macht es nicht oft, aber wenn sie lachen, dann wird die Welt strahlend. Und meine Herz auch. Sie ist lustig, lässt es aber nicht oft zu. Sie hat ein Herz, große wie Melone, versteckt es aber, weil sie glaubt, dass Gefühle eine Schwache ist. Sie ist die mutigste Mensch, den ich kenne, weiß es aber nicht. Und sie riecht so gut, überall, dass man in diese Geruch schwimmen möchte, wie in Meer oder diese See hier. Wenn ich sie sehe, gehen es mir schon schlecht, weil ich weiß, dass ich sie wieder verlassen muss. Wenn ich sie nicht sehe, ich habe keine Puls. Ich will mit ihr die glucklisten Momente teilen und auch die traurigsten. Ich will mit ihr jedes avventura erleben, das auf Welt gibt. Und wenn es keine avventura gibt, will ich einfach nur neben ihr auf Sofa sitzen. Aber wollen ist falsche Wort. Ich muss mit ihr zusammen sein, weil ich ohne sie nicht überleben kann.«

Enzo machte eine verträumte Pause und Helmut kam es vor, als hätte er seit zwei Minuten nicht mehr geatmet. Es war das Schönste, was jemals jemand über ihn gesagt hatte, und das

Gefährlichste war es auch. Denn er war sich sicher, dass nicht nur er verstand, von wem Enzo hier sprach.

»Und sie heißt Maria und ist sehr weit weg. Aber ganz nah in meine Herzen.«

Helmut hauchte beinah ohnmächtig den letzten Rest seiner aufgebrauchten Luft aus, während die anderen nach und nach ebenfalls ihre faszinierte Starre aufgaben.

Jutta räusperte sich. »Meine Herren, daran könnt ihr euch mal ein Beispiel nehmen. Was, Marlene?«

Marlene hatte Tränen in den Augen. Helmut hoffte, dass es Tränen der Rührung waren. Waren es.

»Das war so schön.«

»Jetzt ist aber auch gut.« Martin stand fast gleichzeitig mit Gerdi auf und wirkte genervt. »Wenn noch mehr von euch hier auftauchen, gucken wir ganz schön in die Röhre bei unseren Frauen. Die fallen doch alle auf so ein Geschwafel rein. Ihr Italiener, echt. Wenn ihr so arbeiten würdet, wie ihr quatscht, dann würde der Laden bei euch brummen.«

»Der Grund dafür, dass du keine Freundin hast, ist der, dass du den Unterschied zwischen Romantik und Geschwafel nicht kennst.« Damit wandte Jutta sich an Enzo. »Ich hoffe ehrlich, dass du irgendwann mit deiner Liebe vereint sein kannst.«

Das war der letzte Satz, den Helmut wahrnahm. Danach verfingen sich die frotzelnden Sprüche der anderen, die ihm wie Gewehrkugeln um den Kopf flogen, nicht mehr in seinen Ohren. Ein Schritt nach rechts oder links und sie würden ihn treffen. Vielleicht wäre das die Lösung? Darauf hoffen, in Liebe vereint zu sein – das war sie jedenfalls nicht.

Liebe. Liebte Enzo ihn tatsächlich? Liebte er Enzo zurück? War das Gefühl, das er bei seinen Berührungen immer spürte, Liebe? Können sich Männer überhaupt lieben, mal abgesehen vom Dürfen? Und wenn: Kann sein Herz mehrere Menschen gleichzeitig lieben? Oder müsste er sich entscheiden? Zwischen ihm und Marlene?

Helmut starrte heimlich die haarige Stelle auf Enzos Brust an, die Kette mit dem roten Anhänger, worauf seine Hand neulich abends noch gelegen hatte, und war kurz davor, wieder in dieses Vakuum abzutauchen. Bis er spürte, wie die Jungs ihn mit Kopfnüssen aufforderten, mit ins Wasser zu kommen.

»He, Helmi, bist du eingeschlafen bei dem romantischen …?« *Gerdi machte Kotzgeräusche. Zum Ärger von Jutta.*

Helmut blinzelte, wich Enzos und allen anderen Blicken aus und spürte, wie Marlenes Hand sich irgendwann in seine gekrallt haben musste. Oder seine in ihre? Er ließ sie auf jeden Fall sofort los und sprang trotz seiner wackeligen Beine auf.

»Ja, ab ins Wasser.«

»Ich kann nicht. Muss zurück zur Arbeit. Mein Onkel verkauft mich sonst an Mafia.« *Enzo knöpfte sein Hemd zu.* »War sehr schön mit euch. Grazie molte. Ich rufe dich an, Marlene, wenn ich weiß, wann ich eine Nachmittag frei habe zum Lernen. Und dann bringst du mir auch noch besser Deutsch bei.«

Marlene lachte. »Das ist mal wirklich nicht notwendig. Ich freu mich.«

»Anch'io. Ich mich auch.«

Dann gab Enzo allen die Hand, unauffällig gleichmäßig, und verbeugte sich zum Abschied, als würde er eine Theaterbühne verlassen. Seine Zuschauer schauten ihm stumm nach, doch kaum war er im Gestrüpp des Weges verschwunden, ging das Geschnatter los, was für ein unglaublich charmanter, schmieriger, attraktiver, verlogener Italiener Enzo doch war. Helmut beteiligte sich nicht an der Diskussion. Er war viel zu beschäftigt damit, etwas in seiner Badetasche zu suchen, wobei er nur aufgewühlt auf die Nachricht schielte, die Enzo ihm in Form eines kleinen Zettels in die Hand gedrückt hatte: »Treffen! Mittwochabend, sieben Uhr an Dom. Sarò sempre il tuo, E.«

....
....

Obwohl wir schon zwei Drittel des heutigen Weges hinter uns haben, machen wir erst jetzt unsere erste richtige Pause. Auch weil Liz sich dank der Behandlung im Krankenhaus, wie sie seit heute Morgen mehrfach betont hat, 20 Jahre jünger fühlt. Als sie es vorhin zum vierten Mal erwähnt hat, habe ich ihr vorgerechnet, dass sie demnach 60 wäre und immer noch meine Oma sein könnte. So schnell konnte ich mich gar nicht bücken, wie der restliche Inhalt ihrer Wasserflasche auf mir landete. Und ich hätte mir vor Lachen fast in die Hose gepinkelt. Zum Glück waren wir direkt an einer Wasserstelle, wo sie ihre Flasche wieder auffüllen konnte.

Jetzt sitzt Liz ruhig da und schaut über das hügelige Tal, das sich vor unserem Picknickplatz ausbreitet. Und während ich noch ihre restliche Räucher-Salsiccia mit Weißbrot esse, tue ich es ihr gleich. Angeblich wird Umbrien das grüne Herz Italiens genannt und zumindest von unserem Platz aus gibt's an dieser Beschreibung nichts zu beanstanden. Grüner war es die letzten Tage wirklich nirgendwo. Es ist wunderschön, die Hitze hat sich etwas verzogen und ich freue mich merkwürdigerweise darüber, dass mir das auffällt. Weil mir ja sonst ganz oft nur auffällt, wenn es mal wieder zu steil oder zu heiß oder zu anstrengend ist. Dieses Mal fällt mir auf, dass alles gut ist. Dass die Entspannung des gestrigen Kirchenbesuchs irgendwie noch anhält. Und weil mir das Auffallen auffällt, frage ich mich, ob es dafür wohl ein Wort gibt.

Doch bevor mir eins einfällt, beginnt Liz ohne Ankündigung zu sprechen. »Wenn Marlene es nur früher bemerkt hätte. Also das Offensichtliche.«

Mein Blick streift ihr Gesicht, das stur geradeaus gerichtet ist. Normalerweise beginnt sie sonst in solchen Momenten immer zu erzählen, dieses Mal scheint sie reden zu wollen.

»Sie war halt sehr verliebt in ihn, was?«

»Ja, in ihn und in ihren Plan, zu heiraten, zusammenzuziehen, Kinder zu kriegen und alt zu werden. Sie waren sich sicher, dass dieser Plan für sie, wie für tausend andere Paare, der einzig richtige war.«

»Helmut hatte da aber doch sicher seine Zweifel, oder? Also ab einem bestimmten Zeitpunkt.«

»Hm. Und trotzdem hat er daran festgehalten, weil es damals einfach kein anderes Lebensmodell gab. Es gab nur den Plan.«

Ich reibe meine Hände mit einem Einmalwaschlappen sauber, weil der Fettfilm der Wurst überall klebt. Und weil ich froh bin, etwas zu tun zu haben. Irgendwie ist das Gespräch komisch. Oder Liz. Das kann auch sein.

»Auf jeden Fall ist das der Grund, warum Pläne voll für die Tonne sind. Oder wie mein Enkel sagen würde: plans suck!«

Ich muss unwillkürlich auflachen, weil sie manchmal überraschend lustig sein kann. Aber als ich sie wieder anschaue, sehe ich in ihren Augen, dass die Tränen, die auf ihrer Wange glitzern, nicht vom Lachen kommen. Alles klar, Liz ist komisch.

Völlig selbstverständlich lege ich ihr tröstend meinen Arm um ihre Schultern. Denn tatsächlich sind wir mittlerweile mehr Freunde als Enkel und Oma.

»Ich glaube irgendwie schon, dass Pläne in Ordnung gehen«, rede ich ihr gut zu. »Die sind heute sicher anders als damals, aber ich glaube, fast alle Menschen denken sich irgendwelche Pläne aus, die sie erfüllen wollen. Mit Zielen, die sie erreichen können. Das gibt ja auch Halt und Orientierung und so. Ich wäre froh, ich hätte …«

Ich stoppe mitten im Satz. Was quatsche ich denn da für einen Bullshit? Ist ›Pläne‹ nicht nur ein anderes Wort für ›Rahmen‹? Selbst erfundene Rahmen. Und habe ich nicht genau damit Probleme, weil sie einen einengen? Von wegen Halt und Orientierung.

»Ähm, ich nehm's zurück. Du hast recht: plans suck!«

»Wie kommt's?« Liz schnäuzt sich lautstark schimpfend in einen feuchten Waschlappen, den ich ihr aus Mangel an Taschentüchern gereicht habe.

»Weil sie, wie bei Marlene, ja eh nie richtig in Erfüllung gehen. Meiner, zum Beispiel, der hat sich vor vier Jahren auch in nichts aufgelöst. Und trotzdem hechle ich dem noch irgendwie unzufrieden hinterher.«

»Was stand denn drauf? Auf deinem Plan?«

»Ähm«, ich komme kurz ins Trudeln, »keine Ahnung. Wahrscheinlich irgendwas mit tollem Leben, Erfolg und glücklich sein und so. Was man sich halt so vornimmt mit knapp 16.«

»Und obwohl du mit Plänen nicht so eine gute Erfahrung gemacht hast, bist du hierhergekommen, um einen für deine Zukunft zu finden. Das hast du auf jeden Fall neulich mal gesagt.«

Nur ein paar schrille Zikaden sind noch lauter als meine Gedanken, die vergeblich den Notausgang suchen. Liz macht mich echt fertig. Eben hat sie noch geweint und jetzt spielt sie schon wieder Miss Marple.

»Ja, nein, ach Mann, keine Ahnung.«

Ich geb's auf. Und Liz reicht mir den Waschlappen zurück.

»Das ist das eigentliche Problem mit diesen Lebensplänen. Dass auf den meisten irgendwas mit Glück steht. Auf meinen tat's das auch immer. Aber das funktioniert nicht. Glück muss da sein, da drin.« Sie zeigt auf meine linke Brustseite. »Wir werden nicht glücklicher, weil wir irgendwelche Pläne abarbeiten.«

»Und wie kommt es dann dahin? Das Glück?«

»Wir müssen unser Herz öffnen, dann kommt es von selbst.«

Puh. Ich bleibe stumm, weil mein Fundus an Erwiderungen nun endgültig erschöpft ist. Und weil mir ein Moment vom Anfang unserer gemeinsamen Reise in Erinnerung kommt: Liz, die vor mir steht und ihre Arme unbestimmt in alle Richtungen ausbreitet, als sie mich fragt, ob ich glücklich bin. Und ich, den die Frage völlig aus dem Konzept bringt, und der gleichzeitig glaubt, dass sie es sich zu einfach macht. Weil Glück doch viel mehr ist als ein bisschen schöne Natur. Etwas Grundlegenderes. Etwas Ultimatives.

Oder hat sie recht und es ist doch viel einfacher? Ist das vielleicht sogar das Wort, das ich vorhin gesucht habe, als ich über die grünen Hügel geblickt und mich einfach nur wohlgefühlt habe. Lautet das Wort: Glück?

15.

> 17:06 Glaubst du, dass es Unterschiede zwischen Träumen und Lebensplänen gibt?

> 17:10 Ich war heute schon glücklich. Paul

Keine Ahnung, ob das so eine kluge Nachricht war.

....
....

»Wir werden uns nicht mehr sehen können, El Mut.«

Das war der erste Satz, den Enzo Helmut bei ihrem Treffen entgegenschleuderte. Und Helmut war darauf kein bisschen vorbereitet. Er hatte alles erwartet, aber das nicht. Dementsprechend war auch seine gestotterte Reaktion.

»Äh, warum?«

Natürlich hätte er sagen sollen ›Ja, genau!‹, denn exakt der Gedanke hatte ihn die letzten Tage auch ständig begleitet – als er seinen Hochzeitsanzug endgültig ausgesucht hatte, als er mit Marlene die finale Einladungsliste durchgegangen war und sie tatsächlich überlegt hatte, ihren zukünftigen Italienischlehrer auch einzuladen, als er jede Nacht wach im Bett gelegen hatte und nicht mehr wusste, wie das alles, vielmehr wie er wieder normal werden sollte. Es lief alles auf eine Lösung hinaus und die hieß garantiert nicht Liebe. Nein, er musste den Kontakt zu Enzo abbrechen.

Er hatte es vorformuliert und auf dem Fahrrad zum Treffpunkt immer wieder vor sich hingesagt, damit seine Stimme bei den entscheidenden Sätzen hart und bestimmt klingen würde, doch alles, was er herausbekam, war dieses ›Warum?‹, weil ihn Enzos Begrüßung völlig aus dem Konzept gebracht hatte.

Enzo rutschte auf der Bank, auf der er saß, etwas zur Seite. Helmut setzte sich zu ihm. Eigentlich hatte er vorgehabt, im sicheren Abstand stehen zu bleiben, es lief mal wieder gar nichts wie geplant.

Für einen kurzen Moment schaute jeder für sich den vielen Menschen zu, die in ihrer Nähe den Dom bestaunten, ihn betraten oder ihn einfach links liegen ließen.

»Deine Freunde sind sehr nett. Deine Frau auch. Du heiratest. Es kann zu viel kaputtgehen, wenn wir uns weitersehen, weil es nicht bei Sehen bleiben wird.«

Helmut nickte zustimmend. Es stand viel zu viel auf dem Spiel.

»Und warum dieses Treffen?«

»Hab ich geschrieben, bevor ich zu See gekomme bin.«

Helmut nickte noch mal, nachdrücklich, weil es nichts mehr zu sagen gab. Trotzdem blieb er sitzen und nickte ein drittes Mal, kaum noch sichtbar, weil ihn ganz plötzlich eine Traurigkeit übermannte, die zu Enzos Gesichtsausdruck passte.

»Bin wohl nicht so mutig, wie du am Sonntag gesagt hast.«

»Manchmal ist Mut auch dumm. Und dumm bis du nicht.«

»Immerhin.« Helmut versuchte sich in einem Schmunzeln, es sah kläglich aus.

»Werde auch deine Freundin sagen, dass ich keine Zeit habe.«

Ein viertes Nicken von Helmut. Dann saßen sie wieder schweigend nebeneinander. Der Dom vor ihnen strahlte orangerot in der Abendsonne. Eine Hitzewelle rollte auf Köln zu. Man spürte es bereits.

Helmut wusste, dass er aufstehen sollte. Aber wie verabschiedete man sich von jemandem, den man nie wiedersehen würde? Er hatte schon oft darüber nachgedacht, was er zu seinem Vater sagen würde, hätte er noch einmal die Gelegenheit dazu. Er würde ihm vor allem Fragen stellen. Zu seinem Leben, zu ihrem viel zu kurzen gemeinsamen Leben, zu seinen Erwartungen daran, zu den wahren Gründen seines Freitods, zu seinen Erlebnissen im Krieg, zu seinen Frauengeschichten vor Mama, zu seiner Meinung bei Entscheidungen, zu Marlene, zu …

Aber endgültig verabschieden? Was wäre der letzte Satz, den er gern zu seinem Vater gesagt hätte? In Helmuts Vorstellung würde ihr Abschied vor dem Affenfelsen im Kölner Zoo stattfinden, weil es der Lieblingsort seines Vaters war und weil Helmut nur fröhliche Erinnerungen daran hatte. Dort würde er ihn an die Hand nehmen und zu ihm das sagen, was er sich seit sieben Jahren wünschte: Bitte bleib!

Plötzlich wusste Helmut, dass er Enzo nicht so einfach gehen lassen konnte. »Ich schulde dir noch meinen Lieblingsort.«

Enzo linste etwas verdutzt zu Helmut rüber. »Scusa?«

»Das habe ich dir doch noch versprochen, dass ich dir meinen Kölner Lieblingsort zeige.«

»Du hast mir gezeigt den See.«

»Der ist nur Platz zwei oder drei.«

»Musst du nicht, El Mut. Ist besser so.«

»*Doch. Ich zeig ihn dir morgen Abend. Aber erst spät. So um zehn Uhr wieder hier?*«

Enzo war alles andere als überzeugt. »*El Mut, wirklich, komme klar. Promesso. Versproche.*«

»*Promesso ist promesso.*«

Helmut fühlte sich plötzlich voller Tatendrang, die Traurigkeit war verschwunden. Vielleicht weil er den Abschied noch mal um einen Tag hinauszögern konnte, vielleicht auch, weil er genau wusste, dass von seinen Freunden nur Enzo den Zauber seines Lieblingsortes verstehen würde.

»*Einmal noch mutig sein. Zum Abschied.*«

Enzo gab sich geschlagen. »*Oder verruckt.*«

»*Wenn es sich lohnt.*«

»*Und für mich lohnt sich?*«

Helmut gab Enzo die Hand und schaute ihm einen kurzen, gefährlichen Moment zu lang in die Augen. Doch bevor sie ihn wieder packten und seinen Herzschlag beschleunigten, drehte er sich weg und ging davon.

»*Bis morgen, Enzo.*«

Mehr nicht, es war alles gesagt. Das Treffen würde nur noch eine letzte freundschaftliche Geste sein.

Am nächsten Abend um 22 Uhr 23 betraten Helmut und Enzo über einen letzten Baustelleneingang die Neue Kölner Oper.

»*Ich habe gesagt, du bist verrückt. Und ja, du bist.*« *Enzo flüsterte, obwohl weit und breit niemand zu sehen war.*

»*Das ist eine normale Baustellenabnahme.*«

»*Nachts?*«

»Wir beim Bauamt arbeiten immer.«

Helmut grinste vor sich hin, als er von Enzo leicht auf die Schulter geboxt wurde. Es war ein stolzes Grinsen und ein erleichtertes, weil bis jetzt alles geklappt hatte, wie er sich es ausgedacht hatte. Und gleichzeitig half ihm das Grinsen auch, seine Nervosität vergessen zu machen, die ihn schon den ganzen Tag begleitet hatte. Denn natürlich war eine nächtliche Baustellenabnahme nicht normal und obwohl ihre Aktion vermutlich nicht strafbar war, schließlich hatten sie im Büro noch den Schlüssel für das fast fertige Gebäude, würde er einen riesigen Anschiss seines Chefs kassieren, sollten sie erwischt werden.

»Und wenn noch Leute da sind? Wegen Aufführung?«

»Die nächste ist erst morgen. Vertrau mir.«

Vorsichtig liefen sie durch die unterirdischen Flure, in denen es, wie im ganzen Gebäude, noch nach frischer Farbe roch. Helmut hatte eine Taschenlampe dabei, weil er kein Licht machen wollte und er sich nicht sicher war, ob die Notbeleuchtung hell genug war. War sie aber. Und wie es Vorschrift war, waren auch alle Brandschutztüren nicht abgeschlossen. Zielsicher schleuste er sie ins Treppenhaus. Er kannte sich hier gut aus, er war die letzten beiden Jahre sehr oft auf der Baustelle gewesen, die das Vorzeigeprojekt des neuen Kölns war.

»Komm, hier geht's hoch.«

»Ich habe Herzschlag. Darf ich rauchen?«

»Nein, falls ein Wachmann kommt, riecht der doch sofort, dass jemand da ist.«

Enzo maulte irgendwas, während Helmut durch das Treppengeländer ins Dunkel nach oben linste.

»Psst, sei mal ruhig!« Helmut lauscht, ob doch jemand im Gebäude war, doch er konnte nichts hören. Alles schien ruhig zu sein. »Komm.«

Wie selbstverständlich griff er nach Enzos Hand. Sie war warm und kräftig, sie passte nahezu perfekt in seine und sie ließ ihn spüren, dass Enzo ihm komplett vertraute. Als er jedoch realisierte, was er da gerade tat, ließ er die Hand sofort wieder los. Sein Rotwerden wurde von der Dunkelheit verschluckt.

»'schuldigung. Sind gleich da.«

»Nessun problema.«

Aus den Augenwinkeln sah Helmut, wie Enzo seine Hand und dann wieder ihn anstarrte.

Es war alles gesagt.

Er ging einfach weiter.

Oben angekommen machte Helmut seine Taschenlampe kurz an und ließ den Lichtkegel durch das riesige, halbrunde Foyer fliegen. Die modernen Hängeleuchten reflektierten den schwachen Schein tausendfach. Er wusste, was sie gekostet hatten, sie waren jede Mark wert.

Enzo atmete fasziniert aus. »Ich war noch nie in ein größeres und schöneres Haus.«

»Wart mal ab. Wir sind noch nicht ganz da.«

»Du machst es spannend. Mein Herz schlägt wild. Musst mal fühlen.«

»Lass mal.«

Helmut knipste die Taschenlampe wieder aus, damit von außen niemand sah, was im Gebäude vor sich ging – und in ihm. Er ging zu einer der Seitenrangtüren, öffnete sie, winkte

Enzo durch und schon nach wenigen Metern standen sie inmitten von Helmuts Lieblingsort, der in schummriges Notlicht getaucht war. Helmut legte den Kopf in den Nacken und drehte sich langsam um seine eigene Achse, wie er es während der Bauphase schon einige Male getan hatte, wenn er unbeobachtet gewesen war. Oft war das nicht vorgekommen, weil immer Kollegen oder Bauarbeiter gestört hatten und er nicht wollte, dass sie ihn auslachten. In dieser Nacht war es jedoch anders. Enzo störte nicht und Enzo würde auch nicht lachen, im Gegenteil, er tat es ihm sogar gleich. Ohne zu sprechen drehten sie sich im Kreis, betrachteten die Lichtkonstruktion unter der verschachtelten Akustik-Decke, bewunderten die weißen Balkone, die wie Rettungsboote in den Raum ragten, sogen die Luft ein, die von Proben und den ersten erfolgreichen Aufführungen erzählten.

Jetzt nahm Enzo Helmuts Hand und Helmut ließ es geschehen. »Ist dein Lieblingsort wegen la musica? Willst du hier auf Bühne?«

Helmut verharrte in seiner Position und schloss die Augen. Es war der schönste Augenblick seines Lebens und vermutlich auch der ehrlichste, weil er das, was er Enzo jetzt verraten würde, noch nie jemand verraten hatte. Es war sein Traum, seit er denken konnte. Es war schon immer ein Teil seiner Gedankenreisen, ohne dass er sich dessen bewusst gewesen war. Es war das, was sich in seinen Kopf schlich, wenn er über die Zukunft nachdachte. Und es würde niemals in Erfüllung gehen. Doch zum Abschied von Enzo wollte er wenigstens einmal mutig genug sein, es laut auszusprechen.

»Ich will irgendwann als Architekt solche Opern- und Konzerthäuser bauen. Überall auf der Welt. In denen die schönste

Musik der Welt erklingt. In denen die Menschen lachen und weinen können, ohne dass sich jemand daran stört. In denen es laut und leise sein darf, in denen es immer nur um das Jetzt geht, nie um das Gestern oder Morgen, in denen … in denen jeder einfach so sein kann, wie er wirklich ist.«

Helmut spürte, wie Enzo seine Hand fester drückte.

»Doch ein Träumer, El Mut.«

Helmut drehte seinen Kopf und sah, dass Enzo ihn mit seinen warmen Augen beobachtete. Es war in Ordnung, es war kein bisschen peinlich. Enzo verstand ihn und es tat gut, verstanden zu werden.

»Leider unrealistisch.«

»Warum unrealistisch?«

»Weil ich nur ein kleiner Stadt-Beamter bin und kein Architekt. Weil es zu spät zum Studieren ist, weil ich noch nicht mal das Abitur gemacht habe, weil ich heirate und vielleicht bald zu meiner Familie noch eine eigene Familie ernähren muss, und weil ich gar nicht weiß, wie es draußen in der Welt zugeht, die ich mit meinen Häusern erobern will. Diese Welt, die ich nicht mal kenne, wartet ganz sicher nicht auf Helmut aus Nippes.« *Er sackte in sich zusammen.* »Noch mehr?«

Statt zu antworten, nahm Enzo ihn in den Arm. Er zog ihn einfach an sich und während Helmut seinen Widerstand aufgab und sich an Enzos Schulter lehnte, spürte er, wie ihm Tränen über die Wangen liefen. Normalerweise hätte er sie versteckt, normalerweise wäre ihm das niemals passiert, aber in diesem Moment war alles egal. Jeder durfte hier schließlich sein, wie er war.

»Du musst daran glauben. Dann kommt alles, wie es soll.«

»Hm.«

»Glaubst du nicht?«

Helmut löste sich von Enzo und wischte seine Augen trocken. »Doch. Komm, lass uns wieder gehen, bevor uns jemand entdeckt.«

Doch Enzo ließ nicht locker. Er hielt Helmut an den Schultern fest und wartete, bis sich ihre Augen trafen.

»Du musst glauben. An dich. An dein Träume. Jeden Tag. Jede Minute.«

Helmut schniefte, so langsam waren ihm seine Tränen doch peinlich. »Und was ist, wenn Träume nie in Erfüllung gehen? Werden sie dann nicht zu Albträumen, weil man immer unglücklicher wird und unzufriedener mit dem, was man hat?«

»Das passiert nicht. Weil Träume nur für die richtige Richtung da sind. Du machst dich auf den Weg und irgendwann ist egal, wie genau sie in Erfüllung gehen. Weil du schon da bist.«

Enzo ließ ihn plötzlich los und rannte zum Seitenaufgang der Bühne.

»He, was machst du.« Helmut schaute ihm besorgt hinterher. »Wir müssen gehen.«

Doch Enzo schien ihn gar nicht mehr zu hören. Er positionierte sich vor ihm auf der Bühne, als wollte er gleich eine Arie singen.

»Komm da runter, Mann. Was soll das?«

»Signore e signori, meine Dame und Herren«, Enzo breitete die Arme aus, als wäre der Saal vollbesetzt, »willkomme zu der große Verleihung Architektur-Preis 1962. Für seine sensationelle schöne Gebäude von Oper in Roma und New York wird

El Mut aus Nippes heute mit die große Enzo Luigini Preis ausgezeichnet. Und hier ist er – El Mut!!!«

Enzo begann zu klatschen und Helmut musste widerwillig lachen, blieb aber einfach stehen und hoffte, dass dieser verrückte Italiener wieder normal werden würde.

»Er ist schüchtern.« *Enzo sprach ins nichtvorhandene Publikum und applaudierte weiter.* »Gleich wird er zu Ihnen reden. Eine Moment Geduld bitte.«

Helmut ahnte kopfschüttelnd, dass es ewig so weitergehen würde. Deswegen ging er langsam auf die Bühnentreppe zu, was Enzo mit einer weiteren begeisterten Ankündigung kommentierte. »Meine Dame und Herren, El Mut aus Nippes.«

Helmut stapfte auf Enzo zu, der seine Halskette abnahm und sie Helmut liebevoll um den Hals legte.

»Mein Cornicello aus Napoli solle dich für immer mutig mache und an deine Träume erinnern.«

Helmut schaute seltsam berührt diesen roten Anhänger an, der sich von Enzos Haut noch warm anfühlte, ließ ihn durch seine Finger gleiten und hob dann fragend die Schultern.

»Und nun?«

»Du musst was sagen.« *Enzo flüsterte, als könnte das Publikum alles mithören.*

»Was denn?«

»Ist dein Preis.«

Worauf hatte er sich da bloß eingelassen? Sie sollten eigentlich schon längst wieder draußen sein.

»Danke. Reicht das?«

»Bisschen mehr. Publikum nur wegen dir da.«

Helmut stöhnte. Es war nicht der richtige Augenblick für solche Spielereien. Doch gerade als er Enzo das mit aller Entschiedenheit deutlich machen wollte, fiel sein Blick in den dunklen Saal mit den roten Polstersitzen.

Und plötzlich wurde sein Traum real. Er sah es vor sich. Er würde ihn nicht mehr verstecken. Er würde genau diese Richtung einschlagen, auch wenn sie noch so absurd erschien. Er würde alles daransetzen, irgendwann auf einer von ihm erdachten Bühne stehen zu können.

»Vielen Dank.« Seine Worte schallten durch den riesigen Raum. »Ich fühle mich sehr geehrt, dass Sie mich mit diesem Preis auszeichnen. Obwohl die vielen glücklichen Besucher schon Auszeichnung genug sind. Ich hoffe, dass die Opernhäuser in Rom und New York erst der Anfang waren. Vielen Dank.«

Er verbeugte sich, bevor Enzo wieder seine Hand nahm, sie in Siegerpose nach oben streckte und sich dann zu ihm umdrehte. Helmut wich keinen Millimeter zurück. Er hatte sich noch nie einem Menschen so nah gefühlt und er wollte diese Nähe nicht nur spüren, sondern auch erleben. Jetzt.

Und obwohl es der völlig falsche Ort, der falsche Zeitpunkt, das falsche Geschlecht und vor allem das falsche Ende dieses Abschiedsabends war, gab Helmut die Kontrolle über sich ab und ließ seinen Körper das tun, was er verlangte.

Und Enzo, das spürte er, als sie sich küssten, berührten und die Kleider so weit wie nötig vom Leib rissen, tat es genauso. Sie liebten sich und obwohl daran wirklich alles falsch war, fühlte sich in Helmuts Leben noch nie etwas so richtig an. Es war wie fliegen.

Nach der Landung blieb Helmut noch einige Minuten auf Enzo liegen. Er lauschte auf seine Atmung, spürte seinen Herzschlag und hoffte, dass sich der klebrige Schweiß ihrer Körper für immer und ewig miteinander verbinden würde.

»El Mut machen Liebe.« *Enzo öffnete seine Augen und strich Helmut nasse Haarsträhnen aus der Stirn.* »War wunderschön.«

»Ja.«

Helmut wollte noch nicht sprechen, denn jedes Wort würde ihn zurückholen auf den realen Bretterboden, auf dem sie lagen. Und er ahnte, dass dort auch das schlechte Gewissen lag, das ihn garantiert gleich überfallen würde.

»Mussen uns anziehen.«

»Nur noch eine Minute.«

Helmut presste seine Nase auf Enzos Brust, um noch mal alles in sich aufzusaugen. Er wollte sich gegen die Schuldgefühle wappnen, doch zu seiner Verwunderung kamen sie nicht. Das schier endlose Glücksgefühl in ihm ließ nichts anderes zu.

Er richtete sich auf und schaute grinsend auf Enzo runter.

»Danke, dass du meinen Lieblingsort zu noch was Besonderem gemacht hast.«

Enzo grinste zurück. »Bitte gern.«

Sie gaben sich einen Kuss, als wäre es das Normalste der Welt, und zogen ihre Hosen wieder hoch. Doch gerade als Helmut sich sein Hemd überstreifte und Enzo noch mit seinen Sandalen beschäftigt war, sah er aus den Augenwinkeln, wie sich an der anderen Seite der Bühne der Vorhang bewegte.

»Was macht ihr hier, ihr verfluchtes Pack?«

Ein Wachmann trat hervor und ohne nachzudenken, rannte Helmut los und riss Enzo mit sich. Sie schlitterten die Bühnentreppe runter, Enzo stolperte fluchend über sein linkes Hosenbein, das sich in den Schuhen verfangen hatte, und knallte mit Karacho neben die erste Sitzreihe.

»*Stehen bleiben. Ich rufe die Polizei.*«

Der Wachmann kam näher.

»*Los, schnell!*«

Helmut gab sich keine Mühe, seine Panik zu verstecken. Er half Enzo hoch und trieb ihn quer durch den Saal, raus ins Foyer und hinunter in den Keller. Als sie in die Katakomben der Oper einbogen, wurde die schimpfende Stimme hinter ihnen leiser. Doch erst außerhalb der Baustellentür machten sie eine kurze Verschnaufpause.

»*Das waren knapp.*« *Enzo keuchte schwer.*

»*Nichts wie weiter. Der Kerl taucht hier sicher gleich auf, wenn er nicht schon die Polizei gerufen hat. Und ich hab keine Lust, dass Martin mich hier aufgabelt.*«

Doch statt Helmut zu folgen, blieb Enzo einfach stehen.

»*El Mut, war das Ende oder Anfang?*«

Helmut kam zu Enzo zurück und legte seine Hand noch mal auf seine Brust, die sich rasend schnell hob und senkte.

»*Es ist auf jeden Fall eine Richtung.*«

Sie schauten sich noch einen winzigen Augenblick verschwörerisch in die Augen, bis sie erst gemeinsam und dann jeder für sich in der warmen Nacht verschwanden.

Und dann kam die Gluthitze nach Köln und die zwei glücklichsten Wochen, die Helmut je erlebt hatte, begannen. Enzo und er sahen sich fast täglich – mal nur kurz, mal länger. Sie waren Freunde und Liebhaber und wurden zu vereinten Träumern. Enzo entdeckte Köln für sich und Helmut bekam ein Gespür für das italienische Lebensgefühl, das so leicht zu sein schien, wie er sich in diesen beiden Wochen fühlte. Fühlen wollte. Er betete jeden Tag dafür, dass dieser Sommer nie zu Ende gehen würde. Er wollte sein Glück auskosten und weder sich noch irgendwen sonst ins Unglück stürzen. Doch vor allem nachts, wenn kein Enzo bei ihm war, der ihm das Gefühl gab, unverwundbar zu sein, wusste er, dass er genau das tun würde, sollte er diesen neuen Weg weitergehen und die unsagbare Wahrheit aussprechen.

Aber weil es in Italien nach seinen Vorstellungen nur schönes Wetter gab, verdrängte Helmut die Wolken, die sich nach und nach vor seine Sonne schoben. Er war noch nicht so weit – er war noch viel zu sehr am Anfang dieses Weges.

16.

Die Hühner, die auf dem Boden um mich herum nach Nahrung suchen, schauen mich an, wie ich wahrscheinlich Liz bei unserem ersten Aufeinandertreffen angeschaut habe: vorwurfsvoll. Dass ich quasi auf ihrem Esstisch liege, kommt nicht gut an. Ich versuche, sie mit ein paar Büscheln Gras zu besänftigen, aber das scheint das Letzte zu sein, worauf sie kurz vorm Schlafengehen Appetit haben. Falls sie darauf überhaupt jemals Appetit haben. Murrend picken sie an meinen ausgestreckten Beinen entlang und folgen ihrem etwas zerrupften Hahn langsam in Richtung Stall.

Liz wollte heute allein sein und hat sich in Città di Castello ein Hotel gebucht. Ich bin außerhalb auf einem Bauernhof untergekommen, besser gesagt in dem kleinen Schlafsaal eines Agriturismo, und darum sitze ich jetzt nach dem Abendessen auch allein in der Wiese vor meinem Zimmer. Also mal abgesehen von den Hühnern, und merke blöderweise, dass ich ausgerechnet heute nicht unbedingt gerne alleine bin. Vielleicht liegt es daran, dass die Temperaturen eine gemütlich warme Nacht versprechen. Eine Nacht zum Draußenbleiben. Kann auch sein, dass es am Wein liegt, den es zum Abendessen gab, und der mich duselig macht, gefühlsduselig. Oder an Enzo und Helmut mal wieder, deren Geschichte wie vermutet eine dramatische Wendung nimmt, wovon mir Liz kurz vor unserem Abschied vor zwei Stunden mit ungewöhnlich zitternder Stimme noch berichtet hat.

Sie wirkte sehr emotional und wahrscheinlich bin ich es deswegen jetzt auch.

Aber egal woran es liegt, ich hätte jetzt einfach gern jemand um mich, bei mir, zum Reden, noch mehr Wein trinken und ... Liebhaben. Ja, verdammt.

Natürlich kommt mir direkt wieder Jonas in den Sinn, weil ich weiß, wie schön es sein kann, mit ihm in den Sternenhimmel zu schauen. Und weil ich ihm noch eine Antwort auf seine Antwort schuldig bin.

Ausgerechnet Jonas. Weit weg wollte ich von ihm sein, abschließen mit ihm und der ganzen Sache, rausfinden, wer ich eigentlich bin. Ohne ihn, weil ich ihm in meinem Leben zu oft die Kontrolle überlassen habe. Und was passiert stattdessen? Ich fühle mich ihm so nah, wie die letzten vier Jahre nicht, weil mir viel zu viele schöne Momente mit ihm in den Sinn kommen und er gleichzeitig viel zu viele richtige Sachen schreibt. Wenn er jetzt hier wäre, könnte ich ausführlich mit ihm reden – über Enzo und Helmut und dieses verfickte System damals, über ihn, über mich. Über uns.

Der Mond geht über Italien auf, und ich ächze wie ein Werwolf, weil ich es selbst nicht glauben mag, was ich da eben gedacht habe. Remember how to love? Ich ziehe mein Handy aus der Hosentasche und lese seine letzte Nachricht von gestern.

Hey Paul, Träume kommen von allein und Lebenspläne schmiedet man. Das ist,

denke ich, der Unterschied. Sie
kommen aus unterschiedlichen Gegenden
in deinem Körper. Pläne aus dem Kopf,
Träume aus ... kein Plan. ☺
Wahrscheinlich können Träume
zu Plänen werden, umgekehrt
eher nicht. Du fragst Sachen. Und gibst
selbst so wenig Antworten. 18:41

Ich mag, dass du glücklich bist. Das erinnert
mich an meinen besten Freund, in den
ich mich damals verliebt habe. Und diese
Erinnerung macht mich glücklich.
Take care, Wandersmann! 18:44

Ich lese und lese noch mal und merke, dass zu dem ganzen Emokram von gerade noch eine andere Stimmung dazukommt. Nichts, was so mitwabert, sondern irgendwas, was wie eine Lawine langsam anrollt und immer größer wird. Im ersten Moment weiß ich nicht so recht, was es ist, im zweiten erkenne ich die Stimmung von damals wieder. Ich bin sauer auf Jonas. Stinksauer sogar. Und die Lawine, die sich schon seit vier Jahren ihren Weg durch mich bahnt, findet genau in diesem Augenblick in meinen Fingern ihre Ausläufer. Denn die tippen plötzlich wie von allein eine Nachricht an ihn.

> Antworten willst du? Wer ich bin, zum Beispiel? Ich kann's dir sagen: Ich habe keine Ahnung. Der, der ich war, hat sich nach deinem Video in Luft aufgelöst. Ich suche noch nach ihm. Hier. Überall. Und ich glaube nicht, dass du mir beim Finden helfen kannst. Es war ein Fehler, dass wir uns wieder

> so ausführlich geschrieben haben, als wäre nie was passiert. Es ist was passiert. Es tut nicht mehr weh, aber die Auswirkungen sind noch zu spüren. Deutlich. Und ich schaffs nicht, dich noch mal so nah an mich ranzulassen. Ich glaube, ich will es auch gar nicht. Paul

21:48

Ich schick den Text mit Herzrasen ab und scrolle ein paar Nachrichten nach oben. Gestern habe ich ihm noch geschrieben, dass ich glücklich bin. Jetzt das. Vielleicht versteht er es, ich nicht. Und noch weniger verstehe ich, warum der Wunsch, Jonas bei mir haben zu wollen, kein bisschen weggegangen ist. Ganz im Gegenteil. Ich lasse mich nach hinten ins Gras fallen, es ist doch einfach nur zum Kotzen.

....
....

Am 01. August 1957 kam die Polizei zu Helmut ins Büro. Er wurde nicht abgeführt, er wurde von zwei Beamten aufs Revier begleitet, ohne zu wissen warum. Doch es reichte natürlich, um das ganze Amt in Aufruhr zu versetzen.

Und natürlich überschlugen sich auch seine Gedanken, wobei sich die Sache mit Enzo ganz klar in den Vordergrund spielte. Hatte jemand was gesehen? Wurden sie verraten? Aber es konnte nicht sein, nach dem Abend in der Oper waren sie extrem vorsichtig gewesen. Hatte es also was damit zu tun? Mit diesem besonderen Abend? Hatte jemand bemerkt, dass er den Schlüssel zur Baustelle missbraucht hatte? Hätte ihn dann aber nicht erst sein Chef darauf angesprochen? Hatte der Wachmann sie irgendwo wiedererkannt?

»Was wollen Sie von mir? Habe ich irgendwas falsch gemacht?« Helmut stellte die Frage auf der kurzen Strecke zum Waidmarkt sicher zehnmal.

Und zehnmal bekam er die identische Antwort. »Das wird sich gleich rausstellen, Herr Esser.«

»Mit meiner Familie ist aber alles in Ordnung?« Er schämte sich dafür, dass ihm diese Möglichkeit erst viel zu spät in den Sinn kam.

»Jetzt beruhigen Sie sich.«

Beruhigen, der dickbäuchige Kommissar auf dem Beifahrersitz hatte gut reden. Wie sollte er sich beruhigen?

Helmut wurde in das neue Polizeipräsidium geführt. Er war zum ersten Mal hier, doch er nahm keine Notiz von der modernen Architektur. Er nahm von gar nichts mehr Notiz, er wollte nur erfahren, was ihm vorgeworfen wurde. Die beiden Polizisten, die ihn abgeholt hatten, setzten ihn in einen kahlen Verhörraum und verabschiedeten sich.

Aber Helmut war nicht lang allein. Kaum war die Tür ins Schloss gefallen, wurde sie auch schon wieder aufgerissen. Einer der Polizisten, die ihn nach der Operneröffnung auf der Straße angehalten hatten, betrat den Raum. Helmut erkannte ihn sofort.

»Herr Esser? Danke, dass Sie sich Zeit nehmen. Mein Name ist Norbert Weiler, ich habe ein paar Fragen an Sie. Sie sind Beamter bei der Stadt?«

»Im Bauamt.« Helmut musste sich räuspern. »Aber meine Prüfung ist erst im September. Also die zum Beamten.«

»Dann drücke ich die Daumen, dass alles klappt.«

Weiler warf Helmut einen Blick zu, der alles und nichts bedeuten konnte. Dann öffnete er einen braunen Umschlag.

»So, bringen wir das hier mal schnell hinter uns. Kennen Sie diesen Mann?«

Helmuts Welt zerbrach augenblicklich in tausend Stücke. Der Polizist hielt ihm ein Foto von Enzo als Eisverkäufer hin, aufgenommen im Rheinpark. Es war vorbei. Es war alles zu Ende. Sie waren Enzo und ihm auf die Schliche gekommen. Irgendjemand hatte sie gesehen und verraten.

Er musste seine Tränen zurückhalten. Was hatte er sich bloß vorgemacht? Hatte er wirklich gedacht, der Sommer mit Enzo würde ewig dauern? Von wegen ›neuer Weg‹. Die Erfüllung seiner Träume war ein Weg ins Verderben, niemand würde mehr was mit ihm zu tun haben wollen. Er war gebrandmarkt, ausgestoßen, ein Niemand. Reflexartig schüttelte er den Kopf.

»Ich kenne den nicht.«

»Sicher?«

Helmut unterdrückte seine Panik. »Ganz sicher.«

Unvermittelt brüllte Weiler ihm ins Gesicht. »Lügen Sie uns nicht an! Damit machen Sie alles nur noch schlimmer!«

Helmut zuckte zusammen. Er wich dem Blick des Polizisten aus und starrte stur auf das Foto, auf dem Enzo lachend eine Kundin bediente. Was sollte er bloß tun? Er hatte keine Ahnung, was sie vorhatten, was sie nach seiner Aussage tun würde, wo Enzo im Augenblick war.

Er merkte nicht, wie die Tür zum Verhörraum erneut geöffnet wurde.

»Der sagt, dass er diesen Kerl nicht kennt.«

Eine Hand legte sich auf Helmuts Schulter. »Helmut, du musst kooperieren.«

Helmut sprang auf. Am liebsten wäre er Martin um den Hals gefallen. Doch die Situation und die Umgebung hielten ihn davon ab. Und auch etwas an Martin selbst, das er nicht deuten konnte. Es war auf jeden Fall nicht die Uniform, in der hatte er seinen Freund schon zigmal gesehen.

»Ich weiß nicht, was ihr von mir wollt.«

»Warum sagst du denn, dass du Enzo nicht kennst? Das ist streng genommen eine Falschaussage.«

Helmut versuchte zu ignorieren, dass Martin mit ihm wie mit einem Kleinkind redete.

»Aber ich kenne Enzo doch wirklich nicht. Wir haben uns nur ein paar Mal gesehen. Eher zufällig. Einmal warst du ja sogar dabei.«

»Und warum sagst du das meinem Kollegen nicht?«

Martin setzte sich zu Weiler hinter den Schreibtisch und gab Helmut ein Zeichen, auch wieder Platz zu nehmen.

»Weil ich ihn auf dem Foto erst gar nicht erkannt habe und jetzt nicht weiß, was ihr von mir wollt. Ja, ich kenne Enzo, mehr weiß ich aber nicht über ihn.«

Würde das reichen? Würden sie ihn wieder gehen lassen? Würde er Enzo noch warnen können?

Mit der flachen Hand schlug Weiler auf die Tischplatte und stand auf. »Ich muss mich von so einem doch nicht an der Nase rumführen lassen.«

Martin versuchte, seinen Kollegen mit einer Geste zu beruhigen. Es wirkte einstudiert. Doch für einen kurzen Moment, als Weiler den Raum verließ, hoffte Helmut, Martin würde die Sache auf sich beruhen lassen. Sie waren Freunde, wäre da nur nicht das ungute Gefühl, als hätte er sich diese Freundschaft all die Jahre nur eingebildet.

»Helmut«, Martin verbog das Foto mit seinen Händen, »das ist mir jetzt wirklich unangenehm, aber wir wissen, dass das nicht stimmt. Es gibt Beweise, dass ihr … du weißt schon was.«

Helmut schossen die Tränen in die Augen, die er vorher noch unterdrückt hatte. Denn plötzlich kapierte er, was anders war. Ihre Schulzeit, ihre Ausflüge ins Umland, ihre Nachmittage am See, ihr Boxtraining, das alles hatte keine Bedeutung mehr. Denn sein Freund ekelte sich vor ihm. So sehr, dass er es nicht mehr verbergen konnte. Und wollte. Er sah es ihm an. Martin hatte Bilder vor Augen, die mit unerlaubtem Sex zu tun hatten. Vielleicht ähnelten sie seinen, die ihn verfolgt hatten, als er Enzo kennenlernte. Vielleicht waren sie auch unvergleichlich schlimmer, weil sie garantiert nichts von der Zuneigung zeigten, die er für Enzo empfand, und die alle Bilder in einem ganz anderen Licht strahlen ließen. Aber darum ging es Martin nicht. Ihm und allen anderen ging es nur um den verbotenen Sex.

»Das geht euch doch gar nichts an.«

»Doch, das tut es.« Martin gab es auf, die Fassade der Freundschaft aufrechtzuhalten. »Ihr habt gegen das Gesetz verstoßen. Es ist wider die Natur. Es ist ekelhaft. Hast du auch mal eine Sekunde an Marlene gedacht? Oder an deine Mutter? Hat die mit dem Tod deines Vaters nicht schon genug zu kämpfen?«

Helmut wollte, dass es aufhörte, aber Martin kam erst richtig in Fahrt.

»Und dass du deine Freunde angelogen hast, das ist dir auch egal? Das ist euch immer egal. Hauptsache, ihr könnt eurem perversen Sextrieb nachgehen. Das widert mich an. Du widerst mich an. Und dann hier rumheulen. Frag mal, wie es mir geht: Ich könnte jetzt noch kotzen, wenn ich daran denke, dass ich mich beim Boxen vor dir umgezogen habe. Und jetzt muss ich den Karren auch noch aus dem Dreck ziehen, damit meine Kollegen nicht auf den Gedanken kommen, dass ich die ganze Zeit ein Schwuchtelfreund war.«

Helmut konnte nichts entgegnen, er schaute nur kraftlos seinen Tränen nach, die ihm unkontrolliert in den Schoß tropften. Er schämte sich so sehr, dass er sich am liebsten aufgelöst hätte. Jetzt. Gleich. Für immer. Warum er? Warum ausgerechnet er? Warum konnte er nicht normal sein? Warum war er nicht wie sie? Martin hatte recht. Er hatte sie alle getäuscht. Und enttäuscht.

»Und so jemand wie du nimmt mir ausgerechnet die Frau weg, die mir wirklich was bedeutet hat. Wenn wir jetzt nicht hier auf dem Revier wären, würde ich dich verprügeln, dass du hinterher keine Ahnung mehr hast, ob du auf Schwänze oder Muschis stehst.«

Martin stand ruckartig auf. Mitleid war ihm weder anzusehen noch anzuhören.

»Du machst jetzt genau das, was ich dir sage.« Er wartete keine Reaktion von Helmut ab. »Du sagst meinem Kollegen, dass dieser Itaker dich angebaggert hat, weil der ein 175er ist. Du sagst, dass zwischen euch nichts weiter passiert ist, weil

du dieses perverse Verhalten verabscheust. Und du sagst auch, dass du weißt, dass er es mit anderen getrieben hat.«

Es dauerte, bis Martins Worte in Helmuts Kopf einen Sinn ergaben. Besser gesagt keinen.

»*Aber das ist ... das ist doch alles gelogen.*«

Martin kam bedrohlich nah. »*Willst du lieber ins Gefängnis? Vier bis acht Monate Arrest? Ist es das, was du willst?*«

Helmuts Magen rebellierte. Wovon sollte seine Familie leben, wenn er acht Monate im Gefängnis sitzen würde.

»*Das geht nicht. Ich muss doch Geld verdienen*«*, flüsterte er.*

»*Ach, so langsam dringen die Konsequenzen wohl auch in dein dreckiges Hirn vor, was.*«

Martin lächelte ihn fies an. Die Tür wurde wieder aufgerissen. Weiler kam zurück.

»*Du weißt, was du zu tun hast.*«

Mit dieser gezischten Ansage verließ Martin den Verhörraum. Helmut konnte nichts tun, außer dem Polizisten völlig entsetzt zuzuschauen, wie er sich bräsig zurück an den Schreibtisch setzte.

»*Und? Wollen wir jetzt eine Aussage machen?*«

Helmuts Tränen begannen erneut zu fließen. Er hasste sich dafür.

Ich stehe vor Liz' Hotel und warte seit 15 Minuten auf sie. Meine Laune hält sich trotz des obligatorischen Sonnenscheins in Grenzen, was aber nichts mit Liz' Verspätung zu tun hat. Irgendwie hat sie mit gar nichts und niemand zu tun. Außer mit mir natürlich.

Ich war gestern auf der Wiese eingeschlafen und irgendwann um vier klamm und durchgeweicht ins Bett gekrochen, weil sich eine Decke aus Luftfeuchtigkeit fürsorglich um mich gelegt hatte. Getrocknet war es die ganze Nacht nicht und dementsprechend aufgequollen hat mich heute Morgen mein Spiegelbild im Gemeinschaftsbad angeschaut. Aufgequollen, braun gebrannt, oberlippenbärtig (aus Mangel an sonstigem Bartwuchs) und strähnig verfilzt, weil meine Haare in der Hitze doppelt so schnell zu wachsen scheinen. Ich habe auch meine grauen Augen überprüft, wie ich das seit dem Selfie mit Liz in jedem Spiegel tue, konnte aber keine nennenswerte Veränderung feststellen. Traurig, müde, hungrig – nach dieser Nacht war in ihnen alles enthalten. Genau wie die Erkenntnis, dass man echt komisch riecht, wenn man in feuchten Klamotten gepennt hat.

Und genau wie der Geruch hat auch noch diese merkwürdige Stimmung von gestern Abend an mir gehaftet. Dieses ausgehölte Gefühl, wenn angestaute Wut sich nicht komplett auflöst, sondern nur kurzzeitig verschwindet. Wie ein Tsunami, der Anlauf nimmt und dem Strand für ein paar Stunden komplett das Wasser entzieht. Sieht faszinierend aus, ist aber der Beginn einer Katastrophe.

Dass ich mich wegen der knappen Zeit und der Menschenschlange davor gegen eine Dusche entscheiden musste, war meiner Laune auch nicht gerade zuträglich. Zähneputzen musste reichen.

Immerhin war ich pünktlich.

Dass Liz sich verspätet, ist merkwürdig. Vielleicht hat sie mal wieder beim Schreiben die Zeit vergessen. Oder der Kaffee war so lecker und sie hat sich beim Frühstück verquatscht, keine Ahnung. Ich merke auf jeden Fall, dass mir ihr Zuspätkommen Sorgen bereitet. Und als sie endlich in der Tür des Hotels erscheint, sehe ich direkt, dass sie nicht ganz unberechtigt sind.

»Du siehst nicht gut aus.«

Sie tut so, als ob sie gleich wieder kehrtmachen will. »Dir auch einen guten Morgen.«

»Hey, war nicht so gemeint.«

»Stimmt aber leider. Heute merke ich, dass ich alt werde.«

»Seit ich hier durch die Gegend latsche, geht's mir jeden Morgen so. Was ist los?«

Ich nehme ihren Rucksack und trage ihn bis zu einer Bank an der Straße.

»Nur ein bisschen Schwindel. Ist aber schon wieder weg. Wahrscheinlich habe ich gestern Nacht zu lang geschrieben. Wenn ich einmal dran bin, fallen mir so viele Sachen wieder ein.«

»Sollen wir noch mal einen Tag aussetzen? Dann kannst du dich ausruhen. Ist echt kein Problem.«

Liz nimmt meine Hand. »Wenn jemand aussetzt, dann ich. Aber ich will nicht. Ich will mindestens bis Assisi kommen.«

»Heute?«

Sie lacht. Geht doch.

»Quatschkopf, natürlich nicht heute. Überhaupt.«

Ein Kellner des Hotels bringt uns einen Kaffee nach draußen, den Liz wohl vorher schon bestellt und bezahlt hat. Wir setzen uns zu ihrem Rucksack auf die Bank und beobachten das entspannte Aufwachen der kleinen Stadt. Ein paar Geschäftsleute öffnen ihre Läden und alle paar Minuten fährt ein Traktor an uns vorbei.

»Was sagen eigentlich deine Kinder, dass du hier so allein unterwegs bist?«

»Ich bin ja nicht allein. Ich hab ja dich.«

»Ja, schon …« Ich muss an meinen Vater denken, der schon ausrastet, wenn seine alten Eltern, also meine Großeltern, mal wieder mit ihrem gefühlt noch älteren Wohnmobil an die Nordsee fahren wollen. »Sind die so cool drauf? Also so cool wie du?«

Ich spüre ihren spitzen Ellenbogen in meiner Seite.

»Meine Tochter ist nicht cool. Kein bisschen. Was ich mir alles anhören musste, bevor ich abgereist bin … Aber irgendwann hat sie's verstanden.«

»Was?«

»Wie wichtig mir das hier ist.«

Ich muss nicht nachfragen. Ich weiß, wie überzeugend Liz sein kann. Und ich weiß ja auch aus eigener Erfahrung, wie ungern man sich aufhalten lässt, wenn man wirklich das Bedürfnis hat, loszugehen.

»Wie heißt sie denn? Deine Tochter?«

»Sarah.«

»Wohnt sie auch in Amerika?«

»Hm, New York.«

»Äh, da bist du doch gerade erst weg, oder? Ich dachte, im Alter macht man das immer andersrum. Also, dass man als Familie wieder enger zusammenzieht. Bei meinem Dad und seinen Eltern war das so.«

»Wenn sie ihrem Herzen gefolgt sind, war das sicher die richtige Entscheidung.«

»Und wohin führt dich dein Herz?«

Schon wieder dieses Thema. Schon wieder dieses allgegenwärtige Organ. Und wie merkwürdig, dass ich den letzten Satz, ohne nachzudenken, laut ausspreche. Aber es ist egal, hier stört es niemand, genauso wenig wie mein muffiger Klamottengeruch irgendwen stört.

Liz zeigt als Antwort auf den Asphalt vor uns.

»Ja, schon. Ich meine aber, wo du hingezogen bist, als du New York verlassen hast.«

Ihre Geste ist die gleiche. »Ich lasse das den Weg entscheiden.«

»Nicht dein Ernst, oder? Du ziehst ohne Ziel aus New York weg, also löst da alles auf und wartest ab, ob dir hier 'ne gute Idee kommt, wohin die Reise geht?«

Ich bin irritiert, überrascht und fasziniert. Liz nimmt den letzten Schluck ihres Kaffees und schaut mir über den Rand der Tasse in die Augen.

»Du erinnerst dich, was ich dir auf die Karte nach unserer ersten gemeinsamen Nacht geschrieben habe?«

Ich nicke nur und lasse die erste gemeinsame Nacht, die sich für den blödesten Witz überhaupt angeboten hätte, unkommentiert stehen. Reise dahin, wohin dein Herz dich führt. So oder so ähnlich stand es auf der Rückseite dieser

Köln-Postkarte. Sie steckt noch immer in der Seitentasche meines Rucksacks. Aber wer um alles in der Welt, außer Liz, hat so viel Herzvertrauen?

»Ich könnte das nicht. Echt nicht.«

»Aber du bist doch hier. Also kannst du es auch. Oder hat dich jemand hierher geprügelt?«

»Ja, Mark Forster.«

»Wer?«

Ich schüttele den Kopf. »Egal.«

Vielleicht hat Liz ja recht. Vielleicht bin ich doch nicht nur wegen Mark und einem billigen Flug nach Florenz hier. Vielleicht hat mich ja wirklich was hergeführt, ohne dass ich es bewusst wahrgenommen hätte. So ein unsichtbares Leitsystem zum Beispiel, das Flugzeuge zum Landeanflug nutzen. Oder dieses innere Navi, mit dem man sogar völlig betrunken und mitten in der Nacht den Weg nach Hause findet. Meistens jedenfalls.

Tatsächlich ist es komisch, dass ich hier gelandet bin. Mein Bezug zu Italien ist – ausgenommen von Pizza und Spaghetti – gleich null, ich habe im Vorfeld noch nie von diesem Wanderweg gehört und trotzdem wollte ich ihn unbedingt gehen. Habe ich insgeheim also doch auf mein Herz gehört, dem ich die letzten Jahre, abgesehen von seiner organischen Arbeit, nicht mehr besonders viel zugetraut habe?

Während ich noch vor mich hin grüble, gibt Liz dem Kellner die Tassen zurück und lässt ihren Rucksack in einen kleinen Transporter verfrachten, der direkt vor uns gehalten hat.

»Willst du deinen auch mitgeben? Ich lad dich ein.«

Ich verneine noch immer nachdenklich. »Eine Frage habe ich noch zu diesem ganzen Herzkram. Helmut hat ja sein Herz geöffnet, wie du gesagt hast. Aber er konnte mit Enzo nicht glücklich werden, weil er nicht durfte.«

Sie reicht dem Fahrer ein Trinkgeld ins Auto, bevor sie sich zurück auf die Bank setzt, um ihre Wanderschuhe neu zu binden.

»Und was ist jetzt deine Frage?«

»Na ja, dann ist das ja kein bisschen easy. Herz öffnen, Glück kommt von allein, so hat sich das für mich angehört.«

»Ist es aber. So easy.« Liz schaut kurz auf. »Erst danach geht manchmal der Kampf los, dafür, dass das Glück bleibt.«

»Und haben die beiden für ihr Glück gekämpft?«

Während ich auf eine Antwort warte, wird mir schlagartig klar, dass ich eigentlich immer nur gegen was kämpfe: Beim Zocken gegen irgendwelche virtuellen Gegner, beim Fußball gegen das andere Team, im Leben gegen mich und meine Gefühle. Weiß ich denn überhaupt, wie für etwas kämpfen geht?

»Sollen wir los?«

Ich nicke vorsichtig, damit der Gedanke nicht verschwindet. Vielleicht kann Liz mir ja helfen, ihn irgendwann unterwegs zu einem klugen Ende zu bringen.

....
....

Zwei Stunden und eine Unterschrift später konnte Helmut gehen. Kommissar Weiler wies ihm unfreundlich die Tür und ließ keinen Zweifel daran, was er trotz seiner Aussage von ihm hielt. »Wenn du gelogen hast, kriegen wir dich beim nächsten Mal auch dran, Heulsuse.«

Schweigend schloss Helmut die Bürotür hinter sich. Er hätte gern durchgeatmet, weil er der drohenden Verhaftung und allem, was da noch mit dranhing, entkommen war. Er wäre gern aufrecht den Flur runtermarschiert, raus in die Freiheit, zurück in sein Büro, um dort alle zu beruhigen, dass es sich um ein Missverständnis gehandelt hatte. Aber er konnte nichts von alldem tun. Es war kein Missverständnis. Der Preis, den er für seine Freiheit bezahlt hatte, war so hoch, dass ihn die Schuldenlast mit aller Gewalt in den stinkenden PVC-Boden presste.

Helmut lehnte sich kurz an die Wand und schloss die verklebten Augen. Tränen liefen keine mehr, er war leer geweint.

»Sagst du es Marlene, oder soll ich?«

Helmut schaute auf, kaum fähig, noch irgendeine Reaktion zu zeigen. Martin stand vor ihm und mampfte selbstgefällig eine Bockwurst. Senf klebte in seinem Mundwinkel. Der Geruch zusammen mit den Ausdünstungen des Bodens verursachten Helmut Übelkeit.

»Vielleicht muss sie es ja auch gar nicht erfahren. Vielleicht bleibt das ja unser Geheimnis, dass du heute hier warst. Du hast schließlich kooperiert.«

Helmut schluckte seinen Würgereiz runter.

»Warst du das? Hast du uns beobachtet?«

»Ach Helmut, ich kann dir doch nicht sagen, wer unser Informant war.«

Die Erkenntnis erwischte ihn eiskalt. »Ihr wisst gar nichts richtig. Ihr habt nur gebluff, oder?«

Irgendjemand muss Enzo und ihn vor zwei Wochen am Baggersee gesehen haben. Einen Kuss, das war alles, was sie wohl in der Hand hatten. Keine Oper, keine nächtlichen Radtouren am Rhein, nur ihre ekelhafte Fantasie. Und er hatte sie ihnen bestätigt und unterschrieben, dass jegliche Annäherungsversuche von Enzo ausgingen. Wie konnte er nur? Er musste ihn warnen, so schnell wie möglich. Helmut stieß sich von der Wand ab. Seine Übelkeit war kaum noch auszuhalten.

»Wenn nichts dran wäre, hättest du nicht so rumgeheult, oder? Und jetzt hör auf zu jammern. Dank meiner Intervention kommst du mit einem blauen Auge davon und wir können wenigstens einen von euch aus dem Verkehr ziehen.«

»Ich hab gedacht, wir sind Freunde.«

»Freunde. Ja, das dachte ich auch.« *Martin schmatzte blöd lachend den letzten Rest der Wurst und leckte seine Finger sauber.* »Aber es muss ja nicht vorbei sein mit uns. Wenn du willst, gebe ich dir noch eine Chance, wie du mir beweisen kannst, dass du meine Freundschaft wirklich verdient hast. Dass der Itaker dich nur kurz verwirrt hat und dass du wieder der Helmi von früher werden kannst. Komm mal mit.«

»Ich muss los.«

»Das wird dich interessieren. Vertrau mir.«

»Ich muss wirklich …«

»Denk an Marlene. Ich muss das hier nur einmal kurz erwähnen …«

Helmut war nicht mehr im Stande, sich gegen die Polizeiuniform und Martins Erpressungen zur Wehr zu setzen. Er folgte ihm einfach. Und während er ihm durch das Treppenhaus in einen anderen Trakt des Gebäudes nachlief, musste er an die Bilder denken, die dieser Weiler ihm eingepflanzt hatte. Von einsamen Männern, die wegen ihrer Neigung wie Aussätzige lebten, weil verständlicherweise niemand mit ihnen zu tun haben wollte. Die keine Arbeit und dementsprechend auch kein Geld hatten. Keine Familie mehr, keine Freunde, weil sich alle von ihnen abgewandt hatten. Und deren letzte Handlung ziemlich oft der Griff zum Strick war. Unterstützend zeigte Martins Kollege ihm Fotos von Toten, die wie sein Vater damals auf Dachböden baumelten oder nach Tagen im Wasser am Rheinufer gefunden wurden. Er würde diese Zukunftsvision nie mehr aus seinem Kopf kriegen. Dahin würde der Weg ihn führen. Nicht ins Glück, nur ins Verderben. Und als ihm das klar wurde, hatte er seine Lügen unterschrieben. Um hier rauszukommen, Enzo warnen zu können, alles zu vergessen und mit dem normalen Leben fortzufahren.

»Hier rein.«

Martin hielt Helmut eine Tür auf und grinste ihn undurchschaubar an. Helmut versuchte noch, das Grinsen zu deuten, doch da stand er schon in dem schlechtbeleuchteten Raum und seine Welt war dabei, sich noch mal auf links zu drehen.

Enzo sprang fast zeitgleich von seinem Stuhl auf. Sein Hemd war zerrissen, an seiner Nase klebten noch Reste von getrocknetem Blut. Helmut wäre ihm am liebsten um den Hals gefallen. Aber natürlich hielt er sich, wie Enzo auch, zurück.

Sie standen sich nur stumm gegenüber und suchten in den Augen des anderen nach der Bestätigung, dass alles gut werden würde. Helmut schaute zuerst weg, er hatte allen Grund dazu.

»*Jetzt kannst du ihm mal zeigen, was Typen verdienen, die einen richtigen Mann wie mich und dich*«, er machte eine nachdrückliche Pause, »*nicht in Ruhe lassen.*«

»*Was meinst du?*«

Martin schob Helmut ein Stück nach vorn. Und statt es laut zu erklären, deutete Martin nur zwei kurze Boxbewegungen an. Angespannt schaute Helmut zwischen Enzo und Martin hin und her.

»*Was soll das? Das kann ich nicht.*«

»*Jetzt komm schon. Ich dachte, dir bedeutet unsere Freundschaft was. Mir nämlich schon, aber du musst mir halt auch einen Beweis liefern, dass es so ist. Und dass du wirklich keiner von denen bist.*«

In Helmuts Kopf raste alles durcheinander. Seine Gefühle für Enzo, seine Angst vor Martin und den Konsequenzen, seine Scham, dass er Enzo verraten hatte.

»*Oder bist du's doch?*«

Der ahnungsvolle Ton in Martins Stimme war nicht zu überhören. Helmut hatte keine Wahl. Er drehte sich wieder zu Enzo um, der nur dastand und ihn und Martin beobachtete. Woher wohl das Blut an seiner Nase kam? Hatte er sich bei seiner Verhaftung gewehrt? Wo haben sie ihn erwischt? Helmut würde gern fragen, genauso wie er gern wissen würde, was Enzo auf ihre Vorwürfe erwidert hatte. Was er gerade dachte. Was er fühlte.

»*Jetzt mach schon. Ich habe auch nicht ewig Zeit.*«

Helmut schaute Enzo in die Augen, um sich mit ihm zu verständigen, bei diesem abartigen Spiel mitzumachen. Dunkel strahlten sie ihn an. Wie damals auf der Friesenstraße. Liebe-

voll. Aber kein bisschen einsichtig für das, was er gleich würde tun müssen. Wozu Martin ihn zwang. Denn Enzo, das sah Helmut, würde nicht klein beigeben. Warum auch, was hatte er zu verlieren? Nichts. Er hatte schon alles verloren, seine Heimat, seine Familie. Er war bereit zu kämpfen für sein Leben, für seine Träume und für seine Liebe.

Und als Helmut das alles in Enzos Augen sah, spürte er plötzlich diese Wut in sich, die auch auf der Friesenstraße über ihn hereingebrochen war. Doch damals hatte es mit dem Kneipenschläger eindeutig ein Zielobjekt gegeben. Aktuell richtete sich seine Wut gegen alles.

Er war ohne Zweifel wütend auf die Situation und auf Martin, der ihn da reinmanövriert hatte. Er war wütend auf sich, weil er die letzten Wochen viel zu viele Dinge zugelassen hatte, die alle einem unentschuldbaren Irrglauben unterlagen. Aber am allermeisten war er wütend auf Enzo, der ihm mit seinen Augen vor Augen führte, was er niemals in seinem Leben erreichen würde: Der sein zu können, der er wirklich war. El Mut.

Das zu sehen, tat weh. Und weil der Schmerz die Wut noch verstärkte, machte er etwas, was er sich sein ganzes Leben nicht mehr verzeihen würde. Er holte mit seiner rechten Hand aus, ballte sie zur Faust und ließ sie mit voller Wucht ungebremst und unerwartet in Enzos Magen schnellen.

»Jaa, genauso. Und noch einen.« Martin jubelte.

Enzo krümmte sich zu Boden.

»Los! Ja, der hat's nicht anders verdient.«

Doch Helmut machte nichts mehr. Er stand nur da, schaute auf Enzo runter und spürte, dass er gerade alle Gefühle ver-

loren hatte. Er war genauso leer, wie noch vor wenigen Minuten sein Tränenkanal leer gewesen war. Und die dunkeln Augen, die ihn vom Boden aus anblitzten, und in denen Helmut jetzt die ganze Enttäuschung und Verachtung über ihn zu lesen glaubte, machten es nicht besser.

Er drehte sich um, ignorierte den feist grinsenden Martin und verließ den Verhörraum, ohne noch einmal auf das Leben zurückzublicken, das er mit etwas mehr Mut hätte führen können.

17.

Es geht heute langsam voran. Immer wieder hakt Liz sich bei mir unter. Ein Gespräch will nicht so richtig zustande kommen, weil sie keine Kraft hat und ich nicht weiß, was ich Spannendes erzählen könnte. An einer Picknickstelle unterhalb eines Berges, den wir zum Glück nicht hochmüssen, schlage ich eine Pause vor.

»Du bist heute komisch.« Sagt sie zu mir.

»Ich?« Mein Gesicht verzieht sich passend zu meiner echt blöden Rückfrage, wobei das eher an den sauren Trauben liegt, die uns eine Bäuerin vor zwei Kilometern in die Hand gedrückt hat. »Ich bin doch wie immer.«

»Hast du wieder mit deinem Jonas geschrieben?«

»Er ist nicht meiner. Wie kommst du da überhaupt drauf?«

»Na eben, weil du komisch bist. Irgendwie schlecht drauf.«

»Bin ich nicht. Und mit Jonas ist alles geklärt.«

»Na, wenn du das sagst.«

Liz lehnt sich an einen Olivenbaum und schließt die Augen. Erschöpft oder nachsichtig, ich kann es nicht deuten. Wie auch immer. Ich stopfe mir noch mal ein paar Trauben in den Mund und grabe unbefriedigt in meinem Rucksack nach meiner Notfall-Bifi. Jetzt ist der Notfall da.

›Wenn du das sagst‹, was für eine fiese Worthülse. Es impliziert ja nur, dass das, was man davor gesagt hat, absoluter Müll ist. Sondermüll. Und es zwingt einen dazu, dass man noch mal über das Gesagte nachdenkt, das dann wieder hochkocht wie Fettaugen in einer Brühe. Aber ich will nicht noch mal über ›alles geklärt mit Jonas‹ nachdenken. Ich will, dass es endlich Fakt ist.

Ich beiße in die Salami. Außer, dass das Wurst-Kondom drumherum noch schmieriger als sonst ist, schmeckt der dumpf riechende Imbiss wie immer. Wenigstens darauf ist Verlass.

»Komme gerade einfach nicht mehr ganz mit.« Keine Ahnung, ob Liz mir zuhört. »Ich war vorgestern wegen nichts total glücklich. So hab ich mich echt schon lang nicht mehr gefühlt. Einfach so. Und gestern Abend war's genau das Gegenteil. Ich war allein und traurig und vor allem wütend und wusste genauso wenig warum.«

Natürlich hört Liz mir zu. »Und das stört dich?«

»Äh, logo stört mich das. Ich komme mir bei dem ganzen auf und ab manchmal vor, als wäre ich in den Wechseljahren.«

Ihr Blick aus den halbgeschlossenen Lidern ist eigentlich schon Antwort genug. »Das, mein Lieber, bist du garantiert nicht.«

»Na ja, trotzdem. Wahrscheinlich tut dieses durch die Gegend Wandern einfach nicht gut. Ich hab depressive Verstimmungen, du Schwindel. Sehen wir's ein und lassen es bleiben. Wir sollten es machen, wie die schlauen Italiener, und in der Sommerhitze ans Meer fahren.«

»Weglaufen?« Sie schüttelt den Kopf. »Ich glaube, du erlebst gerade das, was alle auf so einem Weg erleben. Dein Panzer, den du dir vor Jahren angelegt hast, wird durchs Laufen weich oder bekommt Löcher und vielleicht, wenn du es zulässt, verschwindet er auch ganz.«

Ich puhle eine fleischartige Faser zwischen meinen Schneidezähnen raus und verkneife mir ein ›wenn du das sagst‹.

»Und darum hast du Schwindel?«

Liz lacht auf. »Nein, ich glaube, das liegt eher an meinem Alter und der Hitze. Ich merke zum Beispiel, seit ich unterwegs bin, dass ich keine Angst mehr vor dem Tod habe.«

Ich verschlucke mich am letzten Bissen der Wurst.

»Wie jetzt? Hattest du das?«

»Findest du das mit 80 so ungewöhnlich?«

Ich muss kurz darüber nachdenken.

»Nee, wohl nicht. Aber wie kommt's, dass das jetzt weg ist?«

Sie dreht sich zu mir um. »Wie bei dir. Einfach so. Und weil ich weiß, dass nichts verloren geht, wenn ich weg bin.«

»Wie meinst du das?« Ich mag dieses Thema irgendwie nicht.

»Ich meine gar nichts. Wollte dir nur ein Beispiel geben, dass das Wandern mit mir auch was macht, obwohl ich gar nicht den Wunsch hatte, dass viel in und mit mir passieren soll. Aber wenn man läuft, kann man sich nicht dagegen wehren.«

»Na toll, dann bin ich mal gespannt auf die kommenden Kilometer. Das kann ja was werden. Sollen wir weiter?«

»Ich würde gern noch eine halbe Stunde hier sitzen. Ist das in Ordnung?«

Ich bin einverstanden, für Pausen bin ich immer zu haben. Ich ziehe mein Shirt aus und lege mich neben Liz ins Gras. Wenn schon verbrennen, dann richtig. Liz macht es sich an ihrem Baum bequem.

»Was war denn jetzt mit Jonas gestern, weswegen du traurig, wütend und allein warst?«

»Ach, das Übliche. Ich glaube halt, ich hab nie aufgehört, in ihn verliebt zu sein. Und das macht's nicht gerade einfach, sich von ihm zu lösen.«

Ich blinzele zu ihr hoch, erschrocken von mir, dass ich das, was ich eigentlich schon seit vier Jahren ahne, jetzt einfach so rausposaune und Realität werden lasse. Liz sagt nichts darauf, sondern streckt mir nur ihre Hand hin. Und mit ihrer Hand in meiner versinke ich in einen ausgedehnten Mittagsschlaf.

....

In den Wochen nach dem Vorfall auf der Wache war Helmut nur noch eine Hülle. Eine leere Hülle, die funktionierte. Und so weitermachte wie bisher. Der Sommer war vorbei und die Gefühle, die er verloren hatte, blieben verschwunden. Nur die Angst, dass Martin doch noch reden würde, verfolgte ihn pausenlos. Genau wie Enzos Augen: diese Enttäuschung, diese Verachtung. Sie starrten ihn an, wenn er schlief, sie starrten ihn an, wenn er wach wurde, sie verfolgten ihn zur Arbeit und wieder nach Hause. Und zu Marlene. Vor allem zu Marlene. Manchmal hatte er sogar den Eindruck, als würde Marlene diese Augen auch sehen.

Dabei tat er alles, um Marlene vor ihnen zu schützen. Er lachte herzhaft, wenn sie gemeinsam mit den Schwiegereltern die Fernsehsendung ›Zum blauen Bock‹ anschauten, er freute sich mit ihr, wenn die Hochzeitszusage irgendeines Lieblingscousins aus Amerika kam, er zeigte sich zufrieden, wenn die gemeinsame Wohnung nach und nach immer wohnlicher wurde. Es half alles nichts, Marlene merkte mal wieder, dass etwas nicht stimmte. Mit ihm, in ihrer Beziehung. Vielleicht weil man das intuitiv spürt, wenn man sich liebt. Viel wahrscheinlicher aber, weil sein Schutz für Marlene verlogen war. Auch wenn er sich noch so sehr das Gegenteil einredete, Helmut wusste genau, was Sache war: Dieser Schutz galt nicht Marlene, sondern ganz allein ihm selbst. Um das, was in diesem Sommer 1957 mit ihm passiert war, für immer im Verborgenen halten zu können.

»Du musst dich gar nicht erst setzen.«

Marlene stand in ihrem gepunkteten Verlobungskleid aus ihrem Liegestuhl auf und strahlte Helmut an, der etwas verwundert seine Tasche vom Gepäckträger nahm.

»Ich muss dir oben in der Wohnung was zeigen.«

»Was denn? Und warum hast du dich so schick gemacht? Wir müssen heute doch das Schlafzimmer tapezieren, bevor die Möbel kommen.«

»Ja, machen wir auch noch.« Marlene gab Helmut einen Begrüßungskuss. »Wie war's auf der Arbeit?«

Helmut nickte nur, weil er es selbst nicht wusste. Er war da gewesen, so viel stand fest. Er hatte Zahlen verglichen und Bauanträge abgezeichnet und kurz vor Feierabend über den täglichen Witz seines Kollegen Erich gelacht, dass die Polizei angeblich vor der Tür stehen würde. Immerhin das Herzrasen und die Übelkeit waren nicht mehr so schlimm wie beim ersten Mal, als er ihn reingelegt hatte.

»Komm.« *Marlene nahm Helmut an der Hand und zog ihn ungeduldig hinter sich her ins Haus.*

»Sind deine Eltern gar nicht da? Irgendwie ist's so ruhig hier.«

»Die sind unterwegs. Was besorgen in der Stadt. Jetzt lass dich nicht so bitten.«

Helmut folgte Marlene die Stufen in den ersten Stock seines neuen Zuhauses hoch. Dass es ihm trotz der hundert Arbeitsstunden noch immer fremd war, nahm er mittlerweile einfach hin. Irgendwie passte es sogar perfekt. Er war sich ja auch fremd.

»Ich bin so gespannt, was du sagst.«

»Wozu? Hast du dir jetzt doch einen von diesen neumodischen Geschirrspülern gekauft?«

Marlene verneinte lachend und Helmut beschlich der Verdacht, dass hier wirklich irgendwas ziemlich komisch war. Anders als sonst. Auch wie sie ihn anstrahlte und dabei noch hübscher aussah als eh schon …

Er liebte sie. Keine Frage. Es musste so sein, weil sie, seit sie sich kennengelernt haben, seine allerbeste Freundin war. Sein Halt und seine Konstante, die er gerade dringender denn je brauchte. Er konnte es nur nicht fühlen, weil er gerade gar nichts fühlen konnte.

Marlene blieb vor der Wohnungstür stehen und drehte sich auf der letzten Treppenstufe zu Helmut um. Sie strahlte noch immer, doch als sie sprach, zitterte ihr ganzer Körper. »Helmi, ich glaube, ich weiß, was gerade in dir vorgeht.«

Helmut erschrak. »Was meinst …«

»Lass mich mal ausreden, sonst vergesse ich die Hälfte. Also, wir haben da ja schon mal drüber geredet. Dir macht unsere bevorstehende Hochzeit echt Angst. Und das kann ich gut verstehen, weil es mir auch so geht. Wobei Angst falsch ist, unruhig macht mich das alles, obwohl es genauso ist, wie ich es mir immer gewünscht habe. Ich habe einen Mann, der der zuverlässigste Freund ist, den ich mir nur wünschen kann. Der klug, lustig und sehr schick ist und mit dem ich ziemlich gern«, sie senkte ihre Stimme, *»duweißtschonwas mache. Wir haben eine schöne Wohnung, auch wenn sie über der von meinen Eltern ist. Und wir werden eine wunderschöne Hochzeit feiern dürfen. Was mich unruhig macht und was dir wohl auch so geht, ist die Veränderung. Das Zusammenwohnen, die Erwartung von allen, dass wir sofort eine Familie gründen sollen. Weißt du, ich arbeite total gern, aber wenn es nach meinem Vater geht, muss ich einen Tag nach der Hochzeit damit aufhören. Ich treffe mich total gern mit Jutta mal so in der Stadt, aber meine Mutter hat mir schon gesagt, dass sich das als Ehefrau nicht mehr gehören würde. Also nicht mehr allein, nur mit dir zusammen.«*

Marlene hielt kurz den Atem an.

»Jetzt habe ich voll viel geredet und eigentlich will ich dir nur eine Sache sagen, von der ich hoffe, dass du das auch so siehst und dass du dich danach wieder besser fühlst. Wir müssen es nicht machen, wie unsere Eltern oder irgendwer das von uns verlangen. Wir machen es so, wie wir uns damit wohlfühlen. Wenn wir zusammenhalten, dann kann uns niemand was.«

Helmut hätte heulen können. Auf der Stelle. Weil Marlene so ehrlich wirkte und so verletzlich, wie er sie selten erlebt hatte. Und weil er sich so schäbig vorkam, wie die ganzen letzten Wochen. Nein, noch schäbiger, denn Marlenes reine Gedanken zeigten ihm einmal mehr, was für ein beschissener Lügner er war.

Er ging einen letzten Schritt auf sie zu und küsste und umarmte sie, wie er sie seit seiner Vernehmung nicht mehr berührt hatte. Ihm war ehrlich danach, aber es gab auch noch einen anderen Grund: Sie sollte ihm besser nicht zu lang in die Augen schauen. Doch Marlene drückte ihn direkt wieder leicht von sich.

»Ich habe mir ziemlich viele Gedanken gemacht, wie ich dir das zeigen kann, was ich so denke – und was ich denke, was du auch denkst – und dann ist mir was eingefallen. Ich will, dass diese Wohnung, die für uns zu zweit ja noch viel zu groß ist, ein fröhlicher Ort ist. Ein offener Ort für alle Freunde, wo man lachen, tanzen und sich wohlfühlen kann. Und damit fangen wir heute an. Quasi als Einweihung.«

Bevor Helmut kapierte, was Marlene da gesagt hatte, schloss sie die Wohnungstür auf und im selben Moment ging der Jubel los. Denn ihre halbfertig renovierte Wohnung war voller Menschen. Gerdi und Jutta standen ganz vorn. Und noch viele andere Freunde, die er schon lang nicht mehr gesehen hatte. Seine Schwestern und seine Mutter gaben sich zu erkennen und er sah ihnen an, wie stolz sie auf sein neues Zuhause waren. Sogar Marlenes Eltern, die weniger begeistert wirkten, prosteten ihnen mit ihren randvollen Bowlegläsern zu, als wäre es nicht die Einweihungs- sondern schon die Hochzeitsfeier. Und während Marlene und Helmut in die Menge gezogen wurden, fing irgendwo Caterina Valente an zu singen, dass es in Mexiko nur einen Calypso brauche, um die Menschen wieder froh zu machen.

Helmut ahnte, dass ihm das nicht reichen würde. Er brauchte Alkohol. Darum leerte er das erste Glas Bowle, das seine Schwester Anja ihm brachte, in einem Zug.

»Freust du dich?« Marlene flüsterte ihm ins Ohr.

Er drehte sich um und küsste sie noch mal. Vielleicht ein bisschen zu forsch vor den ganzen Leuten, aber er wollte vergessen. Wenigstens für ein paar Stunden.

»Danke. Für alles. Auch für das, was du gesagt hast.«

»Danke, dass es dich gibt.«

Dann wurden sie getrennt, weil Marlene von ihrer Mutter weggezogen wurde, da sie als Frau des Hauses prüfend über das kalte Büffet blicken sollte. Doch Marlene entwand sich ihrer Mutter noch mal und drehte sich schnell zu Helmut um.

»Ich habe übrigens deinen italienischen Freund nicht erreicht. Und der meldet sich auch gar nicht mehr wegen dem Unterricht. Tut mir leid. Hätte ihm sicher gefallen hier.«

Helmut blieb jegliche Reaktion im Hals stecken. Er schaute Marlene nach, unfähig, sich auch nur einen Millimeter zu bewegen. Und versuchte gleichzeitig, die Augen zu ignorieren, Enzos Augen, die aus allen Ecken seines neuen Wohnzimmers auf ihn gerichtet waren und seine Schuldgefühle freilegten. Wo war Enzo? Saß er noch im Gefängnis? Ging es ihm gut? Konnte er wieder arbeiten, um für seine Familie Geld zu verdienen? Was dachte er über ihn? War es purer Hass?

Helmut stolperte nach vorn, als er aus Versehen angerempelt wurde. Doch als er abwinkte, dass nichts passiert war, bemerkte er, dass es nicht Enzos Augen waren, die ihn die ganze Zeit angestarrt hatten: Am anderen Ende des Wohnzimmers hob Martin sein Glas und zwinkerte ihm zu.

....
....

Gubbio liegt in der Dämmerung vor uns. Endlich, denke ich heute mal wieder, und ich sehe Liz an, dass sie dasselbe denkt. Obwohl ich mich eigentlich ziemlich ausgeschlafen fühle, was nach einem ausgedehnten Mittagsschlaf und einer noch ausgedehnteren Abkürzung per Anhalter aber auch kein Wunder ist.

»Sollen wir heute auch noch auf eine Party gehen? So eine, wie von Helmut und Marlene? Ist doch Freitag.«

Während ich das sage, muss ich kurz nachrechnen, ob das mit Freitag überhaupt stimmt. So ganz sicher bin ich mir da nämlich nicht, weil Wochentage, seit wir unterwegs sind, kaum noch eine Bedeutung haben.

»Das machst du mal besser allein. Ich würde auf der Tanzfläche einschlafen.«

Sie lächelt, ich lächle zurück. Und stelle mir Liz auf einer Party vor. So ganz abwegig ist der Gedanke gar nicht, mittlerweile kann ich mir mit ihr fast alles vorstellen. Nur nicht, dass sie ab Assisi nicht mehr meine Begleiterin sein wird. Das hat sie heute noch mal bekräftigt, dabei aber immerhin nicht ausgeschlossen, dass wir uns in Rom wiedersehen. Ich hoffe es und wünsche es mir.

»Ich mag Marlene irgendwie. Also ich glaube, ich hätte sie gemocht.«

»So?«

»Du hast ja mal gesagt, dass sie eigentlich nur ihren Plan im Kopf hatte – heiraten, Kinder und so – aber ich finde, so, wie du gerade erzählt hast, war die ja voll modern für damals. Und einfühlsam und so …«

»Lag zum Großteil sicher an ihrer Freundin Jutta.«

Liz legt plötzlich einen Zahn zu, als ob in ihr auf den letzten Metern der Captain America vom Anfang wiedererwacht ist. Oder einfach nur der Hunger nach Spaghetti. Ich versuche jedenfalls, Schritt zu halten.

»Warum hat Jutta eigentlich nicht noch mal mit Helmut geredet. Die wusste doch, was los war.«

»Ja, aber was hätte sie tun sollen? Du kannst niemand helfen, der Hilfe nicht annehmen kann. Aus Stolz, aus Angst, aus welchen Gründen auch immer …«

Das stimmt wohl. Ich bin schließlich auch kein Experte im Hilfeannehmen. War ich noch nie. Vor dem Video nicht, weil ich da quasi unverwundbar und schon gar nicht schwach war. Nach dem Video erst recht nicht, weil ich da so schwach und verletzt war, dass ich mich nicht mal mehr im Spiegel anschauen konnte.

»Wenn Jutta eine Möglichkeit gesehen hätte, Helmut zu helfen, hätte sie es sicher getan. Aber wahrscheinlich hätte der erste Schritt von ihm kommen müssen.«

»Und der kam nicht?«

Liz seufzt unüberhörbar laut. »Nein, der kam nicht. Ganz im Gegenteil.«

Plötzlich arbeitet etwas in mir. Es fühlt sich an, als wäre mein leerer Magen voller Ameisen. Ich warte darauf, dass es wieder weggeht, und schaue an Liz vorbei auf den hellerleuchteten Palazzo dei Consoli mitten in der mittelalterlichen Stadt, der wie dieses Faust-Emoji mit dem ausgestreckten Zeigefinger aus den anderen Gebäuden herausragt. Aber das Gefühl bleibt und die Ameisen werden immer mehr. Ich komm nur nicht darauf, wo sie herkommen. Habe ich was gedacht und direkt wieder vergessen? Hat Liz was gesagt, was mich irritiert hat? Aber was? Sie hat doch nur geseufzt und bestätigt, dass Helmut keinen Schritt auf Jutta zugegangen ist.

Sie hat geseufzt.

Das hat sie noch nie gemacht. Also noch nie, seit ich sie kenne. Schlagartig ist mir klar, was die Ameisen zu bedeuten haben, was ich vermutlich schon die ganze Zeit unbewusst gewusst habe. Ich starre auf Liz' Rücken und spüre, wie die Ameisen nun auch mein Herz erreichen.

»He Liz, sag mal, bist du Jutta?«

Ich stolpere fast in Liz rein, weil sie auf der Stelle stehen bleibt.

»Wie kommst du denn darauf?«

Ihr Blick ist eher irritiert als bewundernd, was meinen detektivischen Spürsinn angeht. Täusche ich mich?

»Na ja, weil du das alles weißt und weil du und Jutta ... Das würde irgendwie passen, finde ich.«

Sie legt mir eine Hand auf meine Wange und zwinkert mir zu. »Marlene passt besser.«

Verdammt.

Ja.

Bevor ich reagieren kann, geht sie weiter. Ich hinterher. Und obwohl mein Kopf voller Fragen ist, lasse ich sie für den Moment ungestellt. Weil ich auch keine Ahnung habe, wo ich mit fragen anfangen soll. Ich bin mir sicher, ich werde sie beantwortet bekommen, wenn Liz oder Marlene so weit sind.

....
....

Helmut ging Martin auf der Einweihungsfeier so gut wie möglich aus dem Weg. Er tanzte alkoholisiert mit Marlene, er lachte nervös mit Gerdi und Jutta und er verließ die Runde unauffällig, wenn Martin sich dazugesellte. Merken tat das nur einer: Martin, doch den schien das kein bisschen zu stören.

»*Ich will noch bleiben.*« *Anja war sauer, dass sie zusammen mit der kleinen Schwester und ihrer Mutter schon nach zwei Stunden gehen musste.* »*Wenn mal was los ist, müssen wir nach Hause. Ich will hier auch einziehen. Hier's viel lustiger als bei uns.*«

»*Ja, ja, und jetzt zieh deine Jacke an.*«

Helmuts Mutter ließ sich nicht mal von Anjas störrischem Verhalten aus der Ruhe bringen. Sie war für ihre Verhältnisse schon den ganzen Abend äußerst gut gelaunt und umarmte Helmut zum Abschied euphorisch. »*Die Wohnung wird wunderschön. Und Marlene ist toll. Wenn dein Vater das noch erlebt hätte, dann …*«

Was dann? Helmut wankte, weil es einfach zu viel Bowle war. Wäre er dann auch der, der er jetzt war? Oder wäre er ein anderer? Ein Träumer wie Enzo, weil er nicht eine ganze Fa-

milie zu ernähren gehabt hätte? Auf jeden Fall hätte er dann keinen Grund gehabt, Enzo zu verraten.

Trotz seines leichten Silberblicks sah er, dass seine Mutter kurz davor war, ihre vermeintlich gute Stimmung zu verlieren. Wie immer, wenn sie ihn erwähnte. Sie konnte es einfach nicht lassen. Doch er durfte das nicht zulassen, weil er keine Kraft mehr hatte, sie beide bei Laune zu halten. Schnell beugte er sich zu seinen Schwestern runter.

»Ihr könnt immer zu uns kommen. Versprochen. Und noch ist es ja nicht so weit.«

Sein Abschiedskuss auf ihren Stirnen wurde von den beiden direkt weggewischt. Er wünschte seiner Mutter ein gutes Nachhausekommen und schloss die Tür hinter ihnen. Die erste Hürde des Abends war genommen. Er würde es schaffen. Nach diesem Abend würde er sich wieder im Griff haben.

Um seinen flirrenden Kopf zu beruhigen, lehnte er ihn kurz an die Tür. Und merkte nicht, dass Martin neben ihn trat.

»Wem machst du hier eigentlich was vor?«

Helmut stieß sich ruckartig von der Tür ab. Er schaute Martin nicht mal ins Gesicht, sondern wollte nur an ihm vorbei zu den anderen, doch Martin ließ ihn nicht durch.

»Das hier wäre eigentlich meine Party, das weißt du, oder?«

Sein Atem roch nach Bier und Frikadellen. Helmut versuchte, sich zu befreien. Doch er scheiterte so kläglich, wie auch seine Stimme kläglich klang.

»Ich habe keine Ahnung, was du von mir willst.«

»Das kann ich dir sagen. Wenn du nicht dazwischengefunkt hättest, wären Marlene und ich zusammen.«

»Das glaubst du ja wohl selber nicht.«

»Ich sag dir, was ich glaube: Du verarschst Marlene. Du verarschst uns alle. Du bist ein Schwanzlutscher, genau wie dein Itaker.«

»Und du bist betrunken.« Die Panik schnürte Helmut den Hals zu. *»Ich bin kein ... 175er, wenn ich einer wäre, hättet ihr mich ja nicht laufen lassen.«*

»Ich hab dir geholfen, weil ich nicht vor meinen Kollegen als Schwuchtelfreund dastehen wollte. Geglaubt hab ich dir kein Wort. Ich hab gesehen, wie du diesen Kerl angeschaut hast.«

Martins Hand krallte sich schmerzhaft in Helmuts Oberarm.

»Ich werde nicht länger zulassen, dass du Marlene unglücklich machst. Verstanden?«

»Na, Jungs«, Gerdis Hände klatschten gleichzeitig auf die Rücken der Freunde, »was macht ihr hier? Kommt einer mit runter zum Rauchen?«

Helmut räusperte sich, während Martins letzte Worte noch in seinen Ohren widerhallten. Würde Martin ihn verraten? Würde er sein Leben zerstören? War jetzt alles vorbei? Er setzte sein fröhlichstes Partygesicht auf.

»Warum denn runter?«

»Na, ihr wisst doch: Jutta.« Gerdi verdrehte gespielt genervt seine Augen, wurde aber schnell wieder ernst. *»Alles klar mit euch? Du siehst ja aus, als ob du ein Gespenst gesehen hast.«*

»Nein, alles in Ordnung. Ich muss nur mal ...«

Helmut ließ die beiden einfach stehen und verschwand auf der Toilette neben der Eingangstür. Er hörte, wie Gerdi noch mal nachfragte, was los wäre, von Martin aber keine Antwort bekam. Er wartete, bis sie weg waren, und übergab sich dann, bis seine panischen Gedanken für einen kurzen Augenblick zum Stillstand kamen.

Den restlichen Abend über war Helmut nur noch körperlich anwesend. Er tat gastfreundlich und kümmerte sich um die Freunde, mit denen er sonst das ganze Jahr nichts zu tun hatte. Oder die er kaum kannte, weil sie Marlenes Kollegen waren. Er räumte dreckiges Geschirr in die Küche, leerte volle Aschenbecher und ignorierte hämische Kommentare der anwesenden Männer, dass er ja schon ziemlich unter Marlenes Fuchtel stehen würde. Er hörte sie nicht mal richtig, weil er die ganze Zeit viel zu sehr mit Martins Drohung beschäftigt war. Würde sein Freund, sein ehemaliger Freund, wirklich so weit gehen und sein Leben zerstören? Dass Martin das konnte, daran bestand kein Zweifel, ob er es tun würde, das war die Frage, die Helmut innerlich auffraß.

Er tat es.

Marlene stand in der Küche und spülte vorsichtig ab, um ihr nagelneues Aussteuergeschirr von Villeroy & Boch nicht schon beim ersten Einsatz zu beschädigen. Es war sowieso schon ein Kampf gewesen mit ihrer Mutter, dass sie es heute benutzen durfte, wie überhaupt die Vorbereitungen zur Einweihungsfeier ein einziger Kampf gewesen waren. ›Muss das sein? Was macht das denn für einen Eindruck? Wir sind ein angesehenes Haus und keine Halbstarken-Kneipe.‹ Der Kampf hatte sich auf jeden Fall gelohnt und Marlene war die Siegerin. Die Einweihungsfeier war nämlich genauso, wie sie sie sich erhofft hatte. Ausgelassen, fröhlich und vor allem für Helmut überraschend. Sein Gesicht, als sie die Wohnungstür aufgemacht hatte – bei dem Gedanken daran musste sie schon wieder lächeln.

Es war genau richtig gewesen, ihm ihre Bedenken mitzuteilen. Weil sie durch sein Verhalten ahnte, dass er sie teilte. Und weil sie mit 21 einfach noch nicht wie ihre Mutter sein wollte. Geschweige denn eine Ehe wie ihre Eltern führen wollte, auch wenn sie keine Ahnung hatte, was die Alternativen sein könnten. In diesem einen Punkt blieb Jutta ihr eine Antwort schuldig. In allen andern nicht und Marlene hatte ihr in den letzten Wochen wirklich viele Fragen gestellt. Nur eine nicht: Ob sie wirklich heiraten sollte. Daran hatte sie nie gezweifelt. Und dabei ging es gar nicht um die Hochzeit an sich und ihre Vorfreude darauf, ihr wirklich traumhaft schönes Kleid zu tragen, oder um die Tatsache, dass es alle so machten, es ging ganz allein um Helmut. Sie liebte ihn, weil er Helmut war und weil er anders war als alle Männer, die sie bisher kennengelernt hatte. Er redete mit ihr, er hörte ihr zu, er war zuverlässig und lustig, genervt von ihren Eltern und obwohl sie sich schon so lang kannten, blieb er immer auch ein Stück weit geheimnisvoll. Sie wollte für immer mit ihm zusammen sein. Mit niemand anderem konnte sie sich das überhaupt nur ansatzweise vorstellen.

»Na, schöne Frau. So allein?«

Marlene erschrak, als direkt hinter ihr plötzlich Martins Geraune zu hören war. Sie hatte ihn nicht kommen hören und hatte eigentlich auch keine Lust, mit ihm zu reden. Er hatte viel zu viel Bier intus, das hatte sie schon den ganzen Abend beobachtet. Darum blieb sie mit dem Rücken zu ihm stehen und spülte weiter. Vielleicht würde er unbeachtet einfach wieder zurück zu den anderen gehen.

»Gefällt's dir bei uns?«

»Bei uns. Ha.«

Seine Antwort strotzte nur so vor Häme. Marlene war versucht, sich doch zu ihm umzudrehen, weil sie hoffte, so ihren Irrtum aufklären zu können. Es ergab ja keinen Sinn, dass er ihre Frage so dämlich wiederholte. Aber sie blieb ruhig stehen, sie wollte, dass er ging, jetzt erst recht.

»Kann ich was für dich tun?«

»Davon geh ich aus.«

»Ist das Bier alle?« Marlene wusste, dass es das nicht sein konnte. Und trotz der warmen Temperaturen hatte sie plötzlich Gänsehaut am ganzen Körper. »Wenn du Nachschub suchst...«

»Ich suche was ganz anderes.«

Kaum hatte er das gesagt, ging es blitzschnell. Seine Hände packten Marlene um die Hüfte, sein Kopf grub sich in ihren Nacken. Und während er sich an sie presste und seine Erektion an ihr rieb, war sie für einen winzigen Augenblick wie gelähmt, weil es einfach nicht sein konnte, was da passierte. Es war doch Martin, ihr Freund. Es musste ein Missverständnis sein.

»Lass das.«

Marlene versuchte sich zu befreien. Doch Martins Hände fingen an zu wandern. Zu ihren Brüsten und in ihren Schritt.

»Sei nicht so. Ich kann dir geben, was du von Helmut nicht bekommst.«

Verzweifelt schlug sie auf seine kräftigen Hände ein und verbot sich, zu schreien, weil sie nicht wollte, dass diese Situation jemand mitbekam. Was würde Helmut denken? Was ihre Freunde? Sie waren alle nebenan, das konnte doch einfach nicht wahr sein.

»Du kannst mir gar nichts geben. Lass mich los.«

Martin ließ tatsächlich kurz von Marlene ab, aber nur, um sie ruckartig herumzureißen und noch drängender an das Spülbecken zu pressen. Sein Bieratem umhüllte ihre letzten klaren Gedanken. Angeekelt drehte sie ihren Kopf weg, um seiner Zunge zu entkommen.

Und dann sah sie ihn. Wie versteinert stand Helmut in der Küchentür. Sein Gesicht war so weiß wie ihr gemeinsames Porzellan und er schaute mit weit aufgerissenen Augen dabei zu, wie Martin sie bedrängte. Es konnte nicht sein, er stand nur da und tat – nichts. Was war hier los? Bildete sie sich das alles ein? Es wirkte plötzlich noch viel mehr wie ein Albtraum, in dem sie wie gelähmt vor Angst alles nur über sich ergehen lassen musste. Sie fühlte sich, wie Helmut aussah …

Dieser Gedanke schoss ihr in Millisekunden durch den Kopf, überhaupt wie die ganze Szenerie nur Millisekunden gedauert haben konnte, bis Gerdi in die Küche kam, genauso schnell verstand, was hier gerade los war, und Martin von ihr wegriss. Er brüllte Martin an, er brüllte Helmut an und während Marlene noch gegen ihre Tränen kämpfte, sah sie, wie Helmut sich auf der Stelle umdrehte und davonrannte, als wäre er auf der Flucht.

Und genau in diesem Augenblick verlor sie den Kampf gegen ihre Tränen, weil sie nicht verstand, wie ihr perfektes Leben und alles, woran sie geglaubt hatte, innerhalb weniger Augenblicke in sich zusammenkrachen konnte.

....
....

Die mittelalterlichen Gassen von Gubbio sind voller Menschen. Junge und alte, Einheimische und Touris. Ich schlängle mich auf dem Weg nach Hause durch sie hindurch. Der Abend fühlt sich unglaublich lebendig an, doch eine Party wird's für mich heute trotzdem nicht mehr geben.

Nach Hause. So weit ist es schon. Jetzt bezeichne ich die merkwürdigen Unterkünfte, in denen ich seit fast zwei Wochen übernachte, schon als mein Zuhause. Braucht es vielleicht gar nicht mehr? Ist das gerade mein Zuhause, weil ich hier bin, so richtig, ohne mit dem Kopf ständig ganz woanders zu sein?

Okay, vorhin war ich kurz woanders. In Köln mal wieder. Im heutigen Köln. Ich habe überlegt, Jonas eine Entschuldigung zu schreiben, weil meine letzte Nachricht aus dem Nichts heraus – also für ihn aus dem Nichts – ziemlich patzig war. Aber bevor ich dazu kam, hat Liz schon weitererzählt. Sie hat heute beim Abendessen überhaupt viel erzählt, ohne Punkt und Komma quasi, als würde die Zeit nicht mehr reichen, die Geschichte von Helmut und Enzo vor Assisi noch zu Ende zu bringen. Ihre Geschichte, wie ich jetzt weiß.

Wir haben kein Wort darüber verloren, dass sie Marlene ist. Oder vor fast 60 Jahren war. Vielleicht hat sie ja auch deshalb heute so viel erzählt, um mir die Gelegenheit zu nehmen, Fragen zu stellen.

Unter der Dusche vor unserem gemeinsamen Abendessen habe ich noch gedacht, dass es mich ja auch nichts angeht, warum sie sich nicht mehr Marlene nennt. Jetzt denke ich gerade, dass mich der Grund schrecklich interessieren würde. Gerade nach dem Teil der Geschichte, den ich vorhin erfahren habe. Morgen auf dem Weg werde ich sie fragen.

Ich stoppe bei einer Eisdiele, Partyersatz in Form von Schokolade und Pistazie, und mache ein Foto von den endlosen, bunten Eisbergen. Vielleicht werde ich es Jonas nachher schicken. Vielleicht aber auch nicht. Morgen ist schließlich auch noch ein Tag.

18.

Das war eine Lüge. Heute ist kein Tag mehr. Liz ist tot.

....
....

Ich sitze nur in Unterwäsche bekleidet in einem Waschsalon in Assisi und starre auf die Trommel, die den gesamten Inhalt meines Rucksacks durcheinanderwirbelt. Genau wie dieser eine Satz seit heute Morgen meinen Kopf durcheinanderwirbelt.

Liz ist tot.

Noch nicht mal wenn ich ihn laut ausspreche, kann ich es glauben. Will ich es glauben. Es darf einfach nicht wahr sein.

Aber es ist wahr.

Wir haben uns gestern Abend nach dem Essen in Gubbio verabschiedet. Sie in ein Hotel, ich in mein Hostel. Ganz normal wie jeden Abend, wenn wir die Nächte getrennt verbracht haben. Sie hat mich umarmt, ich sie auch, und gesagt, dass ich der beste Reisebegleiter bin, den sie sich wünschen konnte. Hat sie wirklich bin gesagt? Oder war? Wusste sie, dass es unsere letzte Umarmung sein würde? Ich weiß es nicht. Ich weiß gar nichts mehr.

Seit heute Morgen. Da wusste ich nämlich sofort, dass der Leichenwagen vor dem Hotel, wo ich sie abholen sollte, wegen ihr da war. Man kann sich in solchen Momenten was vormachen. Klar. Und sich daran festklammern, dass in diesem Haus 50 andere Menschen oder einer der zehn Mitarbeiter tot sein könnten, aber es bringt nichts. Aus irgendeinem Grund, vielleicht weil der ganze Körper sich in Sekundenschnelle so dumpf anfühlt, als wäre er mit Bauschaum gefüllt, weiß man genau, dass das, was da vor sich geht, mit einem selbst zu tun hat.

Aber weil der Bauschaum auch eine Schutzfunktion hat, bleiben von den schrecklichen Minuten danach nur noch Fragmente im Gedächtnis. Ein Portier, der meinen Namen wissen wollte, und wieder verschwand. Ein brauner Sarg, der von einem grauhaarigen Bestatter und seiner schimpfenden Ehefrau nach draußen getragen und ins Auto gehievt wurde. Eine Hotel-Managerin, die im Eingang auf Englisch telefonierte und mir zuwinkte, als sie von dem Portier auf mich aufmerksam gemacht wurde. Ihre bemüht einfühlsame Erklärung, dass Liz einfach eingeschlafen und nicht mehr aufgewacht war. Ein Umschlag, den ich plötzlich in der Hand hielt, auf dem mein Name stand. Der Leichenwagen, der abfuhr. Und die letzten Bauernhäuser von Gubbio, die ich nach und nach hinter mir ließ, weil ich nicht wusste, was ich anderes tun sollte, als einfach wieder loszulaufen.

Laufen.
Per Anhalter fahren.
Laufen.
Ich weiß es noch immer nicht.
Der Umschlag liegt ungeöffnet auf dem Plastikstuhl neben mir. Die Waschmaschine schaltet in den Schleudergang. Ich würde mich jetzt gern schlafen legen und erst wieder auf-

stehen, wenn sich das alles als ein beschissener Traum entpuppt. Wir sind doch noch gar nicht fertig, Liz und ich, wir sind doch noch gar nicht am Ziel.

»È occupato?«

Ich merke nicht sofort, dass ich gemeint bin. Ein junger Italiener, der gerade seine Wäsche angestellt hat, steht vor mir und zeigt auf den Umschlag. Ich nehme ihn weg, will keine Diskussion, auch wenn es in diesem Salon noch tausend andere Sitzmöglichkeiten gibt. Er setzt sich. Ich starre wieder vor mich hin.

»Come stai?«

Nein. Nicht jetzt. Kein Gespräch. Ich will nicht reden. Noch weniger als an dem Tag, an dem ich Liz getroffen habe. Als ich abends auch noch dachte, dass das Schicksal bei einer amerikanischen Kölnerin nicht gerade in Italien zuschlagen würde. Fuck.

Fuck. Fuck. Fuck.

»Sei un turista?«

Ich zucke nur mit den Schultern.

»English?«

»No. German, Mann.«

Ich will wütend klingen und klinge weinerlich. Ich will allein sein und kann genau das Alleinsein gerade kaum ertragen. Ich will, dass die Waschmaschine endlich zum Ende kommt und habe gleichzeitig keinen Plan, was ich danach machen soll. In meinen noch feuchten Plastikhemden durch Assisi laufen, als wäre es das normale Ziel einer normalen Etappe? Es ist nicht das Ziel. Es ist das Ende. Das Ende meiner Reise, das Ende meiner Suche nach belanglosen Antworten, das Ende von dem, was ich unterwegs ab und zu gespürt habe. Geglaubt habe, zu spüren: Glück.

Plans suck!

»Ich sprechen Deutsch.«

Von meinen Gedanken gehetzt schaue ich zu ihm rüber. Er grinst mich an.

»Ein bisschen.«

»Schön.«

»Bist du wandern?« Er zeigt auf meinen leeren Rucksack.

Ich nicke. Die Waschmaschine macht einen Lärm, als würde sie zum Mond fliegen wollen. Er legt sich die Hand auf die Brust. »Stefano. Student universitario. Bei Universität Perugia. Scienze agrarie.«

Ich nicke wieder, spiele mit dem Umschlag in meinen Händen und lese von ihm ab: »Paul.«

Es hat keinen Sinn mehr, noch länger in diesem schrecklich heißen Italien zu bleiben. Ich werde nach Rom oder Florenz fahren und mit dem nächsten Flieger nach Frankfurt zurückkehren. In mein Leben, das wahrscheinlich genauso richtig ist, wie es war. Traumlos. Wer braucht denn schon Träume, die sich eh nicht erfüllen? Wer muss schon wissen, wer und wie man wirklich ist, wenn man am Ergebnis eh nichts ändern kann? Ich habe mir was vorgemacht, Liz hat sich was vorgemacht. Sie hat die Strecke unter- und die Wirkung des Weges überschätzt. Was hat er denn bis jetzt bewirkt? Er hat noch nicht mal zugelassen, dass ihr Körper bis zum Ende durchhält.

»Ciao, Paul.«

Aus den Augenwinkeln sehe ich Stefanos Hand, die er mir hinstreckt.

Vai a farti fottere!

Ich ergreife sie trotzdem. Höflichkeitshalber, um danach wieder meine Ruhe haben zu können. Merkt er nicht, dass ich auf Small Talk mit einem Fremden keinen Bock habe? Merkt überhaupt jemand, dass seit heute Morgen alles anders ist? Natürlich nicht, die scheiß Welt draußen dreht sich wie immer. Die Welt in mir eiert dafür noch mehr als sonst.

Ich will mit Liz reden, mit dieser verrückten alten Frau, die sich in mein Leben geschlichen hat, als würde sie schon immer dazugehören. Aber Liz ist nicht mehr da. Und darum brauche ich meine ganze Kraft, um weiter zu funktionieren. Wäsche waschen, Schlafplatz suchen, Bus und Flug buchen, Erklärungen für zu Hause finden, warum ich meine Reise vorzeitig abgebrochen habe, was jetzt meine Pläne sind …

Wir schütteln uns die Hände.

»Geht gut? Siehst du fertig aus.«

Genau als Stefano das sagt, schaue ich ihm kurz in die Augen, mit dem Vorhaben, gleich wieder wegzuschauen. Aber ich tue es nicht. Denn die Augen lächeln, darauf achte ich jetzt immer, seit Liz mich darauf hingewiesen hat, und er selbst lächelt auch. Seine Sommersprossen wirken wie aufgemalt, seine Zähne sind schief. Er riecht nach Zigarette und lässt meine Hand nicht los.

Ich verneine mit dem Kopf, auf die erste oder zweite Frage weiß ich selbst nicht so genau, und lasse meine Hand in seiner liegen. Mir kommt mein Mittagsschlaf mit Liz in Erinnerung, bei dem wir genau in dieser Position unter einem

Olivenbaum lagen. Mir kommt es vor, als wäre es gestern gewesen. Es war verdammt noch mal gestern. Und dieses Gestern ist so unwiderruflich vorbei, dass es wehtut. Ohne Ankündigung schießen mir Tränen in die Augen. Dort bleiben sie aber nicht hängen, sondern sie laufen mir übers Gesicht, als hätte sich irgendwo eine Schleuse geöffnet. Mir ist es egal, mir ist alles egal, auch Stefanos erschrockener Gesichtsausdruck, den ich nur verschwommen wahrnehme, als hätte ich vergessen, meine Kontaktlinsen einzusetzen.

Und mit den Tränen kommen auch die Wörter, die nach und nach zu Sätzen werden, die von Liz und mir und unserem Weg handeln, aber auch von Enzo, Helmut und Marlene. Und genau wie meine Tränen nehmen auch sie kein Ende, alles, was Liz mir bis dahin erzählt hat, sprudelt aus mir raus. Ungewollt, einfach so. Dabei bin ich mir ziemlich sicher, dass Stefano nur die Hälfte versteht, noch weniger kapiert und sich dafür verflucht, dass er ausgerechnet heute seine Wäsche waschen wollte.

....
....

Helmut rannte kreuz und quer durch Köln, bis die Sonne aufging und er sich kaum noch auf den Beinen halten konnte. Er hatte sich unterwegs mehrfach übergeben, er hatte Bäume angeschrien, er hatte sich sogar selbst geschlagen – es hatte alles nichts geholfen. Er konnte noch so weit gehen, der Abstand zwischen ihm und diesem gottverdammten Feigling, der er war, wurde kein bisschen größer. Und auch die Augen blieben die ganze Zeit direkt hinter ihm. Über ihm. In ihm. Enzos

Augen mit seiner grenzenlosen Verachtung, Marlenes Augen mit ihrem verständnislosen Hilfeschrei, den er aus purer Angst nicht hatte hören wollen. Aus Angst vor dem Wort, das Martin nur einmal laut aussprechen müsste, um ihn ein für alle Mal zu vernichten. Er würde es so oder so tun, da war Helmut sich ziemlich sicher. Wahrscheinlich hatte er es auch schon längst getan. Und sich damit für das gerechtfertigt, was er Marlene angetan hatte. Und antun wollte.

Helmut fing wieder an zu rennen. Er war sich plötzlich sicher, dass diese Angst niemals weggehen würde, er spürte, dass die Scham, weder Marlene noch Enzo vor sich beschützt zu haben, alles überlagern würde, und er wusste mit Bestimmtheit, dass ihn niemand vermissen würde, sollten seine Freunde und seine Familie die ganze Wahrheit über ihn erfahren.

Sein Vater hatte es ihm vorgemacht. Es war nicht mehr weit bis zum Escher See.

....
....

Ich wache mitten in der Nacht auf. Es ist stockdunkel. Nur die orangerote italienische Straßenbeleuchtung wirft einen schwachen Lichtstreifen auf die gegenüberliegende Wand und auf meinen Rucksack.

Ich muss mich nicht groß orientieren, ich weiß, wo ich bin. Stefano liegt an meinen Rücken gepresst. Ich spüre seinen Atem in meinem Nacken und seine schwere Hand auf meinem Oberschenkel und rufe mir den gestrigen Abend in Erinnerung. Meine Tränen im Waschsalon, der kurze Weg zu ihm, die wohltuende Dusche, das selbstgekochte Essen und der viele Wein, sein hilfloser Trost, der irgendwann, weil ich es zuließ und vielleicht auch einforderte, zärtlicher wurde. Es war ein guter Abend, obwohl mir die Ursache dafür direkt wieder einen Stich versetzt.

Liz ist tot.

Eine einzelne Träne läuft mir über den Nasenrücken, eine Nachzüglerin. Und obwohl es kitzelt und es in Stefanos minikleiner Dachgeschosswohnung viel zu heiß ist für Körpernähe, bleibe ich ruhig liegen. Es fühlt sich gut an, nicht allein zu sein.

Meine kurzsichtigen Augen gewöhnen sich langsam an die Dunkelheit. Neben dem schmalen Bett liegen unsere Klamotten und Liz' Umschlag. Noch immer verschlossen. Ich will nicht, dass es wahr wird. Aber mein Name steht noch immer drauf.

Wie konnte sie einfach so gehen? Wenn sie es schon geahnt hat, warum hat sie dann nichts gesagt. Einfach so ...

Um nicht schon wieder in so eine komische Stimmung wie gestern Abend zu verfallen, und nachts ist ja die beste Zeit für komische Stimmungen, fische ich ganz vorsichtig nach meinem Handy, das irgendwo in meiner Hose stecken muss. Stefano schnauft einmal tief durch, dreht sich etwas zur Seite und schläft weiter.

Ich finde mein Handy. Das Display blendet mich und ich verringere schnell die Helligkeit. Stefano dreht mir endgültig den Rücken zu. 04 Uhr 31. Keine Nachrichten. Nichts. Von wem auch. Wer weiß denn auch, wie es mir geht? Wen lasse ich denn teilhaben an meinen Gefühlen – außer Liz und gestern ausnahmsweise diesen 25-jährigen Italiener, der da war, als ich ihn gebraucht habe? Nicht mal mich.

Ich schaue mir die Nachrichten der letzten Tage an. Mein Stiefbruder hat mir ein Foto geschickt, wie er mit seiner Freundin Lea auf dem Bodensee rumschippert. Und von meinem Dad kam ein Daumen-hoch-Emoji als Antwort auf meine kurze Nachricht an ihn, dass alles gut ist. Sonst nur Mist.

Jonas' letzte Nachricht steht an siebter Stelle.

> Ich wünsche dir, dass du dich irgendwo findest. Ich hoffe, dass du mir irgendwie verzeihen kannst. Ich wäre glücklich, wenn wir irgendwann mal face-to-face über alles reden können. Nur so, ohne uns zu nah zu kommen. Das ist vielleicht sogar einer meiner Träume. Meld dich, wenn du mir den Paul, den du entdeckst, mal vorstellen magst. 08:20

> Ich will nicht immer mit meiner Schwester anfangen: Aber als Lina verschwunden ist, ging es mir, glaube ich, so ein bisschen wie dir.
> Bei mir waren es die Schuldgefühle, weswegen ich gar nicht mehr wusste, wer ich bin.
> Ich hab's erst wieder kapiert, als ich mich zwei Fremden geöffnet habe. Tat scheiße weh,
> war aber notwendig. So wie es klingt, hast du gerade auch jemand. Diese alte Frau oder die beiden Typen, von denen du geschrieben

hast. Ich bin mir sicher, dass
sie dir beim Suchen helfen, wenn du
es zulässt. 08:32

Helfen? Wie soll das gehen, wenn Liz einfach so wegstirbt. Und Enzo und Helmut mitnimmt. Der Gedanke ist unerträglich. Aber er stimmt leider. Auch mit deren Geschichte ist es jetzt vorbei.

Ich beginne, eine Antwort an Jonas zu tippen, um ihm zu sagen, dass die Frau, die mich begleitet hat, tot ist und ich alles abbreche, weil ich mir was vorgemacht habe. Ich bin kein Wandersmann, ich bin ein planloser 19-Jähriger, der an den Möglichkeiten, die er hat, scheitert. Nicht mehr und nicht weniger. Sie hatten alle recht, vor allem mein Dad, und ich muss mich einfach damit abfinden.

Mein Handy geht aus, der Akku ist leer. Vielleicht besser so. Es fühlt sich komisch an, Jonas zu schreiben, während ein anderer neben mir liegt.

Vorsichtig stehe ich auf, um das Ladekabel aus meinem Rucksack zu kramen. Ich finde es direkt, als wäre dieses 15-Kilo-Ungetüm mittlerweile auch so eine Art komisches Zuhause, wo alles seinen Platz hat. Mit dem Suchen nach einer Steckdose in dieser fremden Wohnung tue ich mich dagegen deutlich schwerer. Ich stolpere zurück zum Bett, dort finde ich eine. Mein Handy erwacht und beleuchtet für eine Millisekunde den Umschlag, der unter meinen Füßen auf dem Boden liegt. Paul. Da steht es wieder.

Stefano beginnt zu schnarchen. Ich muss grinsen, weil es irgendwie süß klingt und er mir jetzt wahrscheinlich heimzahlt, womit er sich die restliche Nacht rumschlagen musste. 1:1.

Statt wieder ins Bett zu gehen, ziehe ich meine Shorts an und schleiche mich mit dem Umschlag auf den kleinen Balkon hinter dem Vorhang. Irgendwann muss ich ihn öffnen und es wird nichts an den Tatsachen ändern.

Von dem minikleinen Austritt, den Stefano, glaube ich, nur zum Rauchen nutzt, sieht man das angestrahlte Kloster von Assisi. Liz' Ziel, mein ungewollter Endpunkt. Ihr hätte dieser Blick gefallen.

Ich reiße den Umschlag auf und fische zuerst ein loses Blatt Papier heraus. Eine Nachricht von Liz – für mich.

Nicht-Pilger Paul,

wenn du das liest, ist es passiert. Schneller als gedacht. Ich habe es kommen sehen. Gefühlt. Sorry, dass ich nichts gesagt habe. Einen Freund auf so einen Moment vorzubereiten, geht nicht, ohne ihm zu viel Energie zu rauben. Und ein Freund bist du. Und deine Energie brauchst du. Denn du bist noch nicht am Ziel. Noch nicht ganz. Dein Weg geht noch weiter.

Lass dich nicht entmutigen, nur weil ich nicht mehr mit dir unterwegs bin. Helmut und Enzo werden es sein, auch wenn ich die Geschichte vielleicht nicht mehr ganz bis ins Detail oder bis zum Ende aufschreiben konnte … Du kannst meine Notizen auf deinem Weg nach Rom sehr gern lesen. Und wenn du sie zu der Adresse bringst, die ich dir auf der Rückseite notiert habe, würdest du mir einen großen Gefallen tun.

Ich bin stolz auf dich. Und ich weiß, du wirst finden, was du suchst.

Fuck, digga, dass wir uns getroffen haben, war wirklich Glück. Oder Fügung. Oder beides.

Zufall war es jedenfalls nicht!

Deine Liz

Ich habe schon wieder Tränen in den Augen. Fuck, Liz.

Unter mir wird mit Karacho der scheppernde Rollladen einer Bäckerei hochgezogen. Ich erwache aus meiner Starre. Der Himmel hinter dem Kloster wird schon hell. Es ist noch nicht vorbei.

19.

Helmut lag am Ufer des Sees. Nass und hustend, aber am Leben. Er hatte es nicht geschafft. Nicht mal dazu war er fähig. Sein Vater hatte sich wegen Geldschulden erhängt. Seine eigene Schuld war tausendmal schlimmer, und trotzdem war er zu feige, diesem sinnlosen und zerstörerischen Leben ein Ende zu setzen.

El Mut.

Er hasste diesen verlogenen Namen. Er hasste sich.

....
....

Die ersten Schritte ohne Liz fallen mir schwer. Es kommt mir vor, als würde der Weg noch mal von vorn beginnen. Mit seiner ganzen Anstrengung. Mit seiner ganzen Ungewissheit.

Ich klammere mich an die Geschichte in Liz' Notizbuch. Es ist gut, dass Helmut lebt. Nicht er auch noch.

Ob sie mich beobachtet? Es wäre beruhigend, wenn es so wäre.

....
....

Irgendwann am späten Vormittag schlich Helmut nach Hause. Zurück in die Dachwohnung seiner Familie, wo er vielleicht für ein paar Stunden noch mal der alte Helmi sein durfte, weil sie noch nichts von den schrecklichen Dingen wussten, für die er verantwortlich war. Aber sie würden es erfahren – früher oder später – und er hoffte, dass dann nur Beschuldigungen und keine Fragen kommen würden, weil er ihnen keine einzige davon würde beantworten können.

In der Wohnung war es ruhig, die Schlafzimmertür seiner Mutter geschlossen. Er betrat die Küche und erstarrte noch auf der Schwelle. Am Esstisch saß Marlene und spielte mit dem Verlobungsring, der vor ihr lag. Sie schaute kaum auf.

»Stimmt es, was Martin sagt?« Ihre Stimme zitterte rau, sie schien die ganze Nacht durchgeweint zu haben.

Hätte Helmut seinem ersten Impuls nachgegeben, wäre er ihr um den Hals gefallen und hätte sich entschuldigt. Für alles. Und sie darum gebeten, das, was sie von Martin erfahren hatte, einfach zu vergessen. Aber irgendwas hielt ihn zurück. Vielleicht war es das Wissen, dass es mit dem Vergessen nicht funktionieren würde, vielleicht ihr hilfloser Blick, der sich nur um Nuancen von dem gestern Abend unterschied, vielleicht war es aber auch das schlechte Gewissen, weil seine Umarmung nicht im Ansatz die Verletzung aufwiegen würde, die er ihr zugefügt hatte.

»Und?« Sie wurde ungeduldiger.

»Was hat er denn gesagt?«

Helmut schloss die Tür und lehnte sich an die Wand, weil er Angst hatte, dass seine Beine nicht durchhalten würden.

»Das weißt du genau. Das mit dem Italiener …«

Sie wusste alles. Alle wussten alles. Martin hatte ganze Arbeit geleistet.

»Ich«, Helmut verließ bereits nach dem ersten Wort die Kraft, »ich weiß es nicht.«

Marlene wurde laut. Und kalt. »Was soll das heißen, du weißt es nicht? Du wirst ja wohl wissen, ob du einer von denen bist?«

»Ich …« *Helmut fand keine Erklärung. Woher sollte er denn wissen, ob er einer von denen war, wenn er keine Ahnung hatte, wer er selbst war.* »Ich liebe dich.«

Sie lachte laut auf. Es war kein fröhliches Lachen. »Und weil du mich liebst, lässt du mich von Martin betatschen und machst nichts?«

»Das war, weil …«

Er unterbrach sich selbst. ›Weil Martin Lügen über ihn verbreiten wollte?‹ *Das wäre gelogen gewesen. Es waren keine Lügen. Es war die Wahrheit. Eine erpresserische Wahrheit.*

»Es tut mir leid.«

»Was? Dass du mich seit einem halben Jahr hintergehst, dass du so tust, als ob du mich heiraten willst und nebenbei eine Affäre mit einem«, *Marlene schnappte nach Luft,* »Mann hast? Oder tut's dir leid, dass Martin euch erwischt hat?«

Sie wischte sich Tränen von der Wange. Ihre Eisfassade war gespielt. Sie versuchte nur, die Situation und ihre Gefühle unter Kontrolle zu halten, ihr Gesicht zu wahren, mehr nicht. Helmut hätte es ihr gern leichter gemacht, aber er konnte nicht. Wie auch.

»Weißt du, wie blöd ich mir vorkomme? Ich weiß ja noch nicht mal, ob ich das alles ernst nehmen soll. Helmi, ein 175er.«

»Das ist so nicht.« *Es klang kläglich.*

»Dann erklär's mir. Ich kapiere es nicht. Niemand kapiert es. Nicht mal Jutta. Wir hatten doch einen Plan. Wir wollten doch eine Familie gründen. Gemeinsam alt werden und so. Wir waren doch Mann und Frau. Und Freunde.«

»Das sind wir doch immer noch.« Es klang noch kläglicher.

Und Helmut verstand in dem Moment, als er es aussprach, dass es nicht mehr so war. Nicht mehr sein konnte. Er hatte das getan, was er nie wollte: Er hatte Marlene verletzt. Er würde es nie wieder gutmachen können. Er würde nie wieder einen Menschen wie sie finden. Helmut presste seine Fäuste gegen die Augen, um sie vom Weinen abzuhalten. Es funktionierte nicht.

»Da täuschst du dich.« Marlene stand auf und schob ihm ihren Verlobungsring entgegen. »Ich werde meinen Eltern sagen, dass die Hochzeit nicht stattfinden wird.«

»Und was sagen wir …«

»Die Wahrheit? Oder soll es mit den Lügen so weitergehen?«

Helmut schüttelte den Kopf und drehte sich von Marlene weg. Aus Scham und weil er es nicht mehr ertragen konnte, ihre offenen Wunden anschauen zu müssen.

»Die Wahrheit wird eh ans Licht kommen. Martin wird dafür sorgen.« Marlene ging an ihm vorbei, ihre Hand lag schon auf der Türklinke. »Du hast mein Leben zerstört. Ich stehe jetzt als Frau da, die von ihrem Mann wegen einem Mann verlassen wurde. Und du zerstörst deins. Das ist dir hoffentlich klar.«

Helmut blieb stumm. Es war, wie er schon gedacht hatte: Ihm fehlten einfach alle Antworten.

»Lass dich behandeln, Helmut. Du bist krank.«

Sie ging. Es war vorbei. Verzweifelt schoss ihm der Gedanke durch den Kopf, ob es noch eine klitzekleine Chance gegeben hätte, wenn er gerade um sie gekämpft hätte? Wenn er ihr versprochen hätte, dass er nie wieder … Mit einem Satz war er *auf dem Flur und wurde direkt wieder abgebremst, weil er seiner Mutter gegenüberstand, die ihn anstarrte, als wäre er ein Fremder. Sie wusste Bescheid, ihr Blick war nur ehrlich: Er war ein Fremder für sie.*

Sie schloss kommentarlos die Tür zu ihrem Schlafzimmer und Helmut wusste in dem Augenblick, dass keine Fragen und auch keine Beschuldigungen kommen würden. Es würde für immer und ewig beim Schweigen bleiben. Die Leere in ihm war kaum noch auszuhalten. Vor allem, weil sie ihn schmerzlich daran erinnerte, wie lebendig und erfüllt er sich vor wenigen Wochen noch gefühlt hatte. Eine Lebendigkeit, die er nicht verdient hatte. Damals nicht und niemals wieder.

....
....

Ich laufe. Einfach weiter. Tag für Tag meinem Ziel entgegen. Italien ist kaum zu ertragen schön. Die Menschen schauen mich aufmunternd an, als wüssten sie Bescheid. Tun sie aber nicht. Können sie nicht. Ich esse Pfirsiche vom Markt, riesige Teile, und versuche, Liz' Schrift zu entziffern. Sie fehlt mir. Ihre Stimme fehlt mir. Bei jedem Schritt und jeder Pause, die ich mache. Mir geht es wie Helmut: Ich kann mir nicht vorstellen, dass dieses Verlust-Gefühl irgendwann weggehen wird. Mehr gibt es gerade nicht zu erzählen.

....
....

Das Einzige, was Helmut in den Tagen danach noch so etwas wie Halt in dem ganzen inneren Durcheinander gab, war sei-

ne Arbeit. Die schnell zu erledigenden Aufträge, die Anrufe kurz vor Feierabend, es war wie immer. Und sie lenkten ihn wenigstens für ein paar Stunden am Tag ab. Sogar die Fragen, was mit Enzo war, wie es ihm ging, die seinen Kopf gar nicht mehr verlassen wollten, traten tagsüber in den Hintergrund.

Natürlich merkten die Kollegen, dass etwas nicht stimmte. Aber Helmut war mit niemandem im Büro, nicht mal mit Erich, so eng, dass er ihnen direkt die Trennung von Marlene und die abgesagte Hochzeit auf die Nase hätte binden müssen. Es gab keinerlei Überschneidungen zu seinem Freundeskreis. Es gab ihm Sicherheit. Eine falsche Sicherheit.

Denn er hatte vergessen, wer ihm den Job verschafft hatte. Daran erinnerte er sich erst wieder, als eines Morgens die Tür aufflog und sein Chef im Raum stand. Der versteinerte Gesichtsausdruck verhieß nichts Gutes.

»Esser, wir müssen reden. Allein.«

Merkwürdigerweise sprang Erich direkt auf und verließ ohne Murren den Raum, obwohl er sich nur ungern solche Gespräche entgehen ließ.

Helmut stand ebenfalls auf und bot seinem Chef einen Platz an.

»Wie kann ich Ihnen helfen?«

Sein Chef blieb stehen. »Ich hatte gerade ein Telefonat mit Sparkassen-Direktor Lehmann.«

Helmut ließ sich zurück auf seinen Stuhl fallen. Es war besser, wenn er sitzen würde. Daran gab es keinen Zweifel mehr. Marlenes Vater und sein Chef waren Freunde. Natürlich.

»Und ich habe Erkundigungen bei der Polizei eingezogen.«

»Das war alles ein Missverständnis«, flüsterte Helmut mehr zu sich selbst.

»Das klang am Telefon aber ganz anders. Wie dem auch sei und von wem auch immer verschuldet, Sie haben gegen den Paragrafen 175 verstoßen und sind demnach für unsere Behörde nicht länger tragbar.«

»Aber ...«

Helmut zitterte am ganzen Körper. Er brauchte diese Arbeit, er brauchte das Geld. Wo sollte er denn was anderes finden? Wenn sein Chef es wusste, würden es bald alle wissen. Alle Bauleiter der Stadt. Alle Handwerker. Auf keiner Baustelle würde er Fuß fassen können. Niemand würde einem 175er Arbeit geben. Und dabei kam es nicht mal darauf an, dass er selbst noch immer keine Antwort darauf hatte, ob er denn überhaupt einer von denen war.

»Aber ich habe doch in zwei Wochen meine Prüfung.«

»An der Sie nicht teilnehmen werden.« Sein Chef drehte sich zur Tür. »Deutschland braucht keine Beamten, die gegen geltendes Gesetz verstoßen. Packen Sie Ihre Sachen, Sie können gehen.«

»Jetzt sofort?«

Helmuts Nachfrage war ein Reflex. Und genauso reflexartig drehte sich sein Chef wieder zu ihm um.

»Esser, ich sag Ihnen jetzt was: Sie widern mich an. Sie und die anderen, die so sind, wie Sie. Sie sind eine Schande. Und Sie sind ein Grund, warum man sagen muss, dass unter unserem Führer nicht alles schlecht war. Also, gehen Sie mir und allen Kollegen hier aus den Augen. Ich hoffe wirklich, ich muss Sie nie wiedersehen.«

Die Tür knallte ins Schloss und Helmut starrte noch wie gelähmt auf sie, als Erich wieder ins Zimmer kam und nicht mehr verbarg, dass er den Grund seiner sofortigen Kündigung kannte. Ihr Abschiedsgespräch beschränkte sich auf ein Minimum und Helmut spürte, dass sein Chef recht gehabt hatte. Erich und alle anderen waren froh, dass sie ihn nie wiedersehen mussten.

....
....

Ich bade nackt in einem kleinen See. Mit Liz an meiner Seite hätte ich das wohl nicht gemacht. Wobei, wer weiß? Wahrscheinlich wäre sie die Erste in dem erfrischenden Wasser gewesen. Mit ihr war alles möglich. Ich bin heute müde. Vielleicht liegt's daran, dass es die vierte oder fünfte oder sechste Etappe nach Assisi ist (ich zähle nicht mehr mit). Vielleicht aber auch daran, dass ich ständig mit Liz rede und ihr alles beschreibe, was sie verpasst. Idiotisch, ich weiß, wenn ich irgendwann mal wieder in der Zivilisation ankomme, muss ich mir das abgewöhnen. In Frankfurt sowieso. Aber es hilft. Wir lachen viel zusammen.

....
....

Mit dem Schiff ging es für Marlene und Jutta nach Königswinter. Seit es passiert war, sahen sich die beiden Freundinnen fast täglich. Marlene brauchte das. Sie musste reden – mit und ohne Tränen. Mit Jutta ging das. Ihre Eltern schwiegen alles tot. Vor allem Helmut. Und die Hochzeit. Es gab sogar be-

reits neue Mieter für die renovierte Wohnung. Als wäre nichts gewesen.

Manchmal kam es sogar Marlene schon so vor, als wäre ihre Beziehung und ihre Verlobung nur ein Hirngespinst gewesen. Dass es nicht so war, ließ ihr Herz sie spüren. Jeden Tag. Und ihr Körper auch. Sie hatte in zwei Wochen sicher fünf Kilo abgenommen, was für ihr engtailliertes Brautkleid perfekt gewesen wäre.

»Hat Gerdi was von ihm gehört?«

Jutta schüttelte den Kopf. »Der will Helmi nicht sehen. Obwohl er ihm fehlt. Und er sich Sorgen macht. Stur wie noch was.«

»Warum Sorgen?«

Jutta schaute Marlene durch ihre große Sonnenbrille eindringlich an. »Sag nicht, dass du dir keine Sorgen machst.«

Marlene verweigerte eine Antwort und inspizierte lieber die Uferböschung von Rodenkirchen. Sonst hätte sie zugeben müssen, dass sie das ärgerlicherweise wirklich tat. Dabei würde sie Helmut viel lieber hassen und noch lieber vergessen wollen. Es klappte einfach nicht. Natürlich wurde sie von Jutta durchschaut.

»Seit er seine Arbeit verloren hat, fragst du mich jeden Tag nach ihm. Das macht schon den Eindruck, als würdest du dir Sorgen machen.«

»Das sind keine Sorgen. Ich will es einfach nur verstehen.«

»Da gibt's nichts zu verstehen. Es ist einfach so. Er kann da genauso wenig dafür, wie du was dafürkannst.«

»Es ist einfach nicht natürlich.«

Marlene wollte das Thema jetzt doch lieber wechseln und auf die Männer in ihrer Firma zu sprechen kommen. Immer-

hin zwei ihrer Kollegen hatten schon Interesse bekundet, seit durchgesickert war, dass ihre Hochzeit abgesagt wurde.

»Mein Onkel sieht das anders.«

»Würde ich an seiner Stelle auch.«

Marlene wollte nicht zugeben, dass sie es furchtbar interessant fand, was Juttas Onkel zu erzählen hatte. Dass Homosexualität normal ist und keine Krankheit, dass es die schon immer gab, und dass das Verbot verboten gehörte, weil es nur Leid verursachen würde. Irgendwie beruhigte es sie nämlich zu wissen, dass das mit Helmut nicht an ihr lag.

»Aber was findet er nur daran?« Sie redete etwas leiser weiter. »Zwei Männer, also wirklich.«

»Hast du noch nie eine Frau geküsst?«

Marlene hoffte erst, sich verhört zu haben. Sie war sich aber ziemlich schnell sicher, dass das bei Jutta nicht der Fall sein konnte. Unwohl schaute sie sich um, ob ihnen jemand zuhörte.

»Bist du verrückt? Schau mal, eine Schwanenfamilie.«

Die Ablenkung funktionierte nur für einen kurzen Augenblick.

»Ich schon.«

»Was? Wen?«

»Pia aus dem Kirchenchor.«

»Du erzählst dummes Zeug, oder?«

»Warum sollte ich?«

»Und wie war's?«

»Schön. Weich.«

»Und was sagt Gerdi dazu?«

»Der könnte sich von Pia mal eine Scheibe abschneiden.«

Marlene musste unwillkürlich laut loslachen. Das war ein neuer Beweis dafür, dass ihre Freundin nicht alle Tassen im Schrank hatte. Oder so mutig war, wie sie niemals sein würde.

»Trotzdem gibt's da einen Unterschied. Du hast mit deinem Kuss niemand verletzt, nicht mal Gerdi. Helmut hat einfach so alles kaputt gemacht. Wir waren ja nicht nur ein Paar, wir waren beste Freunde. Wir hatten Pläne für die Zukunft. Für unsere Zukunft. Habe ich jedenfalls immer gedacht.«

»Vielleicht ist es ihm darum auch so schwergefallen, die Wahrheit zu sagen. Weil er seine beste Freundin nicht verletzen wollte.«

Marlene musste erst darüber nachdenken. Vermutlich war es einfach ein Fehler, dass sie erst Freunde gewesen waren, bevor sie ein Paar wurden. Männer konnte man mit der Zeit schließlich vergessen, Freunde nicht.

»Ich hole uns was zu trinken. Was willst du?«

Jutta stand auf.

»Nur ein Sprudelwasser, bitte. Mir ist heute irgendwie schlecht. Das Schiff wackelt schrecklich.«

»Findest du?«

Marlene bejahte nachdrücklich und streckte ihren Kopf in die Sonne. Wäre ja auch ein Wunder, wenn ihr die ganze Situation nicht langsam auf den Magen schlagen würde.

Die italienischen Ebenen werden weiter, der flirrende Himmel nimmt schon das undurchsichtige Blau einer nahenden Großstadt an. Manchmal habe ich das Gefühl, ich könnte das

Meer riechen. Aber das ist Blödsinn, es ist noch viel zu weit entfernt. Wie weit ich wohl gehen könnte, wenn Rom nicht mein geplanter Weg- und Geld-Endpunkt wäre? Endlos weit? Ich singe leise unser Lied vor mich hin. Liz und meins. Jonas und meins. Google hat es mir ins Italienische übersetzt. Klingt durchlässiger. C'è un posto in cui vado. Dove nessuno mi conosce. Non è solitario. È necessario. Catch and release. Fangen und freilassen. Ich versuche es.

....
....

Helmut versuchte, mit Hilfstätigkeiten wenigstens ein bisschen Geld zu verdienen. Dafür fuhr er in die entferntesten Ecken der Stadt, wo ihn niemand kennen konnte. Er nahm alles an. Manchmal auch nur, um etwas zu tun zu haben. Trotzdem war es viel zu wenig Geld, um als vierköpfige Familie überleben zu können. Und genau das ließ ihn seine Mutter jeden Tag spüren, als Vorwand, weil sie ihn eigentlich, ohne es auszusprechen, das Eigentliche spüren lassen wollte.

Das Schweigen zu Hause war für Helmut fast das Schlimmste. Denn er hatte ständig den Drang, mit irgendwem zu reden. Sich zu erklären. Und vor allem Erklärungen zu finden. Aber seine Mutter verweigerte jegliches Gespräch, seine Schwester Anja war zu jung und Freunde hatte er keine mehr. Helmut hätte alles dafür gegeben, noch einmal mit Enzo reden zu können. Oder mit Marlene. Aber beides war komplett aussichtslos.

»Hast du Geld? Wir haben nichts mehr zum Abendessen.«

Seine Mutter stand in der Küche, ihre unterkühlte Begrüßung war seit Wochen jeden Tag gleich. Genau wie seine

1 Mark 50, die er auf den Küchentisch legte. Nur die Pfennigbeträge unterschieden sich.

»Das wird ein Festmahl.« Sie nahm das Geld. »Du solltest dir Arbeit im Ruhrgebiet suchen. Dafür holen sie doch die ganzen Ausländer ins Land, da findest du auch was.«

Natürlich war ihm der Gedanke auch schon gekommen. In irgendeiner Zeche würde er garantiert Arbeit finden. Aber dann müsste er auch seine Schwestern allein lassen und seine Mutter hatte bekanntlich nicht nur gute Tage.

»Ich weiß. Dann brauche ich aber dort ein Zimmer. Und dann noch die Miete hier, dafür reicht der Lohn auch nicht.«

»Wenn Anja endlich mit der Schule aufhört und was dazuverdient, dann schon. Sie kann in der Krankenhausküche anfangen.«

»Das will ich aber nicht. Anja soll ihren Abschluss machen können, das will sie auch.«

Seine Mutter antwortete mit einem Schulterzucken, das Helmut genau zu interpretieren wusste: Es war allein seine Schuld. Und sie hatte ja recht.

»Ich werde Arbeit finden. Richtige Arbeit. Hier in Köln«, gab er sich zuversichtlicher, als er sich seit Wochen fühlte.

»Hm. Wie schön.«

Helmut schaute seine Mutter an, die seinem Blick wie immer auswich. Er war mittlerweile ein Spezialist für Unter- und Zwischentöne. Und dieses ›wie schön‹ war gespickt davon.

»Was?«

»Ich gehe Kartoffeln holen.«

Sie nahm ihre Tasche und tat, als hätte sie seine Frage nicht gehört. Helmut versperrte ihr aus einem Impuls heraus den

Weg. Er wollte wissen, was sie ihm mit ihrem ›wie schön‹ sagen wollte. Er wollte sie zum Reden zwingen. Er wollte wenigstens einmal ganz deutlich hören, was sie von ihm hielt. Weil er sich sicher war, dass es kaum mehr weh tun könnte als der Augenkontakt, dem sie ihm versagte.

»Wie hast du das gemeint eben?«

»Was?«

»Du weißt genau was.«

»Lass mich durch.«

Helmut blieb vor der Tür stehen. »Bitte, rede mit mir.«

Sie schaute ihn noch immer nicht an, vielmehr schien sie die Fliesen zu zählen. Helmut wurde langsam mulmig zumute. Sie verhielt sich anders als sonst und er spürte vorahnungsvoll, dass er besser nicht so sehr auf eine Antwort von ihr gedrängt hätte. Doch dafür war es zu spät.

»Heinz von unten war heute schon hier. Er hat in der Stadt gehört, was sie über dich reden. Er will keinen warmen Bruder hier wohnen haben. Und ich, ehrlich gesagt, auch nicht. Ich habe mir das jetzt einige Wochen angeschaut und ich weiß nicht, wie es weitergehen soll. Darum ist es besser, du ziehst aus. Geh ins Ruhrgebiet oder weiter weg. Das ist besser für uns alle.«

Helmuts Arme sackten kraftlos nach unten. »Aber wie wollt ihr denn ohne mich klarkommen?«

Es durfte nicht sein. Wo sollte er denn hin?

»Wahrscheinlich besser als mit dir. Sieh es ein, Helmut, deine Schwestern sollten auch nicht in so einer Umgebung aufwachsen.«

Er hätte es tun sollen am See, er hätte es verdammt noch mal tun sollen.

»Aber ich bin doch noch immer Helmi, dein Sohn.«
»Mein Sohn hätte mir das alles nicht angetan.«
Helmut knickte ein Stück zur Seite und seine Mutter ergriff erbarmungslos die Gelegenheit zur Flucht. Sie verließ die Wohnung ohne eine Berührung, ohne einen Blick, der Helmut hätte hoffen lassen, dass es da ganz tief drin doch noch so etwas wie Zuneigung für ihn gab. Es war das letzte Mal, dass er sie sah.

....
....

Tag zehn oder elf nach Assisi. Die Unterkünfte werden größer und teurer. Rom kommt näher. Ich komme näher. Ich sollte mich zu Hause melden. Ich sollte mir Gedanken machen für die Zeit danach. Pläne schmieden. Ich sollte froh sein, heute und nicht damals leben zu müssen. Ich sollte mich mehr fallenlassen. Ich sollte wieder Songs schreiben und nicht stumm bleiben, weil es sich manchmal anfühlt, als hätte ich viel zu erzählen. Ich sollte manchmal vielleicht auch gar nichts. Nur Liz' Erinnerungen lesen.

Es ist heiß. Ich sollte schlafen.

....
....

Mit seinem kleinen Koffer trat Helmut vor die Tür, ohne auch nur die geringste Ahnung zu haben, wo er hingehen sollte. Was aus ihm werden sollte. Er fühlte sich wie eins dieser kriegszerbombten Häuser, die noch immer überall in der Stadt zu sehen waren. Nur noch Geröll, kein Stein mehr auf dem anderen.

Und er dachte, mal wieder, an Enzo, der ebenfalls sein Zuhause hatte verlassen müssen, aber er fühlte sich kein bisschen mutig dabei. Nur allein. Und voller Hass auf das, was er war.

»Wo geht's hin?«

Helmut erschrak, doch er erkannte die Stimme hinter sich sofort. Gerdi. Er blieb einfach stehen, ohne sich umzudrehen, unsicher, was sein früherer bester Freund von ihm wollte, unsicher, wie er reagieren würde, wenn das ein weiterer endgültiger Abschied werden sollte.

»Jutta schickt mich, aber ich wollte nicht klingeln. Darum hänge ich schon seit drei Abenden vor eurem Haus rum.«

Helmut traute sich noch immer nicht, sich zu bewegen.

»Was willst du?« Es klang härter, als er wollte, aber er musste die Angriffsfläche so klein wie möglich halten.

»Dir einen Vorschlag machen. Jetzt schau mich doch mal an. Ich komme mir ziemlich dämlich vor, mit einem Rücken zu reden.«

Langsam drehte Helmut sich um.

»Mein Gott, wie siehst du denn aus?«

Helmut konnte sich nicht mehr beherrschen. Er sah Gerdi vor sich stehen, wie er schon tausendmal vor ihm gestanden hatte, und erinnerte sich an die Zeiten, als das normal war. Als alles noch gut war. Zwischen ihnen und in ihm. Und plötzlich liefen ihm die Tränen, die er vor seiner Mutter und beim Schreiben der Abschiedsbriefe für Anja und Bettina noch unterdrückt hatte, in einem endlosen Rinnsal über das Gesicht. Sein Koffer fiel ihm aus der Hand und er spürte, dass jeder noch so kleine Windhauch ihn jetzt mit sich reißen könnte. Er hatte einfach keine Kraft mehr.

Gerdi war schockiert und ging einen Schritt auf Helmut zu, blieb aber unsicher im sicheren Abstand zu ihm stehen.

»Oh Mann Helmi, muss das jetzt sein? Und vor allem hier auf der Straße?«

Helmut hätte es gestoppt, wenn er gekonnt hätte. Aber es funktionierte nicht. Er versuchte, etwas zu sagen, eine Entschuldigung, brachte aber nur ein undeutliches Schluchzen hervor.

»Du musst nicht weinen. Nicht vor mir.« Es klang fast schon zärtlich und zärtlich war auch Gerdis Geste, als er nach kurzem Zögern seine Hand auf Helmuts Arm legte. »Komm, das wird schon alles wieder.«

»Es tut mir leid.«

Helmut schniefte. Die Hand von Gerdi war die erste Berührung seit dem Abend der Einweihungsfeier. Und sie wirkte unfassbar tröstlich.

»Ich weiß.« Gerdi nahm seine Hand wieder weg, bevor es jemand sah. »Und Jutta sagt, dass du nichts dafürkannst. Ich kann's zwar nicht verstehen, aber ich glaube ihr. Sie trennt sich von mir, wenn ich ihr nicht glaube, um genau zu sein.«

Helmut musste schmunzeln, auch wenn er es nicht richtig zeigen konnte. Aber es hörte sich einfach gut an, dass sich manche Dinge nicht änderten.

»Jetzt sag schon: Wo willst du hin?«

»Ich weiß es nicht.« Helmut schämte sich, zugeben zu müssen, dass seine Mutter sich für ihn schämte. »Ich kann hier nicht mehr bleiben.«

»Hat sie dich rausgeworfen?«

Statt zu antworten, fuhr Helmut sich mit dem Ärmel seines Pullis über die Nase.

Gerdi pfiff durch die Zähne. »Und nun?«

Helmut kam gar nicht mehr dazu, sein hilfloses ›Ich weiß es nicht‹ zu sagen, weil Gerdi schon seinen Koffer vom Asphalt aufhob.

»Du kommst jetzt mit in die Werkstatt. Das wäre eh mein Vorschlag gewesen: Mein Vater braucht Hilfe. Wenn du willst, kannst du bei uns arbeiten. Und übernachten geht da für ein paar Tage auch.«

Helmut war viel zu erschöpft, um seine Dankbarkeit zeigen zu können. Damit hatte er nicht ansatzweise gerechnet. Sein bester Freund verhalf ihm zu einer Arbeit und zu einem Dach über dem Kopf, statt sich ganz von ihm abzuwenden, so wie es andere taten. Und wie es das Gesetz wollte. Er war für ihn da, wie sie schon als Kinder füreinander da gewesen waren. Und auch wenn Helmut ganz genau wusste, dass es nicht mehr wie früher werden würde – dafür hatte er zu viel falsch gemacht –, hätte er wegen dieses Freundschaftsbeweises direkt wieder in Tränen ausbrechen können. Doch er beherrschte sich, weil er Gerdis Geduld nicht auf die Probe stellen wollte. Nur eine Sache musste er ansprechen.

»Aber Martin trainiert doch sicher noch in der Werkstatt, oder? Ich will ihm wirklich nicht begegnen.«

»Keine Sorge. Seit der Sache mit Marlene will ihm niemand mehr begegnen. Der ist raus. Und jetzt komm, bevor ich es mir anders überlege.«

Gerdi ging voraus, Helmut folgte ihm mit etwas Abstand, um ihm nicht direkt zu viel Nähe zuzumuten. Er war sich mittlerweile sicher, dass andere sich in seiner Gegenwart unwohl fühlten. Und er hatte Gerdis Gesicht noch nicht vergessen, als es beim Baden mal um die Verhaftung von Homosexuellen ging. Es war so ähnlich wie das, das er jetzt aufsetzte, als er sich noch mal zu Helmut umdrehte.

»Eine Frage noch. War das schon immer da? Also, ich meine, weil wir ja schon viel unternommen haben und so. Und in der Schule auch nebeneinandergesessen haben.«

Helmut hob ratlos seine Schultern.

»Oder hat dich dieser Italiener damit angesteckt? Jutta sagt, dass das nicht geht. Aber ich kann mir das schon vorstellen.«

»Ich glaube auch nicht, dass das geht. Wenn ich es weiß, sag ich es dir.«

Gerdi winkte ab und ging wieder weiter.

»Lass gut sein. Ich will da gar nicht mehr drüber reden. Hoffen wir einfach, dass es wieder weggeht.«

Helmut hoffte das auch. Und dann auch wieder nicht, vor allem dann nicht, wenn er an Enzo dachte. Deswegen hoffte er also eher, irgendwann nicht mehr an Enzo denken zu müssen.

20.

Rom. Da bin ich.

Knapp zwei Wochen ist es nun her, dass ich in Assisi losgelaufen bin. Es war im Vergleich mit davor eine eher flache Strecke bis hierher, aber ich glaube, 12 Tage ist trotzdem schnell. Vor allem für jemanden, der schon am allerersten Tag aufgeben wollte, seine weißen Sneakers verfluchte (die fallen seit Calvi dell'Umbria übrigens fast auseinander), seine Blasen bedauerte (die haben sich zu Hornhaut umgewandelt und ich weiß nicht, ob das gut ist, gut aussehen tut es auf jeden Fall nicht) und alle anderen Wanderer und Pilger hasste. Vor allem Liz. Und so sehr sich der erste Tag damals gezogen hat (also damals vor vier Wochen), so schnell gingen die letzten Etappen vorbei.

Ich bin einfach nur gelaufen, wie aufgezogen, oder als würde mich eine Schnur, die an meinem Bauch befestigt ist, in diese Stadt hier ziehen. Frühmorgens los, irgendwann irgendwas gegessen, Pause, abends ins Bett – fast so, als wäre ich in einem Tunnel unterwegs gewesen.

Vielleicht war's das ja auch irgendwie, aber wenn, dann war es kein Tunnel im klassischen Sinn, dunkel und feucht, es war eher wie eine Glasröhre, die mich beschützt hat. Und in der egal war, dass ich manchmal hemmungslos zu weinen anfing, wenn ich an Liz denken musste, oder mich völlig idiotisch freute, wenn zum richtigen Zeitpunkt wie aus dem

Nichts eine Toilette auftauchte. Es störte auch niemanden, wenn ich irgendwelche Lieder vor mich hinsang, weil mir gerade danach war. Oder ich mich fast vollständig auszog, weil es, je weiter ich in den Süden kam, immer heißer wurde.

Keine Lügen mehr. Ich machte einfach das, was sich ergab, und ließ die Gefühle zu, die irgendwas in mir fühlen wollte. Hunger (ziemlich oft), Sehnsucht (ja, schon), Pläne (nope), Glück (mindestens einmal pro Tag), Trauer (durchgehend, aber schwächer werdend), Lust (auch), Erschöpfung (eigentlich nicht, nur Hitzekopfweh), Friede (wenn man es so nennen will, ja), Angst (kein bisschen).

Und derart leer und gleichzeitig voller Eindrücke sitze ich jetzt hier auf einer Wiese und habe diese riesige Stadt im Blick. Die Silhouette von Rom mit dem weit entfernten, wuchtigen Petersdom. Mein Ziel.

Ich werde noch mal außerhalb übernachten, bevor ich zurückgehe in die … Welt. Erstens muss ich Liz' Aufzeichnungen zu Ende lesen, bevor ich sie in andere Hände gebe. In welche auch immer. Ich will sie noch eine Nacht für mich haben, diese handschriftlichen Notizen, die ihre Geschichte ist, die Helmuts und Enzos Geschichte ist und die mittlerweile auch irgendwie meine ist, weil sie mich seit dem ersten Tag dieser Reise begleitet hat.

Zweitens zögere ich die letzten Kilometer raus, und das ist mir gerade erst bewusst geworden, weil ich noch immer keine Antwort auf meine Frage habe, wer ich eigentlich bin. Was würde ich Jonas schreiben, sollte ich ihm die Antwort geben, die ich ihm noch schuldig bin? Was kann ich meinem Vater sagen, wenn er sich bei meiner Heimkehr erkundigen wird, wie sinnvoll diese Reise jetzt wirklich war? Und diese Frage wird kommen, da muss ich mir nichts vormachen.

Ich lehne mich an meinen Rucksack, diesen treuen Begleiter, und starre in den italienischen Nachmittagshimmel. Ruhiger, vielleicht auch nur ausgepowerter, als zu Beginn der Reise, aber kein bisschen schlauer. Wenn nur Liz noch da wäre, sie könnte mir helfen, die richtige Antwort zu finden.

....
....

Die Arbeit in der Werkstatt und an der Tankstelle tat Helmut gut. Zumindest tagsüber war seine Welt einigermaßen in Ordnung. Er arbeitete viel mit Gerdi zusammen, ohne dabei zu viel reden zu müssen, er bekam Lob von Gerdis Vater, wenn ein Kunde zufrieden war, und wenn er voller Öl unter einem Auto lag, vergaß er manchmal sogar den Grund, warum er hier war. Totschweigen schien doch eine Lösung zu sein.

Nur Jutta hielt sich nicht daran. Sie kam einmal vorbei, umarmte ihn zum Abschied und versicherte ihm, dass alles gut werden würde. Zuerst war es ein Schock, dass das eigentliche Thema nicht vergessen war. Niemals vergessen sein würde. Dann klammerte er sich krampfhaft daran, dass sie recht hatte. Tagsüber klappte es, wie gesagt, auch ganz gut. Doch kaum schloss er abends hinter den Kollegen die Werkstatttür, war es mit dem Optimismus vorbei. Denn schon während er sich den ganzen Dreck des Tages abwusch, kamen die Gedanken und Ängste zurück, die ihn auch nachts nicht schlafen ließen, weil sie ihm eine Zukunft vor Augen führten, die vor allem ande-

ren düster und einsam war. Und je länger die Nächte dauerten, desto unbarmherziger machten sie ihm klar, dass er sich nie zu diesen verdammten Träumereien hätte hinreißen lassen dürfen. Dass er seine Zukunft wegen eines schrecklichen Fehlers für alle Zeiten verloren hatte.

Meistens boxte er sich in solchen Momenten die Seele aus dem Leib, manchmal ging er auch noch mal raus, lief zum Rhein und versuchte, in dem niemals enden wollenden Strom Trost und Hoffnung zu finden, dass es, egal was kommen sollte, immer weitergehen würde. Und immer wenn er das tat, hielt er am Rheinpark vergeblich nach Enzo Ausschau und erinnerte sich an das Gefühl, das er bis jetzt nur mit ihm zusammen verspürt hatte, verstanden und unverwundbar zu sein. Es war ein starkes Gefühl, es ließ ihn kurzzeitig durchatmen, und manchmal verleitete es ihn sogar dazu, sich eine lächerliche Zukunft mit Enzo auszumalen. Zu träumen. Es war sogar so, dass diese Träume von Mal zu Mal länger und deutlicher wurden. Fast wie seine Kindheitsreisen. Aber immer, wenn ihm das bewusst wurde, kam die Angst doppelt so stark wieder zurück.

An so einem Abend, als er im hintersten Winkel der Werkstatt hellwach auf seiner durchgeschlissenen Matratze lag und träumte, hörte er plötzlich das Tor vorne aufgehen. Zuerst dachte er an Gerdi oder an einen anderen Kollegen, die etwas vergessen hatten. Dann wunderte er sich, dass sie sich nicht zu erkennen gaben. Und schließlich sah er, wer tatsächlich auf ihn zusteuerte: Martin. In seiner Uniform und mit einer Eisenstange in der Hand.

»*Da ist ja die Helmi-Schwuchtel.*«

Helmut hörte sofort, dass Martin wieder getrunken hatte. Er sprang auf und stellte sich ihm entgegen. Martin sollte auf keinen Fall sehen, dass sein Herz bis zum Hals pochte.

»Was willst du?«

»Meinem Freund einen Besuch abstatten. Was dagegen?«

»Du bist nicht mehr mein Freund. Ich glaube nicht mal, dass du es jemals warst.«

Die Eisenstange knallte mit einem lauten Wumms gegen die stählerne Hebebühne. Die ganze Werkstatt schien zu vibrieren. Helmut schaute sich vergeblich nach etwas um, womit er sich hätte verteidigen können.

»Schiss?« *Martin grinste blöd.*

»Hör auf, verdammt. Was habe ich dir denn getan?«

»Du hast mir Marlene und meine Freunde genommen. Und dafür hast du bis jetzt noch nicht bezahlt.«

»Das war nicht ich. Das warst du ganz allein selber.«

»Doch, du warst es. Du und dein beschissener Itaker.«

Martin kam näher, Helmut wich nach hinten aus, so gut es ging. Doch bis zur Hallenwand waren es nur noch wenige Meter.

»Lass Enzo aus dem Spiel.«

»Machst du dir Sorgen um deinen schwulen Gigolo?«

»Nein. Aber das ist eine Sache zwischen dir und mir.«

»Ach, ich hätte dir gern ein bisschen was von ihm erzählt.«

Helmut wusste, dass er nicht fragen sollte, aber es ließ ihm keine Ruhe. »Warum, was ist mit ihm?«

»Nichts. Gar nichts. Der verlässt morgen endlich unser Land. Stehend.«

»Was soll das heißen?«

Martin genoss Helmuts Verunsicherung sichtlich.

»Ach, nur so. Du kannst dir ja vorstellen, dass man als 175er im Gefängnis mit lauter Männern manchmal herhalten muss. Der wird im Zug nach Italien sicher nicht sitzen wollen.«

Während Martin gar nicht mehr aufhören konnte, blöd zu lachen, musste Helmut sich Enzo vorstellen, wie er fast zwei Monate die schlimmsten Dinge durchgemacht hatte, die man durchmachen konnte, wie er dabei langsam seine Zuversicht und Fröhlichkeit verlor und wie er vergeblich auf Hilfe von außen hoffte. Auf Hilfe von ihm, die nie gekommen war. Enzos Augen waren plötzlich wieder überall, seine und die von Marlene, für deren Schmerz er verantwortlich war. Er und Martin.

Und bevor Helmut im Kopf verstand, was er vorhatte, stieß sich sein Körper schon von der Wand ab und stürmte brüllend auf Martin zu.

Trotz des vielen Biers im Blut war Martin darauf vorbereitet, was Helmut vorhatte. Dafür kannten sie sich zu lang und hatten zu viele Boxkämpfe ausgetragen. Genau rechtzeitig holte er aus und ließ die Eisenstange auf Helmuts Schulter krachen.

Helmut schrie auf und stolperte zu Boden.

Marlene war auf dem Weg nach Deutz. Sie radelte langsam, weil es schon dunkel wurde und die Straßen auf der rechten Rheinseite in einem noch schlechteren Zustand waren als drüben. Und sie radelte langsam, weil sie die ganze Strecke zum Üben nutzen wollte. Sie musste etwas mit Helmut besprechen.

Nach fast zwei Monaten würde sie ihn heute zum ersten Mal wiedersehen. Sie war nervös, das schon, aber sie wusste, dass sein Anblick sie nicht völlig aus der Bahn werfen würde. Das war ihr seit vergangenem Samstag klar, ihrem eigentlichen Hochzeitstag, den sie überraschend unbeschadet überstanden hatte. Sie spürte unter der Nervosität sogar ein klitzekleines bisschen Vorfreude auf ihn, weil Helmi ihr schrecklich fehlte. Also der Helmi, den sie schon so viele Jahre kannte, dem sie alles erzählen konnte und der sich hoffentlich in den letzten Wochen nicht in Nichts aufgelöst hatte. Wut hingegen verspürte sie keine mehr. Am Anfang ja, weil von heute auf morgen die Vorstellung von ihrem Leben nicht mehr gegolten hatte und sie weiter in ihrem Kinderzimmer wohnen bleiben musste. Aber diese Wut hielt irgendwie nicht lange an. Sie wunderte sich manchmal selbst darüber, dass sie nicht rasend vor Eifersucht war. Und gab sich dann immer selbst die Antwort, dass es ja gar keine vergleichbare Konkurrentin gab, auf die sie eifersüchtig hätte sein können.

Sie stellte ihr Fahrrad vor der Werkstatt ab und strich ihren Rock glatt. Sie war heute sogar noch beim Friseur gewesen und hatte Helmuts Lieblingsparfum aufgelegt. Das Gute aus Frankreich, nicht das aus ihrer Firma. Jutta hatte sie wegen des Friseurbesuchs ausgelacht, weil Helmut schließlich nicht wegen ihrer Haare plötzlich schwul geworden war. Marlene ließ sich jedoch nicht davon abbringen, obwohl sie wusste, dass es kindisch war, aber Helmut sollte wenigstens sehen, was er aufgegeben hatte.

Und wahrscheinlich hätte Jutta auch gar nicht gelacht, hätte sie die ganze Wahrheit gewusst.

Marlene ging auf die Werkstatt zu und kramte aus ihrer Handtasche den Schlüssel, den Gerdi ihr geliehen hatte. Doch sie ließ ihn direkt wieder zurückgleiten, als sie sah, dass das Tor einen Spalt aufstand.

Drin war es genauso dunkel wie draußen. Sie wollte sich gerade mit einem vorsichtigen ›Hallo‹ zu erkennen geben, als sie ein keuchendes Flehen vom anderen Ende der Halle hörte.

»Du bringst mich um.«

Helmut. Sie ging in die Richtung, aus der das Röcheln kam.

»Und wenn schon, solche wie du haben es nicht anders verdient.«

Martin. Sie ging schneller. Dann sah sie die beiden. Martin kniete mit dem Rücken zu ihr auf Helmuts Nacken. Sein Gesicht war schon ganz violett.

Marlenes Gedanken überschlugen sich. Sollte sie um Hilfe schreien? Würde sie Martin dazu bringen, von Helmut abzulassen? Oder würde sie ihn nur gegen sich aufbringen? Würde Helmut sie beschützen, wenn Martin wieder das versuchen sollte, was er schon mal gemacht hatte? Und wem würde die Polizei am Ende glauben? Einem Polizisten oder ihr?

Marlene wünschte sich zum ersten Mal in ihrem Leben, ein kräftiger Mann zu sein, der sich mit purer Muskelkraft gegen diesen Arsch wehren könnte.

Dann sah sie die Eisenstange vor ihren Füßen.

Helmut saß an die Wand gelehnt neben Marlene. Er rieb seinen Nacken, der schmerzte, als würde ein Wirbel quer stehen, und seinen Oberarm, der schon ganz blau wurde. Sie sprachen nicht. Kein Wort. Sicher schon zehn Minuten nicht. Sie starrten nur auf den blutenden Martin, der reglos vor ihnen lag.

Immerhin atmete er noch, sie sollten Hilfe holen.

Helmut versuchte, das Schweigen zu brechen. Besonders viele kluge Dinge fielen ihm jedoch nicht ein.

»Danke.«

»Dass ich ihn fast umgebracht habe?« Marlene spuckte die Wörter regelrecht aus. »Hast du gehört, wie sein Knochen gesplittert ist?«

»Ich meinte, dass du mir das Leben gerettet hast.«

»Dafür werde ich ins Gefängnis kommen.«

Helmut bewegte seinen Kopf, so gut es ging, in ihre Richtung, während sie panisch versuchte, die eben entdeckten Blutspritzer auf ihrer Bluse wegzuwischen.

»Nein. Ich werde sagen, dass ich das war. Und dass es Notwehr war.«

»Das wird dir niemand glauben mit der Notwehr. Die Polizei wird auf seiner Seite sein. Sie werden dich fertigmachen.«

Helmut verstummte wieder. Marlene hatte recht, man würde ihm die Notwehr nicht durchgehen lassen. Die Polizei würde das als Rache auslegen, weil Martin es war, der die Sache mit Enzo aufgedeckt hatte. Es würde vor Gericht zur Sprache kommen, detailgenau, er wäre dann offiziell und vor aller Welt schwul, obwohl er es selbst noch nicht mal wusste. Trotzdem war er Marlene das schuldig.

»Dann ist das so. Viel zu verlieren habe ich ja eh nicht mehr.«

»Aber ich.« Marlene wandte ihren Blick von Martin ab und suchte Helmuts Augen. »Den Vater meines Kindes.«

Helmut kapierte nicht sofort. Er fragte sich, ob Marlene so sehr unter Schock stand und schon zusammenhanglose Dinge redete. Doch dann sah er ihr an, dass sie es genauso meinte, wie sie es gesagt hatte.

»*Das ist nicht wahr?*«

Marlene schluckte. »Darum bin ich heute hergekommen, um dir das zu sagen. Ich hab nicht gewusst, was ich tun soll. Und wie es weitergehen soll. Und jetzt weiß ich es noch viel weniger.«

Helmut versuchte, ihrem verzweifelten Blick standzuhalten. Dabei wusste er auch keine Antwort. Natürlich wusste er keine. Es wäre die erste seit Monaten gewesen. Er spürte nur den unbändigen Willen, Marlene nicht noch mal zu enttäuschen.

»Ich werde Vater.« Er flüsterte es vor sich hin. Es klang absurd. Es war absurd. Gerade jetzt. Er hatte nichts unter Kontrolle – weder sich noch sein Leben. Von seinen Gefühlen ganz zu schweigen. Wie sollte er da auch noch Vater sein? Ein guter Vater? Bevor Enzo in sein Leben getreten war, war er sich sicher gewesen, dass er es mal anders machen würde, als sein Vater es gemacht hatte. Seine Kinder sollten immer einen Vater haben. Und jetzt? Jetzt war es so weit und gleichzeitig lag ein schwer verletzter Polizist vor ihnen, der ihn Jahre ins Gefängnis bringen und von seinem Kind und Marlene trennen würde.

So weit durfte es nicht kommen.

Marlenes Schniefen riss ihn aus seinen Gedanken. Er streckte seine Hand aus und wischte ihr vorsichtig eine Träne von der Wange.

»Hab keine Angst, ich werde immer für dich und unser Kind da sein.«

Marlene lächelte traurig und wenig überzeugt. »Und was ist mit Martin? Und was ist damit, dass du immer noch … der bist, der du bist?«

Helmut musste nicht lang überlegen, der Plan war plötzlich da, als hätte er schon eine Ewigkeit darüber nachgedacht.

»Wir werden Köln verlassen. Wir werden irgendwohin gehen, wo uns niemand kennt. Wir werden noch mal ganz neu anfangen und alles, wirklich alles, was war, hinter uns lassen.«

Wie zur Bestätigung seiner Worte nahm er Marlenes Kopf in seine Hände.

»Ich werde der sein, der ich sein muss. Darauf hast du mein Ehrenwort.«

Marlene wollte dieses leichtfertige Ehrenwort ablehnen, doch bevor sie etwas darauf erwidern konnte, bewegte Martin sich neben ihnen. Er wachte auf. Zum Glück. Allerdings war ihnen auch klar, was das zu bedeuten hatte: Sie würden sich jetzt erst recht beeilen müssen. Denn sobald er wieder vollständig bei Bewusstsein wäre, würde er keine Sekunde zögern, alle Kollegen auf sie und vor allem auf Helmut zu hetzen.

Die beiden sahen sich noch einmal kurz in die Augen und besiegelten damit stumm ihr alternativloses Vorhaben. Es gab kein Zurück mehr.

....
....

Ich klappe das Notizbuch zu und stecke es zurück in den Umschlag. Darum also Liz und nicht mehr Marlene. Darum Amerika und nicht mehr Köln. Darum also tatsächlich Helmut an Liz' Seite und eine Liebe, die sie unterwegs mal als eine andere Art von wahrer Liebe bezeichnet hat. Irgendwie hoffe ich gerade, dass sie glücklich war, wobei sie mir ja keinen Anlass gegeben hat, daran zu zweifeln.

Nur für Helmut hätte ich mir trotz meiner Sympathie für Liz gewünscht, dass seine Geschichte anders ausgegangen wäre. Was ja nicht geht, weil man reale Geschichten im Nachhinein nicht mehr ändern kann und weil ja dann auch Liz' Geschichte eine andere gewesen wäre. Aber irgendwas mit Enzo vielleicht, weil es doch so sein muss, dass die wahre Liebe gegen das Böse siegt. Zumindest ist das in den meisten Serien und Filme so, in denen der traumatisierte Held trotz eines übermächtigen Gegners kurz vor Schluss seinen ganzen Mut zusammennimmt und alles besiegt, was seinem Glück im Weg steht. Und wie toll wäre es, wenn Helmut so ein Held gewesen wäre.

Ich stolpere selbst über meine Gedanken. Traumatisierter Held? Kurz vor Schluss? Glück?

Nicht schon wieder diese Parallelen zu Helmut. Ich lösche schnell die Taschenlampe an meinem Handy und versuche, mich in meinem muffigen Schlafsack genauso wenig zu verheddern wie in meinem Kopfgequatsche. Die Plastikmatratze quietscht, ich werde dieses Geräusch vermissen.

21.

Das Haus, vor dem ich stehe, ist riesig und alt. Wahrscheinlich stand es schon da, als Rom den Beinamen Ewige Stadt bekommen hat. Wundern würde es mich nicht.

Ich bin mittendrin in dieser Metropole. Zwar ist es in der Seitengasse der betriebsamen Fußgängerzone gerade still, nur ein Bagger um die Ecke macht typische Baustellengeräusche, aber der Weg bis hierher war eine einzige Challenge nach fast vier Wochen Nichts. Vielbefahrene Straßen, ein riesiger Busbahnhof, überall Fußgänger und Touristen. Ich hoffe, ich mag diesen Trubel bald wieder. Mochte ich ihn überhaupt jemals? Oder liegt es gerade nur an der Durchlässigkeit, die Liz mal erwähnt hat? Wird der Lärm einer Stadt auch durchgelassen und bringt den Takt, den man so in sich hat, komplett durcheinander?

Ich ziehe den Umschlag aus meinem Rucksack. Paul. Den werde ich behalten, genau wie den Brief an mich. Das Notizbuch geht an eine Person in diesem Haus, von der ich keinen Namen kenne. Dachte Liz, ich weiß, für wen sie das alles aufgeschrieben hat? Hätte ich es aus ihren Aufzeichnungen rauslesen müssen? Auf den Klingelschildern stehen keine Namen, nur Nummern, das hilft mir kein bisschen weiter. Soll ich einfach irgendwo klingeln, das Buch ins Treppenhaus legen und hoffen, dass es seinen Empfänger findet?

Ich setze mich in den Eingang gegenüber und schaue am Haus hoch. Ratlos, was ich tun soll. Nicht nur wegen der fehlenden Info, wem ich Helmuts und Enzos Geschichte bringen soll, auch wegen mir. Rom war das Ziel. Und da bin ich jetzt. Vielleicht bleibe ich noch ein paar Tage hier, als Tourist, und gewöhne mich langsam wieder ans Großstadtleben. Aber ich werde meine Abreise nicht ewig aufschieben können. Meine Ersparnisse sind kaum noch vorhanden und die Flüge nach Hause werden, je länger ich mit dem Buchen warte, immer teurer.

Die Flüge zurück nach Frankfurt. Mit Vollgas zurück in mein altes Leben. Die meistens grundlosen Gefühle unterwegs waren deutlicher zu identifizieren als das, was ich jetzt empfinde. Ist es Vorfreude? Noch mehr Ratlosigkeit? Angst? Wahrscheinlich werde ich es erst wissen, wenn ich aus dem Flugzeug steige. Wenn ich eben nicht mehr der Nicht-Pilger Paul bin, sondern der Paul der unerfüllten Erwartungen. Keine Ahnung.

Ein Taxi fährt durch die enge Gasse auf mich zu. Ich ziehe meine Beine an und lasse meinen Kopf auf meine Knie sinken. Liz geistert mir mal wieder durch den Kopf. Sie hat mir in ihrem Abschiedsbrief geschrieben, dass ich noch nicht am Ziel bin. War ich in Assisi auch noch nicht. Aber was ist, wenn sie gar nicht Rom meinte? Sondern ein Ziel, das man nicht bei GoogleMaps suchen kann? Man muss einfach immer weitergehen, das hat sie auch mal gesagt. Aber wie weit denn noch? Und vor allem wohin, verdammt?

Das Taxi hält direkt vor mir. Ich ziehe meine Beine noch etwas näher zu mir, damit der alte Mann, der gerade bezahlt und die Hintertür öffnet, nicht über meine Füße stolpert.

»Ciao Enzo. Domani alla stessa ora?«

»Sì. Grazie molto.«

Enzo? Ich starre ihn an, als wäre er ein Geist. Er erwidert beim Aussteigen ähnlich irritiert meinen Blick, schlägt die Autotür ins Schloss und grüßt dem abfahrenden Taxi hinterher.

Es kann nicht sein, dass das Enzo ist.

Der Enzo.

Der Enzo lebt in einer Geschichte und nicht in der realen Welt. Vor allem nicht in der heutigen Welt. Ich bin außerstande, irgendwas zu sagen. Ich fühle mich eher an die Situation erinnert, wenn man irgendwelche Youtube-Stars auf der Straße sieht und aus einem Reflex heraus Hallo sagen will, weil man sich ja kennt. Aber nicht mal dieses einfache Hallo kriege ich über die Lippen. Der alte Mann geht auf den gegenüberliegenden Eingang zu und sucht in seiner Tasche nach dem Schlüssel. Es kann unmöglich Enzo sein.

»Di che cosa hai bisogno?«

Er lehnt sich gegen die geöffnete Haustür und dreht sich zu mir um.

»Hm?«

»Deutsch? English?«

Ich räuspere mich. Besonders viel geredet habe ich heute nämlich noch nicht. Und diesen Mann zu sehen, macht mich nicht gerade gesprächiger.

»Deutsch.«

»Ah, guten Tag. Brauchen du was? Trinken? Wenn du willst Geld verdienen, ist das hier falsche Straße. Keine Tourista.«

Wenn es wirklich Enzo ist, sieht er ganz anders aus, als ich ihn mir vorgestellt habe. Was natürlich nicht verwunderlich ist, weil ich ihn als 20-Jährigen kennengelernt habe und er jetzt in Liz' Alter sein muss. Seine Haare sind grau und seine Haltung ist leicht gebückt. Was aber genauso ist, wie in meiner Vorstellung, ist sein fröhlicher Gesichtsausdruck. Und ich sehe ihn direkt vor mir, wie er so, wie er jetzt im Türrahmen lehnt, lächelnd am Rhein stand und auf Helmut gewartet hatte.

Mein sprachloses Denken dauert ihm aber wohl zu lang.

»Viele Glück. Ciao.«

Er winkt mir noch mal kurz zu und ist schon fast in seinem Wohnhaus verschwunden, als ich endlich aus meiner Starre erwache.

»Enzo! Halt. Es geht um El Mut.«

Wie bescheuert, denke ich, als der ›Mut‹ meinen Mund verlässt, aber was Besseres ist mir auf die Schnelle nicht eingefallen.

Tatsächlich zeigt es aber Wirkung. Ganz langsam geht die Tür wieder auf. Und als ich seine dunklen Augen sehe, die leuchten, obwohl sie zusammengekniffen auf mich gerichtet sind, weiß ich ganz bestimmt, dass er es ist.

Die Wände in seinem abgedunkelten Wohnzimmer sind voller Fotos. Ein reales Instagram-Profil. Ich schaue mir eins nach dem anderen an, während Enzo hinter mir in einem Sessel sitzt und versucht, Liz' Notizen zu entziffern.

Er scheint wirklich ein Schauspieler geworden zu sein, zumindest legen die Fotos diese Vermutung nahe. Er von jung bis alt mit vielen anderen Menschen, die irgendwie nach Promis und rotem Teppich aussehen. Ich kenne sie alle nicht.

»Du nimmst Trinken, hm.«

Ich drehe mich mit meinem halbvollen Eisteeglas zu ihm um, doch er ist schon wieder in seine Geschichte vertieft.

»Können Sie denn alles lesen? Also, weil Liz, ähm Marlene ja auf Deutsch geschrieben hat.«

»Sì. Deutsch in Ordnung. Aber Schrift ist un disastro.«

Ich muss lachen, weil er recht hat. Liz scheint beim Schreiben ziemlich Gas gegeben zu haben. Oder sie hatte schon immer so eine Sauklaue, was ich mir bei ihr aber kaum vorstellen kann. Wobei ich mir am Anfang so manche Dinge nicht vorstellen konnte, was sie betrifft.

Ich lasse ihn allein und drehe mich wieder zu der Wand um. Wie das Zusammentreffen zwischen den beiden wohl verlaufen wäre, wenn Liz es bis hierhergeschafft hätte? Hätte der Konkurrenzgedanke zwischen den beiden überwogen, weil sie vor Jahrzehnten den gleichen Mann geliebt haben? Oder wäre die Verbundenheit stärker gewesen, die es zwangsläufig gibt, wenn das Leben eine Zeit lang auf ein und derselben Bahn entlanggelaufen war? So wie bei mir und …

Ich konzentriere mich wieder auf die Fotos. Es kommt mir vor, als hätte ich eine Frau darauf erst vor ein paar Monaten bei Netflix gesehen. Ungefähr 100 Jahre älter. Enzo scheint wirklich das Leben geführt zu haben, von dem er damals in Köln schon geträumt hat. Aber eben ohne Helmut.

Dass er ihn nie vergessen hat, habe ich schon unten auf der Straße kapiert. Als er die ersten Abschnitte seiner Geschichte überflogen hat und die Seiten in seinen Händen gezittert haben. Mir war gleichzeitig voll zum Heulen zumute, obwohl ich nicht mal genau wusste, ob aus Rührung oder wegen des fehlenden Happy Ends in der Story. Oder weil mir ganz kurz der Gedanke kam, dass sich meine Wanderung durch Italien – wenn schon nicht unbedingt für mich – dann doch für ein paar andere Menschen ziemlich gelohnt hat. Spätestens als Enzo mich dann aber kräftig umarmt hat, habe ich nur noch eine Sache gedacht: Dass ich es ziemlich gut verstehen kann, warum Helmut damals so in ihn verliebt war. Irgendwas hat dieser Mann auch heute noch an sich, was man nicht mehr loslassen will. Genau wie Liz.

Ich drehe mich wieder zu ihm um, als ich es hinter mir seufzen höre.

»Soll ich Sie allein lassen?«

Enzo schüttelt den Kopf und erhebt sich aus seinem Sessel. »No. Sono maleducato. Unhöflich. Du bist mein Gast und ich nur am Heulen.«

»Äh, das macht nichts. Ist doch normal.«

Ist es das? Weine ich in 60 Jahren auch noch um Jonas? Schreckliche Vorstellung. Oder schön, weil es ja nur zeigen würde, wie echt die Gefühle waren? Sind? Nein, man kann das Schicksal von diesen beiden Männern nicht im Ansatz mit unserem ONS-mit-einem-Freund vergleichen. Mit dem besten Freund. Oder doch? Ahhhrrrg …

Ich würde gern tausend Fragen stellen und will gleichzeitig nicht zu neugierig wirken.

»Hast du auch ein Foto von Helmut?« Ich zeige auf die Wand hinter mir.

Enzo schüttelt den Kopf und legt seine rechte Hand auf seine Brust. »Nur hier. Bild von große Liebe ist unvergesslich.«

Weiß ich. Fuck.

Er schenkt mir nach und ich versuche abzulenken – nicht ihn, sondern mich.

»Sind Sie eigentlich noch wütend wegen damals? Also, weil das alles so unfair war? Und weil es ja ganz anders hätte laufen können, wenn Ihre Liebe damals nicht verboten gewesen wäre. Ich wäre wütend ohne Ende.«

»Piano, piano.« Enzo lacht und plötzlich ist er wieder 20 Jahre alt. »Parla lentamento. Zu schnell.«

Ich lächle zurück, weil man nicht anders kann, wenn man in seine dunkelstrahlenden Augen schaut. Meine Frage hat sich damit aber eigentlich schon erübrigt.

»Wut ist nix gut für Träume.«

»Aber wenn sie einfach da ist? Die Wut? Wäre ja nur natürlich, dass man auf die Gesetze damals wütend ist, auf die Menschen, die gegen euch waren, auf die Polizei, die dich, ähm Sie eingesperrt hat, vielleicht sogar auf Helmut, weil der sich gegen Sie entschieden hat, auf alles halt …«

Enzo geht schweigend ein paar Schritte zum Fenster und schiebt die Holzjalousien einen Spalt auf. Ein paar Sonnenstrahlen tauchen das angenehm kühle Zimmer in ein gleißendes Lichtmeer. Enzo scheint darin regelrecht zu baden.

»Ich war wutend. Im Gefängnis war ich wutend, sehr, weil sie schlimme Sachen mit mir und andere gemacht haben. Und weil ich selber keine Fehler gemacht habe, nur geliebt. Dann haben sie meine Aufenthaltsrecht gestrichen und ich war sicher, meine Leben ist vorbei. Keine Arbeit in Italien. Famiglia, die auf mich verlassen hat. Ich war sehr wutend!«

»Aber Sie haben ja trotz Wut Ihre Träume erfüllt?«

Ich zeige etwas undeutlich auf die Wand neben mir, als Enzo sich zu mir umdreht.

»No, nicht trotz.«

»Hä?«

Mein liebstes Fragewort, das scheinbar auch in Italien verstanden wird.

»Ich habe ohne Wut Träume erfüllt.«

»Und wie ging sie weg?«

»Ich habe El Mut bei letzte Treffen angesehen, dass ich stark sein muss für uns beide. Sonst hätte sie es geschafft, die Träume von uns beide zu vernichten.«

Ich bin kurz irritiert, ob ich etwas falsch verstanden habe.

»Ihr habt euch noch mal getroffen?«

»Nicht getroffen. Gesehen. Und in den Moment ich habe kapiert, dass man in deutsche Sprache nur eine Buchstaben kippen muss, um Wut in was Gutes zu wandeln.«

Ich muss nicht lang überlegen. »Meinst du Mut?«

»Hm, El Mut.«

Enzo strahlt mich an – kein bisschen traurig. Im Gegensatz zu mir, der laut Liz ja ständig traurig lächelt. Wahrscheinlich gerade auch wieder.

»Klingt fast einfach.«

»Ist es nicht. Aber die Energie ist schon da, musst du nur umlenken.« Er macht ein paar schlangenartige Bewegungen mit seinen Armen und breitet sie dann vor mir aus. »Bin sicher, dass ich das alles ohne ihn und ohne das, was wir erleben mussten, nicht geschafft hatte.«

Wie ein Schauspieler steht er vor mir, ein Schauspieler in der Rolle seines Lebens.

»Und wo habt ihr euch ein letztes Mal gesehen? Du und Helmut? Sorry, ich sag immer du. Liegt glaube ich daran, dass ich Sie schon kenne, seit Sie auf der Friesenstraße fast zusammengeschlagen wurden.«

»Mamma mia.« Er reicht mir lachend seine Hand. »Sono Enzo. Musst du gleich gehen, Paul?«

»Hab nichts vor.«

»Gehen wir bisschen spazieren. Dann erzähle ich dir und du mir. Von dich. Und Marlene.«

Ich nicke zustimmend, der Weg scheint zum Glück wirklich noch nicht zu Ende zu sein.

....
....

Enzo wurde am frühen Morgen von zwei Polizisten am Hauptbahnhof in Köln abgeladen.

»So, hier sind wir. Und jetzt hau bloß ab. Wenn wir dich noch einmal erwischen, kannst du ja denken, was dir blüht.«

Während einer der Polizisten mit seiner Zunge anzüglich in der Wange bohrte, tat der andere so, als würde er Enzo seinen kleinen Papierkoffer reichen wollen. Doch stattdessen ließ er ihn einfach auf die Straße knallen.

»Kannst dein perverses Zeugs wieder in Italien ausleben. Solche wie dich brauchen wir hier echt nicht.«

Enzo schnappte sich seinen Koffer. Er wollte bloß weg hier.

»Stronzo.«

»Was hat er gesagt? Willst du noch Ärger, oder was?«

Doch die leere Drohung verpuffte in Enzos Rücken. Er ging auf die Bahnhofsbaustelle zu, wo in 20 Minuten sein Zug nach München und dann weiter bis Mailand abfahren würde. Sein Onkel hatte ihm das Ticket von seinem letzten Gehalt besorgt. Damit waren seine Ersparnisse aufgebraucht und er konnte keinen Tag länger hierbleiben, weil seine Familie auf seinen Verdienst angewiesen war. Und ohne Aufenthaltsrecht durfte er in Deutschland kein Geld mehr verdienen. Wie das in Italien gelingen sollte, wusste er auch noch nicht, schließlich gab es einen Grund, warum er und so viele andere seiner Landsleute hierhergekommen waren und noch immer kamen.

Kurz bevor er das Bahnhofsgebäude betrat, schaute er ein letztes Mal zurück und zum Dom empor. Ihm war zum Heulen zumute, weil es ein Abschied für immer war. Ein Abschied von dieser Stadt, wo er sich als Ausländer trotz der ganzen Umstände ziemlich schnell ziemlich wohl gefühlt hatte. Weil er hier die Liebe seines Lebens gefunden hatte, und weil zusammen mit ihm seine Träume so greifbar wirkten wie nie zuvor in Italien.

Davon ist rein gar nichts geblieben. El Mut hatte aufgehört, für sie zu kämpfen, und seine Träume waren während der Zeit im Gefängnis nur noch als Albträume über ihn hereingebrochen. Sie hatten es tatsächlich geschafft, ihm seine ganze Hoffnung in eine bessere und glorreiche Zukunft zu nehmen.

Enzo fuhr sich über die Augen, um diese Bilder zu löschen, bevor er sich durch die vielen fröhlichen Menschen auf Gleis 2 vorkämpfte. Ihre Fröhlichkeit war leider nicht ansteckend. Sie erinnerten ihn nur an die vielen Kunden, denen er im Rheinpark Eis verkauft hatte. Und an die Badegäste an diesem See, die immer schon sonnensatt nach Hause geströmt waren, wenn er abends mit El Mut dort angekommen war.

Ob El Mut ihn schon vergessen hatte? Ihn und all das, was sie erlebt und sich vorgenommen hatten? Vor der Zeit im Gefängnis hätte Enzo das entschieden verneint, jetzt wusste er keine Antwort darauf. Er wusste nur und spürte es im Bauch, in der Brust und überall sonst, dass er El Mut niemals würde vergessen können. Weder seine nachdenklichen Momente, wenn er sich, seine Träume und ihre Liebe infrage stellte. Noch seine Begeisterung für all das, die im Laufe ihres Sommers immer stärker geworden war. Und die erst endete, als sie sich im Büro der Polizei gegenübergestellt wurden.

War dieser Schlag das Ende? Enzo hatte es damals für ein paar Sekunden als notwendiges und gelungenes Schauspiel gesehen, doch El Muts Augen sagten etwas, das er zunächst nicht deuten konnte. War es Angst oder Abscheu? Oder war es doch purer Hass, was ihm in den dunklen Gefängnisstunden als einzige logische Erklärung erschienen war. Hass auf ihn, weil er El Mut aus seiner normalen Welt gerissen hatte.

Enzos Zug fuhr ein. Auf dem Bahnsteig um ihn herum begann das Gewusel und Gedränge. Er hob seinen müden Blick, um nach den Wagen der dritten Klasse Ausschau zu halten – und da sah er ihn.

Zwischen zwei Waggons hindurch starrte El Mut ihn vom Gleis gegenüber an. Völlig versunken im Moment, eingehüllt vom Qualm des Zuges. Enzo blinzelte mehrfach, weil er sich sicher war, dass es sich um einen Traum handeln musste. Doch El Mut verschwand nicht. Er stand wirklich und leibhaftig vor ihm.

Enzo wollte ihm aufgeregt etwas zurufen, doch schon als das erste Wort vom Lärm des Bahnhofs verschluckt wurde, verstummte er und erwiderte einfach nur noch El Muts Blick, in dem alles enthalten war, was man sich in wenigen Sekunden sagen konnte. Er nahm die Entschuldigung an, die er las, erwiderte die sehnsüchtige Liebeserklärung und verstand die traurige Rechtfertigung seiner Entscheidung, die jedoch unterbrochen wurde, als Marlene aufgeregt zu El Mut trat und ihn mit sich aus Enzos Blickfeld zog.

Es gab kein Lächeln zum Abschied, kein Zuzwinkern oder Winken, wie es vielleicht in so einer unnormalen Situation normal gewesen wäre. Und trotzdem hatte diese letzte Begegnung etwas in Enzo in Gang gesetzt. Das spürte er schon, als er schweren Herzens in den Zug stieg und das verstand er, als er ihn 27 Stunden später in Mailand wieder voller Zuversicht verließ: Er würde für sie beide träumen müssen.

....
....

»Und das hast du echt gemacht. Krass.«

Wir spazieren durch den Orangengarten des Aventin, einer von den sieben Hügeln Roms, der, Enzos Meinung nach, den besten Ausblick auf die Stadt bietet. Mir gefällt er auch und obwohl ich es am Morgen noch extrem stressig fand, freue ich mich jetzt schon auf die paar Tage, die ich hier noch verbringen werde.

»Bist du dann direkt nach Rom?«

Enzo schüttelt den Kopf. »Erst zuruck in Süden wegen famiglia, dann zuruck nach Roma wegen Geld.«

»Und dein Traum mit der Schauspielerei?«

Enzo stupst mich grinsend mit dem Ellenbogen an. »Du weißt wirklich alles, oder?«

»Logo, Liz hat beim Aufschreiben nichts ausgelassen. Auch nicht eure Nummer in der Oper. Ziemlich heiß, würde ich das nennen.«

Er schaut mich erst schockiert an, dann lacht er so laut los, dass einige Touristen erschrocken zur Seite springen.

»Oh Dio, das muss heimlich bleiben. Sonst kommt Polizei Colonia heute noch mit Haftbefehl.«

Sein Lachen ist anHerbeing ansteckend.

»No worries, ich verrate kein Wort. Würde mir eh niemand glauben.«

Wir steuern auf eine Parkbank zu, die gerade frei wird.

Als wir uns setzen, landet Enzos Hand mit Karacho auf meinem Oberschenkel.

»El Mut war ein toller Mann. Dank, dass du gekommen bist und mich erinnerst und zum Lachen bringst.«

»Und zum Weinen leider auch.«

»Va bene. Ist wie Lachen, nur umgedreht.«

Wir genießen für einen kurzen Augenblick stumm den Blick auf den Petersdom.

»Hast du nie wieder was von ihm gehört?«

»Doch.«

Ich wende meinen Blick vom Petersdom ab und Enzo zu, während er in seiner Jackentasche kramt und mir einen ziemlich vergilbten und abgegriffenen Briefumschlag reicht.

»Was ist das?«

»Darfst du lesen, wenn du wollen.«

»Von Helmut?«

Natürlich lasse ich mir das nicht zweimal sagen. Ich nehme den Umschlag entgegen und sehe direkt, dass er vor Jahrzehnten in Amerika abgestempelt wurde.

»Wirklich?«

»Sì!«

Ich ziehe ein einzelnes Blatt Papier raus. Eine Kette, die ebenfalls in dem Umschlag steckt, fällt mir in den Schoß. Ich erkenne sie sofort: das Glückshörnchen, die Kette, die Enzo Helmut damals in der Oper geschenkt hat. Ich lasse sie erstmal liegen und falte das Papier vorsichtig auseinander.

Lieber Enzo,

wenn wir in den Spiegel blicken, prüfen wir ja nur vordergründig, ob noch getrocknete Zahnpasta im Mundwinkel klebt. Hauptsächlich wollen wir uns vergewissern, ob das Bild, das wir von uns haben, mit dem Bild, das andere von uns haben, übereinstimmt. Wenn ja, machen wir so weiter bis zum nächsten Blick. Wenn nein, justieren wir nach. Unbewusst, bewusst, ständig – und meistens im Sinn der Anderen, weil wir gefallen und dazugehören wollen.

Wenn dieses Bild aber von jetzt auf gleich in sich zusammenfällt, oder wenn wir für einen kurzen Moment erkennen, dass das, was wir da im Spiegel sehen, überhaupt nichts mit uns zu tun hat, dann wird es schwierig. Dann bleiben uns eigentlich nur zwei Möglichkeiten. Wir versuchen, das alte Bild so gut es geht zu rekonstruieren und hoffen, dass niemand etwas merkt. Oder wir fangen an, ein neues Bild zu malen – mit neuen Farben und neuen Pinseln, die wir ganz nach unseren Wünschen aussuchen.

Das kann frustrieren, weil das neue Bild vielleicht nicht auf Anhieb gelingt. Das kann auch wehtun, weil wir immer wieder eine Schicht von der alten Leinwand abkratzen müssen. Aber egal wie lang der Entstehungsprozess dauert: Sobald wir das Bild im Spiegel betrachten können, werden wir bei jedem Blick hinein ziemlich glücklich sein.

Ich hätte gern gemalt, wie du es mich gelehrt hast. Glaube mir. Aber es war nicht die richtige Zeit für Kunst. Ich musste der bleiben, der ich war, darum zerstörte ich das, was ich sah.

Bitte verzeih mir.

Dein El Mut

PS: Marlene ist an meiner Seite. Wir sind eine Familie. Ich bin dankbar und glücklich. Leider baue ich keine

Häuser, in denen alle so sein dürfen, wie sie sind. Aber es ist okay, auch weil ich weiß, dass du irgendwo auf der Welt unsere Träume lebst.

Ich falte den Brief wieder zusammen und nehme die Halskette in die Hand. Enzo wollte damals, dass Helmut sich damit immer an seine Träume erinnert. Mit dem Brief hat Helmut den Ball quasi zurückgespielt. Irgendwie weiß ich nicht, was ich sagen soll. Es fühlt sich traurig an, weil Helmut nicht das Bild gemalt hat, das er gern gesehen hätte. Und trotzdem bin ich froh, dass er glücklich war. Dass er zusammen mit Liz glücklich war.

»Der Brief haben mich gerettet.«

Ich verstehe nicht ganz. »Dich? Warum dich denn? Du hast doch dein gemaltes Bild zum Leben erweckt. Also deine Träume gelebt.«

Enzo nickt mir zustimmende zu. »Sì. Ich war Schauspieler in diese Zeit. Kleine Rolle, aber ich war unsicher, ob alles richtig.«

»Warum?«

»Man hat mich nicht erlaubt, omosessuale zu sein. Nicht mit Gewalt wie in Deutschland. Aber deutlich, weil nicht gut für Karriere. Ich habe also jeden Tag gelogen und mich versteckt. Jeden Tag war ich ein anderer. Nicht ich selber. Das war ein Leben im Schatten und nicht das Leben, von dem El Mut und ich geträumt haben.«

Für eine kurze Zeit scheint Enzo völlig im Damals versunken zu sein. Ich lasse ihn dort und warte einfach, bis er weiterspricht.

»Der Brief hat mir das gezeigt. Und darum habe ich neues Bild gemalt. Wie El Mut schreibt. Ich habe aufgehört mit Schauspiel und bin direttore geworden bei Film. Als direttore kann ich sein, wer ich bin, und ich kann über Themen reden, die wichtig sind. Mit diese Entscheidung ist Erfolg gekomme. Das habe ich El Mut zu verdanken.«

Ich schweige weiter. Weil ich jetzt auch versunken bin. ›Ich kann sein, wer ich bin?‹ Irgendwie geht es doch immer wieder und überall um diese eine Frage, die sich so läppisch anhört und doch so schwierig zu beantworten ist.

Ich reiche ihm die Halskette zurück, aber er lehnt ab.

»Die ist deine.«

»Warum? Nein! Die hat doch Helmut getragen. Das ist voll die Erinnerung an ihn.«

Enzo drückt meine Hand zurück auf meine Brust.

»Aber jetzt brauchst du Mut. Für deine Träume und dein Leben, das noch viel länger dauern wird als meine. Darum gehört sie dir.«

Ich bin gerührt, wie ich es noch nie zuvor gespürt habe. Als würde mein Herz kochendes Blut in alle Winkel des Körpers pumpen. Ich lege mir die Kette um den Hals. Sie fühlt sich gut an auf meiner Haut und ich merke erst, dass ich weine, als Enzo mir ein Päckchen Taschentücher reicht.

»'tschuldigung.«

»Warum? Keine Entschuldigung. Erzähl du mir von dir. Wer ist der Mann, der so schön weinen kann? Warum die Reise mit Marlene? Wohin soll sie gehen? Oder bist du schon am Ziel?«

Von wegen Ziel. Es scheint eher so, als wäre ich wieder am Anfang. Liz hat mir vor Wochen genau dieselbe Frage gestellt und ich will aus Gewohnheit schon genauso reagieren wie damals. Stotternd. Ausweichend. Angespannt.

Aber bin ich das denn noch? Ich muss an Mark Forster denken und an die Leere, die sich irgendwann mit neuen Dingen füllt. Ich glaube, ich kann jetzt fühlen, was er damit gemeint hat. Vielleicht gebe ich ihm auf Spotify doch noch eine Chance. Mit der rechten Hand umfasse ich den Kettenanhänger und ziehe mit der anderen mein Handy aus der Tasche. Es ist an der Zeit, ein paar Träume in die Welt zu lassen. Und wer, wenn nicht Enzo, wäre der perfekte erste Zuhörer für meine Lieder, die ich in den letzten Jahren geschrieben habe.

EPILOG

Es ist Nacht in Rom. Aber man bemerkt davon nichts. Die Spanische Treppe, auf der ich sitze, ist voller Menschen und die Lichter der Stadt färben den dunklen Himmel golden. Überall blitzt es. Selfies. Mit viel Fantasie gehen die kleinen Lichtexplosionen als Sterne durch, die in der Stadt nicht zu sehen sind. Mit sehr viel Fantasie.

Vielleicht sollte ich auch eins machen. Als Beweis, dass … keine Ahnung. Ich schaue mich prüfend auf meinem Display an. Meine Haare stehen strohig, viel zu lang und verschwitzt in alle Richtungen ab. Mein Gesicht ist komplett verbrannt. Überhaupt sehe ich nach den letzten Wochen ganz schön weird aus. Ein bisschen wie ein gestrandeter Vikings-Statist. Liz würde lachen, wenn sie mich so sehen könnte. Bei dem Gedanken an sie verirrt sich ein Lächeln in mein Gesicht und auf mein Display. Ein Lächeln von mir für mich, das ist selten.

Remember how to love.

Plötzlich verstehe ich, was Liz damit meinte, dass sich selbst zu lieben, die Grundlage von allem ist. Unterwegs hielt ich es für irgendeinen Ratgeberkram, aber nach dem Tag mit Enzo, weiß ich, dass es stimmt: Man muss sich selbst lieben, so wie man ist, um andere lieben zu können, so wie sie sind. Liz hat es geschafft, Enzo offensichtlich auch, aber was ist mit Helmut? Und mit mir?

Liz fühlte sich von mir immer an Helmut erinnert. Meinte sie das damit? Bin ich wie er, weil ich nicht akzeptieren kann, dass das alte und vielleicht gefälligere Bild von mir nicht mehr der Wahrheit entspricht? Versuche ich, irgendwas zu rekonstruieren, wie Helmut in dem Brief an Enzo geschrieben hat, was überhaupt nicht mehr zu mir passt? Fällt es mir deshalb so schwer, mich zu erkennen und mich zu lieben? Wäre Liz jetzt nur da. Ich kann nicht aufhören, mir das zu wünschen.

Sentimental ziehe ich ihre Köln-Postkarte aus der Seitentasche meines Rucksacks. ›Wohin reist du, wenn du deine Augen schließt?‹ Seit dem Morgen vor unzähligen Wochen habe ich es nicht mehr getan. Damals verursachte die kurze Reise Herzrasen und das ungute Gefühl, langsam, aber sicher verrückt zu werden. Zumindest das zweite ist mir heute egal. Wahrscheinlich bin ich's eh schon.

Ich schließe meine Augen und hoffe, dass jetzt der richtige Augenblick für eine Wiederholung ist. Zunächst passiert nichts, doch nach ein paar Minuten wird das Gemurmel um mich herum leiser und der Film in meinem Inneren bunter und schneller. In einer ziemlich rasanten Tour geht es durch die letzten Jahre, die letzten Wochen und durch den heutigen Tag. Völlig frei, ziellos und unzensiert. Ich lasse die schmerzlichen Momente genauso an mir vorbeifliegen wie die fröhlichen und ausgelassenen. Catch and release. Dieses Mal scheint es zu funktionieren.

Und während ich mir so beim Leben zuschaue, wird mir klar, dass Liz recht hatte – Helmut und ich sind uns wahnsinnig ähnlich. Ich habe aber einen entscheidenden Vorteil:

Mich hindert niemand daran, dieses eine Bild von mir zu malen, das ich sehen und anderen zeigen will. Niemand, nur ich selbst.

Bis jetzt.

Irgendwo über der Stadt leuchten ein paar Feuerwerksraketen auf. Weit entfernt und ohne Ton. Dafür wird um mich herum jede einzelne umso lauter bejubelt. Ich juble mit – was soll's – und tippe gleichzeitig eine Nachricht in mein Handy.

> Hey Jonas, ich bin in Rom und bleibe für ein paar Tage hier. Wir haben neulich über unseren Trip nach Amsterdam geschrieben. Komm doch her, wenn du kannst. Es ist, glaube ich, an der Zeit für eine neue Stadt und eine neue Entdeckungsreise.
>
> 00:41

> Ach ja, die Antwort, die ich dir noch schulde: Ich bin Paul!
>
> 00:43

Die weiße Leinwand hat zum Glück noch keinen Rahmen, dafür einen ersten Klecks. Der Weg hat mir ein paar hübsche Farben angemischt und von Liz, Enzo und auch Helmut sind die neuen Pinsel, die ich in der Hand halte. Ich lege also los – und schicke Jonas noch ein schnell gemachtes Selfie hinterher. Meine Augen lächeln glücklich. Einfach so. Liz wäre stolz auf mich.

ENDE

ZUM HINTERGRUND DIESER GESCHICHTE

Zu allen Zeiten und in allen Kulturen gibt es Männer, die Männer lieben; Frauen, die Frauen lieben oder Menschen, die beiden Geschlechtern zugetan sind. Zu allen Zeiten und in allen Kulturen gibt es Menschen, die sich in ihrem Geburtsgeschlecht nicht zu Hause fühlen und stattdessen in dem Geschlecht leben möchten, das ihnen entspricht.

Aber nicht alle Gruppen und Personen können diese Vielfalt als gleichwertig und bereichernd erleben. Sie fokussieren den Blick auf das »Anders-Sein« und grenzen aus, was nicht so »wie ich« ist. Das trifft Frauen sowie queere Menschen, also unter anderem Lesben, Schwule, Bisexuelle sowie trans*idente und inter*geschlechtliche Personen.

Geändert haben sich dabei die Begründungsmuster der Ausgrenzung. Lange war vor allem die »Sünde« die Rechtfertigung für Bestrafungen bis zur Todesstrafe, also der Widerspruch zum Text des jeweiligen »Heiligen Buches« (Thora, Bibel, Koran). Seit dem Ende des 18. Jahrhunderts wird vermehrt das »Andere« als etwas »Widernatürliches« verfolgt. Homosexualität und Trans*-/Inter*Geschlechtlichkeit werden in dieser Argumentation als »Abweichungen« von der angeblich natürlichen Ordnung oder als »Krankheit« gesehen. Diese Einstellung wird vielerorts auch zur Grundlage staatlichen Handelns und ergänzt sich mit Ausgrenzungen aus religiösen Vorstellungen.

Als grobe Leitlinie gilt: Je aufgeklärter, demokratischer und weniger religiös dominiert ein Staat ist, umso offener und rechtssicherer ist dort das Leben für alle, also auch für Lesben, Schwule, Bisexuelle, Trans*idente und Inter*geschlechtliche. So werden aktuell, im Jahr 2021, in 68 Ländern der Welt einvernehmliche gleichgeschlechtliche Beziehungen weitgehend geschützt. Aber in 69 anderen Ländern werden einvernehmliche Beziehungen unter Erwachsenen des gleichen Geschlechts verfolgt und häufig mit Haftstrafen belegt, in 6 Ländern droht die Todesstrafe und wird auch vollstreckt.

Schauen wir einen Moment zurück in »unsere« Geschichte und auf das, was Helmuts und Enzos Leben mitgeprägt hat.

In der Bundesrepublik bestrafte der Paragraf 175 des Strafgesetzbuchs einvernehmliche Beziehungen gleichgeschlechtlicher Liebe unter Erwachsenen. Der Paragraf wurde 1871 ins Strafgesetzbuch des Deutschen Reiches eingeführt. Für eine Bestrafung musste ein »geschlechtlicher Kontakt« »nachgewiesen« werden. Das förderte ein umfangreiches Spitzelwesen und Erpressungen.

Während der Weimarer Demokratie gab es viele Versuche, diesen Paragraphen abzuschaffen. Bekannte Persönlichkeiten wie Albert Einstein und Thomas Mann setzten sich dafür ein. In der nationalsozialistischen Diktatur wurde der § 175 drastisch verschärft: Jetzt galt schon die Vermutung, jemand könne homosexuell sein, als strafbar. Auch wurde das Strafmaß deutlich erhöht, bis hin zu Zuchthaus und Einweisung ins Konzentrationslager.

Diese von der NS-Diktatur verschärfte Fassung wurde ins Strafgesetzbuch der Bundesrepublik Deutschland 1949 unverändert übernommen.

Der §175 galt so bis 1969, wurde stückweise reformiert, aber erst 1994 endgültig abgeschafft. Es gab annähernd gleich viele Verfahren während der NS-Diktatur wie in der Bundesrepublik (100 000) und jeweils ca. 50 000 Verurteilungen. In den Konzentrationslagern starben in der NS-Zeit ca. 15 000 Homosexuelle.

In Deutschland galt der §175 für schwule Männer, in Österreich für Schwule und Lesben und er wurde auch in »besetzten Ländern« eingeführt (z. B. Frankreich). Lesbische Liebe und Transidente wurden unter anderem Vorwand ebenfalls strafrechtlich verfolgt, vor allem aber gesellschaftlich geächtet und mit Ausgrenzung bestraft.

Die DDR kehrt nach 1945 zur »milderen« Fassung von 1871 zurück. 1957 wurde dort die Bestrafung einvernehmlicher homosexueller Liebe auf sexuelle Handlungen mit Jugendlichen unter 21 Jahren beschränkt. Dieses sogenannte »Schutzalter« wurde 1968 auf 18 Jahre herabgesetzt. Die letzte Sitzung des DDR-Parlaments schaffte den entsprechenden Paragrafen 1989 ab. Homosexualität war aber auch in der DDR gesellschaftlich geächtet.

Der Sommer 1945 bedeutete für viele verhaftete u. a. schwule Männer zwar zunächst die Befreiung aus den Gefängnissen, aber schon ab Herbst 1945 mussten sie ihre »Reststrafe« verbüßen, denn der §175 galt unverändert weiter. Alle Hoffnungen auf Wiedergutmachung des Unrechts in der Bundesrepublik zerschlugen sich 1957, als das Bundesverfassungsgericht die Verschärfung des §175 nicht als nationalsozialistisches Unrecht markierte, sondern entschied, dass die Ablehnung der Homosexualität dem »gesunden Volksempfinden« entspreche (eine nationalsozialistische Propagandaformulierung) und daher rechtsgültig sei. Es setzte eine scharfe Welle der Verfolgung ein: Polizeibeobachtung, die Erfassung von Homosexuellen in sogenannte »Rosa Listen«, Gefängnisstrafen. Viele hielten dem Druck nicht stand, etliche begingen Selbstmord. Liebe, Sexualität und Zuneigung wurden so für viele Menschen noch mehr zu etwas Verbotenem und Gefährlichem, das man verbergen musste und wofür man sich – in den Augen von Gesellschaft und Gesetz – schämen sollte.

Wie kam es zu dieser – aus heutiger Sicht – so unverständlichen Fortsetzung der Verfolgung, wo doch klar war, dass die NS-Diktatur ungeheure Verbrechen verübt hatte?

Hier hilft ein Blick auf die Erklärungsversuche für die Entstehung der NS-Diktatur, die es in der frühen Nachkriegszeit gab. In der Bundesrepublik galt die NS-Zeit vor allem vonseiten der beiden christlichen Kirchen als Abkehr des Menschen von Gott. Die »Heilung« bestand nach dieser Argumentation darin, zu Gott – und damit war gemeint, zu den Vorstellungen der beiden christlichen Kirchen – zurückzukehren. Damit ging eine Fortsetzung der Unterdrückung von Frauen und queeren Menschen einher, die nahtlos an nationalsozialistische Vorstellungen anknüpfen konnte – oft nur mit ausgetauschten Begriffen. Das Familienrecht wurde 1958 so geändert, dass Frauen ohne Zustimmung des Ehemanns keinen Arbeitsvertrag unterschreiben durften, kein

Bankkonto eröffnen konnten und erzwungener Sex in der Ehe straffrei war. Zahlreichen lesbischen Frauen wurde nach einer Scheidung das Sorgerecht ihrer Kinder entzogen, was auch durch das damalige Scheidungsrecht möglich war.

Aber nicht allein Gesetze erzeugten in der Zeit von Helmut und Enzo jenen Druck, der auf allem lag, was »Anders« war. Mit dem »Volkswartbund« gab es in den 1950er-Jahren eine Bewegung, die sich zum Ziel gesetzt hatte, alles, was sie als »Schmutz und Schund« bezeichneten, zu verbieten: vor allem Zeitschriften, Bücher und Filme. Der Volkswartbund forderte seine Anhänger*innen beispielsweise auf, sich mit entsprechenden Plakaten vor Kinos zu stellen und die Zuschauer*innen vom Besuch sogenannter »verderblicher« Filme abzuhalten. Homosexuelle waren für diese Bewegung »Unholde«, die Ehe und Familie bedrohen und zerstören würden. Der Volkswartbund war formal unabhängig, die Finanzierung wurde vom Erzbistum Köln geleistet.

Nach den 1950er-Jahren, die wir mit Helmuts und Enzos Geschichte erlebt haben, änderte sich die Stimmung im Laufe der 60er- und 70er-Jahre: Es gab ein gesellschaftliches Klima des Aufbruchs. In dieser Zeit wandten sich Lesben und Schwule selbstbewusst an die Öffentlichkeit und forderten die Abschaffung des § 175 und ein Ende der Ungleichbehandlung, sowie Aufklärung in den Schulen. Es entstand eine Bewegung von Schwulen, Lesben, Bisexuellen und Trans*identen Personen, die auf die Straße gingen und lautstark gleiche Rechte forderten. 1979 fand der erste CSD in der Bundesrepublik statt – 10 Jahre nach dem Aufstand in der Christopher Street in New York, nach dem der *Christopher Street*

Day benannt wurde. Diese Bewegung ist im Laufe der letzten Jahrzehnte immer größer geworden und findet in immer mehr Städten in Deutschland statt. Dem Engagement dieser Bewegung und den vielen Verbündeten ist es zu verdanken, dass mittlerweile die rechtliche Gleichstellung in vielen Punkten vorangekommen ist und sich die gesellschaftliche Einstellung zu größerer Offenheit für unterschiedliche sexuelle und geschlechtliche Identitäten gewandelt hat.

Denn der rechtliche Schutz ist nur die eine Seite – genauso wichtig ist, ob die jeweiligen Gesellschaften Lesben, Schwule, Bisexuelle, Trans*Idente und intergeschlechtliche Menschen als *gleichwertig* anerkennen.

Als Menschen haben wir viele Gemeinsamkeiten und sind zugleich sehr verschieden. Das zeigt sich in jeder Schulklasse, in jedem Sportverein. Nicht alle Menschen sind zum Beispiel Sportskanonen und nicht allen fliegen Fremdsprachen einfach so zu. Denjenigen, denen es so geht, fallen dafür andere Bereiche wieder leichter als dem Rest der Gruppe. Wir schauen deswegen aus ganz unterschiedlichen »Positionen« auf die jeweiligen Schulfächer oder Hobbies. Unsere Unterschiede können uns zum Nachdenken anregen – sie sind ein Angebot, voneinander zu lernen, und diese Unterschiede als Bereicherung für alle anzuerkennen. Dies gelingt nur, wenn wir uns auf Augenhöhe begegnen.

Das gilt auch für unsere verschiedenen sexuellen und geschlechtlichen Identitäten: Sie sind »von Natur aus« gleichwertig. Aber es gelingt uns nicht immer, das so zu sehen. Beleidigungen, Ausgrenzung, Hass und körperliche Gewalt gegen queere Menschen gehören nach wie vor zur Alltagserfahrung.

All dies aber kann gestoppt werden – durch Aufmerksamkeit und Einspruch! Es beginnt mit der Sprache: Wie benenne ich die Person, die »anders ist als ich«? Trägt sie einen Namen, so wie ich oder ist sie »die schwule Sau«? Wichtig ist auch Interesse aneinander. Was treibt dich an, welche Wünsche und Ziele hast du? Welches Unbekannte möchtest du entdecken?

Stellen wir uns gegenseitig diese Fragen, entdecken wir manchmal, dass im Reden die Barrieren fallen können, die den Anderen scheinbar »so anders« sein lassen. Wir werden Schnittmengen finden und manchmal auch länger anhaltende gemeinsame Interessen, die unbedingt ausgetauscht werden wollen.

Akzeptanz ist der Begriff, der diesen Prozess beschreibt. Nicht »Ich muss mit dem übereinstimmen, was du sagst«, sondern: Wir zusammen machen uns auf den Weg, sind neugierig für Sichtweisen und Taten der Anderen und begegnen uns auf Augenhöhe – als gleichberechtigte, gleichwertige Menschen!

Joachim Schulte, Bürgerrechtler
Sprecher von QueerNet Rheinland-Pfalz (Netzwerk von Lesben, Schwulen, Bisexuellen, Trans*Identen und Inter*Personen in Rheinland-Pfalz)

Hansjörg Nessensohn, geboren und aufgewachsen am Bodensee, studierte Medienwissenschaft in Thüringen und lebt seit 2006 in Köln zusammen mit seinem Freund. Dass dieses belanglose Satzende hier einfach so stehen kann, das wurde ihm beim Schreiben von ›Mut. Machen. Liebe.‹ mal wieder bewusst, ist nur den mutigen Persönlichkeiten zu verdanken, die jahrzehntelang für die Gleichstellung queerer Menschen gekämpft haben und es immer noch tun.

Hansjörg Nessensohn
**Und dieses verdammte Leben
geht einfach weiter**

288 Seiten
Steifbroschur

ISBN 978-3-7641-7092-9

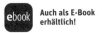 **Auch als E-Book erhältlich!**

Warum verletzen wir diejenigen, die uns am meisten bedeuten?

Seit Monaten freuen sich Timon und Sunny darauf, auf Mallorca das bestandene Abitur zu feiern. Zwei beste Freunde und drei Wochen Sonne, Spaß und Freiheit – was kann es Schöneres geben? Doch viel Unausgesprochenes steht zwischen ihnen und sorgt dafür, dass nicht die rechte Stimmung aufkommt. Sunny lässt der Gedanke an ihren Exfreund nicht los und dann nimmt Timon in einem Anfall von Helfersyndrom auch noch den trampenden Jonas mit. Richtig fertig sieht Jonas aus. Als Sunny und Timon ahnen, was Jonas auf Mallorca wirklich vorhat und welche Bürde er mit sich herumträgt, ist es schon fast zu spät …

Hansjörg Nessensohn
Delete Me
Deine Geheimnisse leben weiter

352 Seiten
Steifbroschur
ISBN 978-3-7641-7098-1

Ab 14 Jahre

Ein Pageturner, der unter die Haut geht

Wie von selbst erscheinen die Sätze auf Finns Handy: »Du musst Jakob retten! Er wird sich umbringen« Es ist Finns verstorbener Lehrer, der über die App Mindhack mit ihm kommuniziert. Denn in Mindhack existiert jeder als virtueller Klon, gespeist aus Spuren, die man im Netz hinterlässt. Doch was in dem einen Fall ein Leben rettet, entwickelt sich zu einer Bedrohung mit unabsehbaren Folgen. Finn und Jakob müssen versuchen, Mindhack zu stoppen. Doch können sie schneller, unberechenbarer und unsichtbarer sein als ihr Gegner?

www.ueberreuter.de
Folgt uns bei Facebook & Instagram

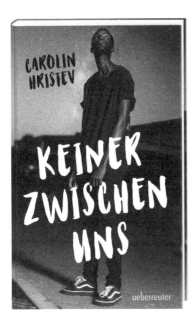

Carolin Hristev
Keiner zwischen uns

224 Seiten
Hardcover
ISBN 978-3-7641-7120-9

Ab 12 Jahre

Über eine Klassenfahrt, die alles verändert!

Eben hat der 15-Jährige Nelson noch gedacht, auf der Klassenfahrt könnte er endlich mit Marie zusammenkommen. Doch im nächsten Moment sieht er sie eng umschlungen mit Hamza. Hamza, seinem Blutsbruder und besten Kumpel! Aber als er ihn zur Rede stellt, offenbart ihm Hamza ein Geheimnis, das seine Welt aus den Fugen geraten lässt und ihre Freundschaft zu zerbrechen droht. Denn wenn das rauskommt, wird nicht nur Hamzas Leben auf eine harte Probe gestellt werden. Und das Allerschlimmste: Der gefährlichste Typ ihrer Klasse kennt die Wahrheit ... Nelson muss sich entscheiden – was ist Freundschaft wirklich wert?

www.ueberreuter.de
Folgt uns bei Facebook & Instagram